桥梁局部冲刷分析与安全防护

郭 健 著

科 学 出 版 社

北 京

内 容 简 介

本书统计了国内外典型桥梁冲毁事故，介绍了近年来桥梁局部冲刷研究进展及未来研究方向，在已有理论基础上，分析讨论了桩-土-水三项耦合作用机理。以跨海桥梁为工程背景，建立了三维仿真模型，对比分析了单向流及往复流作用下的桩周流场分布、局部冲刷深度及局部冲刷坑分布形态，提出了适用于海域桥梁的局部冲刷深度预测公式，建立了一个适用于实际跨海桥梁的理论预测模型，提出了针对性的安全防护方案，介绍了一种新型的现场监测系统及应用实例，提出了一种基于 FAHP 评价法的桥梁局部冲刷安全评估模型。

本书可供从事涉水桥梁相关领域的研究者和科技工作者，以及高等院校相关专业教师和研究生参考阅读。

图书在版编目（CIP）数据

桥梁局部冲刷分析与安全防护/郭健著. —北京：科学出版社，2020.11
ISBN 978-7-03-066153-1

Ⅰ. ①桥…　Ⅱ. ①郭…　Ⅲ. ①桥梁结构–安全性–研究生
Ⅳ. ①U447

中国版本图书馆 CIP 数据核字（2020）第 177827 号

责任编辑：牛宇锋　罗　娟 / 责任校对：王萌萌
责任印制：吴兆东 / 封面设计：蓝正设计

科学出版社 出版
北京东黄城根北街 16 号
邮政编码：100717
http://www.sciencep.com
北京凌奇印刷有限责任公司 印刷
科学出版社发行　各地新华书店经销
*
2020 年 11 月第　一　版　开本：720×1000　1/16
2024 年　1　月第三次印刷　印张：12
字数：229 000

定价：98.00 元

（如有印装质量问题，我社负责调换）

前　言

桥梁局部冲刷是造成桥梁病害的重要因素，跨海桥梁基础所处的海域往往具有水深、浪高、潮大等水动力条件复杂的特点，涉及桥梁的局部冲刷相当频繁，且冲刷现象严重，存在严重的安全隐患。准确地预测桥梁基础的局部冲刷深度，并提出有效的防护措施，是研究桥梁局部冲刷的最终目的。本书从桥梁冲刷的研究现状、机理分析、数值模拟、预测公式、安全防护、现场监测、安全评估、技术展望等八个方面展开叙述。

全书共 8 章。第 1 章统计国内外桥梁基础冲刷事故，概述跨海桥梁基础冲刷研究的发展近况。第 2 章在已有理论基础上，分析讨论桩周流场的三维结构及流速分布，揭示水流与桥梁的相互作用机理，阐述悬移质和推移质这两种泥沙的运动形式，讨论泥沙的起动流速计算方法，揭示水流与泥沙的相互作用机理。第 3 章选取 CFD 软件 FLOW-3D 建立局部冲刷的三维数值模型，与 Melville 经典冲刷试验模型进行对照，验证该数值模型的可靠性。以一座实际跨海桥梁为工程背景，选取几种典型桩型，对比分析单向流及往复流作用下的桩周流场分布、局部冲刷深度及局部冲刷坑分布形态。第 4 章基于能量平衡理论，建立一个半经验半理论公式和一个非经验性公式。半经验半理论公式由浙江沿海三座跨海桥梁的 55 组试验数据及现场观测数据拟合得到；非经验性公式适用于浙江杭州湾海域典型桩基础局部冲刷深度预测，并对公式内各影响参数进行敏感性分析。第 5 章对比分析目前工程上常见的局部冲刷安全防护措施的优缺点及局限性，以护圈防护和牺牲桩防护为主要防护措施设定三种安全防护方案，数值模拟结果表明，护圈防护与牺牲桩防护结合布置的防护效果远大于仅设置护圈或仅设置牺牲桩。第 6 章介绍国内外现有的物模试验成果及现场监测方法，提出一种基于光纤光栅传感器及实时监测软件的新型现场实时监测系统，并介绍在工程中的系统实现。第 7 章基于 FAHP 评价法，通过弹簧单元模拟土与桩基的相互作用，建立 ANSYS 有限元桩基试验评估模型，对桩基安全性进行初步的评估。第 8 章分析跨海桥梁冲刷研究领域存在的不足，提出技术展望。

感谢国家自然科学基金（U1709207、52078461）、国家重点研发计划课题（2018YFC0809600）对本书内容研究及出版的支持。

近年来，桥梁冲毁事故频发，冲刷问题越来越引起桥梁工作者的重视。然而，海域冲刷的复杂性使得相关研究具有极大的挑战性，研究人员在机理分析、预测公式、数值模拟、物模试验等方面得到的研究结论也存在不同。本书阐述作者研究团队的部分研究成果，供读者讨论和参考。限于作者水平，书中难免存在遗漏或不妥之处，恳请读者批评指正。

目　录

第 1 章　桥梁基础冲刷问题

1.1　概　述

桥梁是公路铁路交通的枢纽，桥梁的健康运营对交通运行安全、人民群众生活、社会经济效益有巨大的促进作用。涉水桥梁桩基础的阻水效应会导致水流与泥沙相互作用发生变化，打破床面原有的泥沙运动平衡，在桥桩周围造成冲淤变化[1-3]。桥桩局部冲刷的发生，不仅影响桥梁所在水域床面的演变趋势，而且威胁桥梁结构本身的安全与稳定[4]。虽然大部分跨海桥梁建于近十几年，但由于其一般跨度较大，基础所处的海域往往具有水深、浪高、潮大等水动力条件复杂的特点，涉及桥梁基础的局部冲刷相当频繁，冲刷现象更为严重，存在严重的安全隐患。

冲刷是水流在可侵蚀河床上由水动力作用引起的一种自然现象。从过程上看，河床除受自然演变冲刷外，还承受桥梁墩台等水下结构物压缩水流引起的一般冲刷及桥梁墩台阻挡水流产生漩涡系统的局部冲刷共同作用影响，较为复杂。在水流的动力作用中，桥梁冲刷受基础型式、水流特性、河床泥沙运动等多因素影响，目前机理认识还十分有限。特别是处于恶劣海洋环境下的跨海桥梁，因其受复杂的基础型式、洋流、潮汐、波浪等条件的共同作用，冲刷机理研究需要进一步加强。

桥梁基础冲刷问题由来已久，一直困扰着科研人员、工程技术人员及桥梁管理养护部门[5]。桥梁等水中建筑物的修建导致河流中水流泥沙运动发生改变，因此对江域海域河流泥沙在修建桥梁等建筑物后发生的冲刷演变过程进行准确预测，为管理养护部门提供理论支持显得十分重要。20 世纪 50 年代以来，伴随流体动力学和计算机技术的发展，桥梁基础冲刷问题开始在国内外得到广泛关注。人们对冲刷演变过程的研究最先是通过野外的现场实际勘探和观测开始的，将收集到的实测资料进行综合分析，逐渐形成对冲刷演变规律性的初步认识。为了对冲刷演变过程进行准确预测，不少研究者对水沙运动方程、冲刷演变的基本方程和各类边界条件方程进行了研究，为开展冲刷模拟(数值模拟和实验室实物模拟)提供了理论基础。1956 年，Chabert 按照来流是否含沙，将局部冲刷分为清水冲刷和动床冲刷[6]。1959 年，交通部对各省的建成桥梁开展局部冲刷观测研究，得到一定量的冲刷观测数据，为桥梁养护管理部门的决策提供了可靠依据。1971～

1974 年，中国铁道科学研究院调查研究了国内 60 余座大中桥梁浅基防护状况，全面总结了防护方法的适用范围及优缺点，得出大多数桥梁破坏的原因是洪水等水力条件冲刷引起的桥梁基础埋深降低。20 世纪 80 年代，部分学者对桥梁局部冲刷试验开展研究并对实桥观测资料进行总结归纳。美国联邦公路局研究人员对 383 个桥梁垮塌事故进行了详细的调查研究，发现大约有一半的桥梁垮塌事故是由桥梁墩台局部冲刷引起的。基于上述分析可以得出桥梁基础冲刷问题具有严重性，无论从社会经济角度还是人民生命安全角度，对其开展研究都显得极其重要。

1.2 桥梁基础冲刷事故

国内外每年都会发生桥梁水毁导致的桥梁损坏事故，这些事故轻则影响行车的舒适性，重则造成巨大的经济损失及人员伤亡。Shirole 和 Holt[7]对截至 1991 年美国境内已毁的 823 座桥梁的毁坏原因及数量进行分析和统计，见表 1-1，被洪水冲刷毁坏的桥梁占毁坏桥梁总数的 59%。1966～2005 年，美国交通安全委员会统计的 1502 座倒塌桥梁中，58%的桥梁破坏是由桥梁基础结构冲刷病害及相关水力学作用引起的，每年桥梁冲刷破坏造成的经济损失高达 3000 万美元[8]。Wardhana 和 Hadipriono[9]对 1989～2000 年 500 多起桥毁事故的原因进行统计分析，发现有 53%的桥毁事故是由冲刷造成的。1987～2011 年，美国统计有 379 座桥梁遭受水毁，见表 1-2，被洪水冲毁的占 52.24%，另有 38.26%的桥梁受损是由于长期冲刷。

表 1-1 桥梁毁坏原因及数量统计

毁坏原因分类	毁坏数量
洪水冲刷	486
撞击	107
超载	82
多种因素综合	41
材料退化	33
自然因素	25
火灾	25
地震	24

表 1-2　水毁桥梁失效原因及比例

毁坏模式	局部塌陷	完全塌陷	不可修复的	毁坏总数	毁坏率/%
洪水	26	56	116	198	52.24
长期冲刷	52	49	44	145	38.26
泥石流	1	5	17	23	6.07
覆冰	3	3	5	11	2.9
漂流物	0	2	0	2	0.53
水毁桥梁合计	82	115	182	379	100

从美国报道的情况来看[10]，宾夕法尼亚州 1985 年发生的洪水破坏了 73 座桥梁；1987 年 4 月，大洪水导致的过大局部冲刷损坏了纽约州 Fort Hunter 附近跨越斯科哈里(Schoharie)溪的快速路大桥 3 号墩，桥梁主梁落水，10 人在此次桥梁事故中丧生(图 1-1)；1989 年，桥墩过大局部冲刷导致田纳西州 51 号公路上一座桥梁倒塌，8 人落水死亡；同年，2 人在迈阿密河上的一座因局部冲刷导致多个桥跨垮塌的事故中丧生；1994 年，热带风暴 Alberto 引发佐治亚州大洪水，导致 100 多座桥梁不同程度损坏；而加利福尼亚州 1995 年的一次桥梁水毁事故中有 7 人丧生。统计美国 1989～2000 年 503 座桥梁失效原因，发现有 50%以上的桥梁失效归结为局部冲刷。2015 年 7 月，美国西部连接加利福尼亚州与亚历山大州的 10 号高速公路上的一座混凝土桥梁，被连续暴雨引起的洪水冲垮(图 1-2)。2019 年 3 月，美国内布拉斯加州哈达尔 13 号(图 1-3)、热那亚 22 号高速公路桥梁(图 1-4)被洪水冲垮。美国艾奥瓦州克莱顿县米尔维尔镇铁路桥(图 1-5)被流冰冲毁。2019 年 9 月，美国北卡罗来纳州戴维森县第 406 大街红箭路上桥梁(图 1-6)被洪水冲垮。美国联邦公路局的调查表明，局部冲刷是桥梁设计和维护需考虑的首要问题之一。

除美国外，其他国家也发生了众多水毁导致的桥梁破坏事件[10]。例如，2009 年爱尔兰都柏林一铁路桥因局部冲刷而发生倒塌；2015 年英国北约克郡塔德卡斯

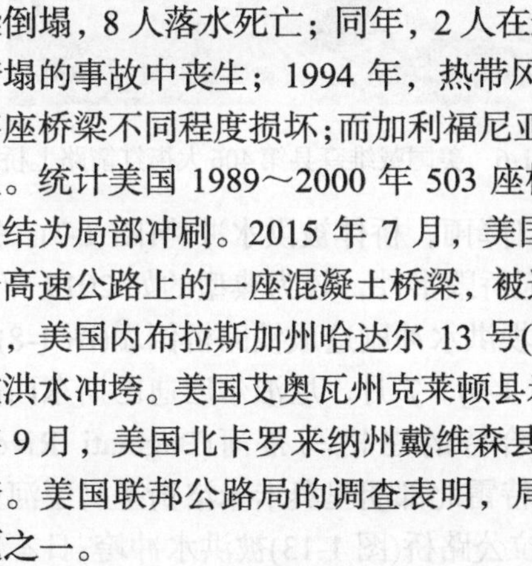

图 1-1　美国斯科哈里溪桥

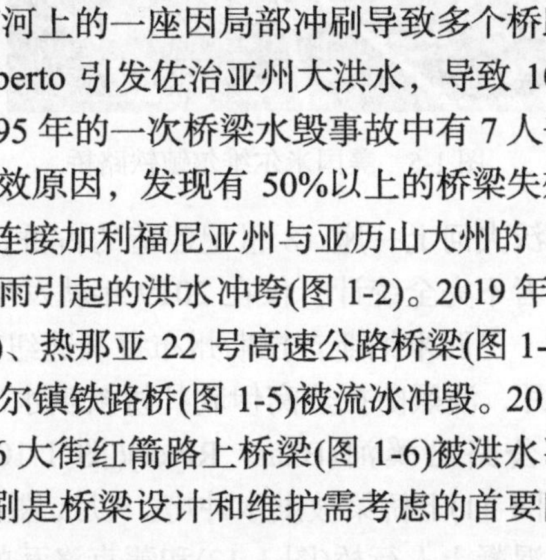

图 1-2　美国 10 号高速公路桥梁

图 1-3 美国哈达尔 13 号高速公路桥梁

图 1-4 美国热那亚 22 号高速公路桥梁

图 1-5 美国米尔维尔镇铁路桥

图 1-6 美国戴维森县第406大街红箭路上桥梁

特沃夫河上一座 18 世纪建造的古桥，因连日降雨，桥体被洪水冲垮(图 1-7)。据作者不完全统计，仅在 2019 年就发生了多起桥毁事件，较为典型的如 2019 年 1 月，巴西米纳斯吉拉斯州布鲁马迪纽市因溃坝洪水冲刷造成铁路桥倒塌(图 1-8)。2 月，波黑萨拉热窝伊利扎桥被洪水冲垮(图 1-9)。7 月，尼泊尔巴迪巴斯东西高速公路巴溪河(Bhasi River)(图 1-10)和塔哈特的巴格马蒂河(Bagmati River)(图 1-11)上桥梁被洪水冲垮。9 月，墨西哥蒙特雷北部胡里奥卡米洛街圣马丁河上的混凝土人行桥(图 1-12)和蒙克洛瓦的坎德拉公路桥(图 1-13)被洪水冲垮；日本三重县三重郡菰野町千草的音羽桥(图 1-14)被洪水冲垮。

图 1-7 英国北约克郡沃夫河上桥梁

图 1-8 巴西布鲁马迪纽市铁路桥

图 1-9　波黑萨拉热窝伊利扎桥

图 1-10　尼泊尔巴迪巴斯东西高速公路桥

图 1-11　尼泊尔塔哈特巴格马蒂河桥

图 1-12　墨西哥圣马丁河混凝土人行桥

图 1-13　墨西哥坎德拉公路桥

图 1-14　日本音羽桥

我国水域众多，现役涉水桥梁超过桥梁总数的 80%，约有 20 万座桥梁的服役时间已超过 25 年，每年开工建设的桥梁约一万座。基于如此庞大的桥梁总数及较长的服役时间，桥毁事故也屡见不鲜。易仁彦等[11]收集了 2000～2014 年国内发生的 106 起运营期间桥梁坍塌事故的相关信息，对事故原因进行系统分析发现，高达 30%是由冲刷造成的。2000 年 8 月，台湾省高屏大桥因为过度开采砂石，河床下降，在台风天，基础被暴涨的河水冲刷，大桥发生坍塌破坏，造成 16 辆汽车坠入河中，22 人因此受伤。2002 年 6 月，西安灞河铁路大桥因为河床挖沙，桥墩被水流掏空，被山洪冲垮。2013 年 7 月，四川省多地发生洪涝灾害，19 座桥梁发生坍塌，其中大多数坍塌原因与桥梁基础局部冲刷相关。江油市盘江大桥(老青莲大桥)因洪水被冲毁，事故造成 3 号桥墩因泥沙掏空而发生倾斜，桥梁第三跨和第四跨桥孔因变形过大而发生垮塌，从而引起该桥其他桥孔发生连续垮塌事故。事故造成 6 辆汽车坠入河中，12 人现场失踪，得到确认的遇害人员达到 5 人。绵竹市汉旺绵远河大桥、兴隆绵远河大桥等也因为洪害的影响，桥梁基础冲刷严重，最终基础失稳，桥梁垮塌。同年 8 月，仅广东省就有 119 座桥梁因台风引发的强降雨致使水毁，水毁损失超过 14 亿元，给人们的财产及生命安全造成巨大损失，这其中大多是强降雨对基础周围的局部冲刷作用导致桥梁基础埋深过浅，从而引起桥梁毁坏。近些年，国内更是发生了几起严重的桥梁水毁事故，造成巨大的人员伤亡及经济损失。2004 年，四川省成都市成温邛公路三渡水大桥在大水冲击下垮塌(图 1-15)，桥面塌陷约 70m，新桥旧桥的第三、四、五跨桥面均已垮塌掉入金马河中，专家组现场调研后得出的事故原因为河水冲刷河床，导致河道改变，造成桥墩位移而出现塌陷。2010 年，四川省崇州市怀远镇场镇老定江桥受连夜暴雨影响，洪水不断冲刷，导致桥基悬空，桥面垮塌三孔，100 余米桥身陷入河中(图 1-16)。2018 年 8 月，山东省潍坊市平原大桥因受台风“温比亚”带来的强降雨影响，全长 381m、25 孔的大桥被洪水冲垮(图 1-17)。2019 年 7 月，四川省凉山州越西县辖区通往瓦岩乡的大桥被大水冲垮(图 1-18)；云南省曲靖市陆良县小百户镇田间交通桥(图 1-19)被冲毁。2019 年 8 月，受大雨影响，北京市怀柔区横跨怀河的中高路西树行桥的多个桥墩被大水掏空，桥面下沉(图 1-20)，存在坍塌危险；山东省淄博市淄川区双杨镇杨寨大桥因洪水冲击而导致桥墩发生断裂(图 1-21)；受强降雨影响，四川省汶川县境内国道 213 线路 K2122+820 处高店子大桥处水位暴涨，不堪洪水冲击发生垮塌(图 1-22)。宝成铁路线跨石亭江大桥(图 1-23)两个桥墩三孔被冲毁；河南省南阳市淅川县金河西滨河路桥梁被冲毁一段(图 1-24)。调查结果表明，大桥垮塌的原因均是连日暴雨，山洪不断冲刷，造成桥基悬空，以致桥面垮塌。上述统计结果表明，冲刷已成为造成桥梁病害的重要因素之一[12]。

图 1-15　四川省成都市三渡水大桥

图 1-16　四川省崇州市老定江桥

图 1-17　山东省潍坊市平原大桥

图 1-18　四川省凉山州越西县通乡大桥

图 1-19　云南省陆良县小百户镇田间交通桥

图 1-20　北京市怀柔区西树行桥

图 1-21　山东省淄博市淄川区杨寨大桥

图 1-22　四川省汶川县境内高店子大桥

冲刷是水流侵蚀桩周床面泥沙的结果，是一个受水流流速、流向、水深、桥梁基础形状、泥沙性状等众多因素影响的现象，是桥梁基础-水流-泥沙三者之间相互作用的三项耦合问题。海域潮流作用下的冲刷受包括潮位、潮差、涨潮历时以及天文潮等在内的不同周期变化因素的影响，其冲刷机理及特性相较河渡桥梁冲刷问题更复杂。开展桩周局部冲刷机理的研究，能揭示局部冲刷坑的动态形成过程，并提出可靠的局部冲刷深度预测公式以及针对性的安全防护方法，对于桥梁特别是跨海桥梁的安全稳定具有重大意义。

图 1-23　宝成铁路线跨石亭江大桥

图 1-24　河南省南阳市金河西滨河路桥梁

1.3　跨海桥梁基础冲刷研究发展近况

纵观世界跨海桥梁历史，20 世纪 60 年代，日本、丹麦开辟了建设跨海桥梁工程的先河。80 年代初，随着我国经济实力、综合国力的显著提升，我国加快建设了大量的基础设施，桥梁数量增多，确立了我国桥梁大国的地位。特别是近十多年来，我国桥梁建设从“江河时代”跨越到了“海洋时代”，陆续建成杭州湾跨海大桥、舟山跨海大桥、青岛海湾大桥、港珠澳大桥等一系列世界级大型跨海桥梁。跨海桥梁朝着深水海域、宽阔水道、特大跨径方向发展，这对桥梁桩基结构的稳定性和安全性提出了更高的要求[13]。大型跨海桥梁基础处于恶劣海域环境中，如图 1-25 所示，基础冲刷易受台风、波浪、潮汐、急流等因素影响。近年来部分跨海桥梁都有一定程度的桥位海床冲淤变化，桩基受冲刷影响严重。对沿海地区一座跨海桥梁 8 年内的海床冲淤变化进行观测[14]。由图 1-26 可知，受洋流、潮汐等作用，海中桥梁基础受冲刷影响复杂，冲刷深度变化较大。一般来看，跨海桥梁为了适应大跨和深水等特点，常采用群桩等基础形式，群桩的流固耦合动态冲刷问题突出。

图 1-25　水深流急海域的跨海桥梁

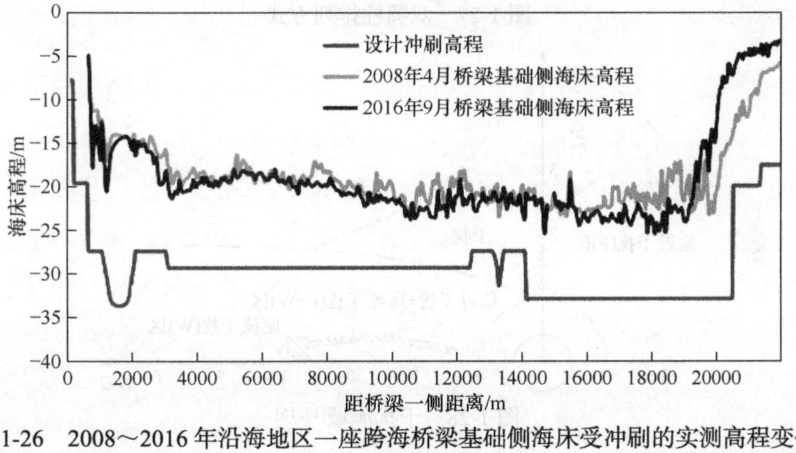

图 1-26　2008～2016 年沿海地区一座跨海桥梁基础侧海床受冲刷的实测高程变化

跨海桥梁基础冲刷是由复杂的水流结构引起的。这里首先从柱体绕流理论进行分析，过去研究较多的为双圆柱桩群绕流，可将双圆柱桩群按照排列方式分为串列布置、并列布置、错列布置三种，如图 1-27 所示。图中 U 为水流速度，S 为顺流向圆柱中心间距，T 为横流向圆柱中心间距，L 为错列布置圆柱中心间距，α 为两圆柱圆心连线与来流方向夹角。不同的雷诺数(Re)、桩径、排列方式产生不同的干扰效应，使得桩间流态、漩涡脱落等产生较大变化。在流场中双圆柱的干扰流域分布如图 1-28 所示，图中把参考圆柱的位置固定在坐标原点，另一个圆柱可布置在坐标平面中任意位置，其中 S/D 为顺流向间距比，T/D 为横流向间距比，可得出主要有四个受干扰区域，即尾流干扰(W)区、临近干扰(P)区、临近干扰和尾流干扰(P + W)区、无干扰区。W 区下游圆柱浸没在上游圆柱尾流中且圆柱不紧靠在一起；P 区两圆柱紧靠在一起；(P + W)区为临近干扰和尾流干扰的组合，是两者的重叠部分；无干扰区流场特征相当于单圆柱周围流场[15, 16]。对于圆柱群桩，因其桩数和布置方式不同，干扰效应更加复杂，需进一步研究雷诺数与周期性漩涡脱落之间的关系。采用计算流体力学(computational fluid dynamics，CFD)对跨海桥梁非通航孔桥梁基础不同群桩布置形式进行分析。图 1-29 为群桩流速俯视图，可以看出群桩基础冲刷受桩数、布置方式等因素影响，桩间流态复杂，局部冲刷特征变化大，深入开展机理研究的难度增加。

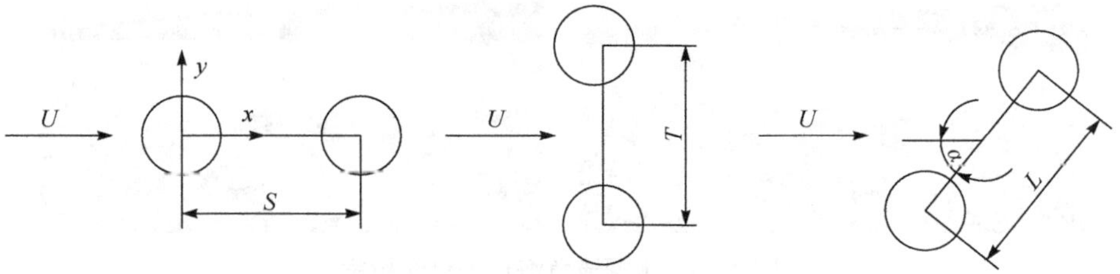

(a) 串列布置　　(b) 并列布置　　(c) 错列布置

图 1-27　双圆柱排列方式

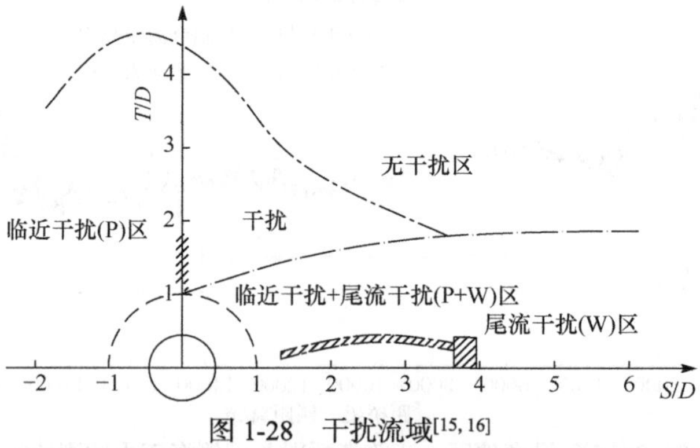

图 1-28　干扰流域[15, 16]

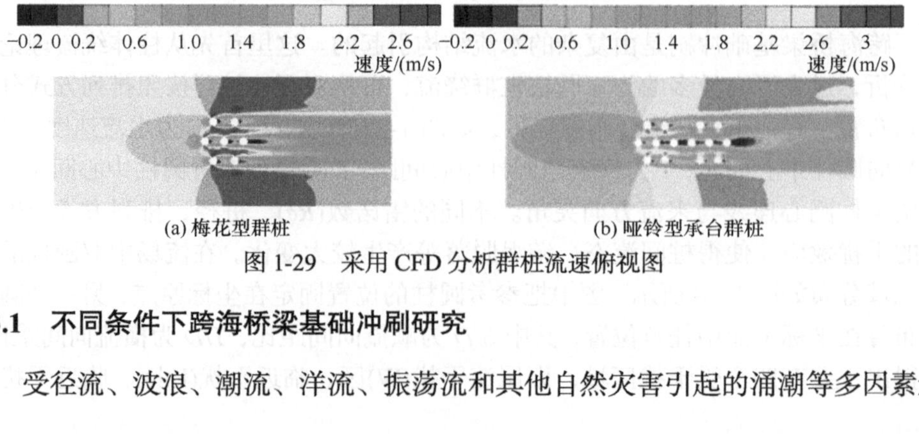

(a) 梅花型群桩　　(b) 哑铃型承台群桩

图 1-29　采用 CFD 分析群桩流速俯视图

1.3.1　不同条件下跨海桥梁基础冲刷研究

受径流、波浪、潮流、洋流、振荡流和其他自然灾害引起的涌潮等多因素影响，跨海桥梁所处海域的水文条件复杂。与一般的单向流条件相比，波浪条件下的冲刷分析还需考虑波高、波长、波浪周期等因素，潮流条件下还需考虑潮差、潮汐周期等因素，并且在不同条件下由水粒子诱导的冲刷动态过程和循环运动也不一样。大型跨海桥梁基础受近海岸波浪作用影响严重，波浪在近海岸附近水深减少，波形波面变形剧烈，泥沙运动显著。波浪与桥梁基础作用会产生反射、绕射及破碎等水流现象，使桩基周围水流结构变得十分复杂[17]。波浪作用对直立圆柱构筑物周围的冲刷问题按照 D/L(D 为圆柱直径，L 为波长)之比分为小直径和大直径桩柱局部冲刷情况。跨海桥梁基础所在海床往往由多种土层构成，沉积物条件(土壤类型、成分、饱和度等)不同对冲刷过程影响大。黏性土相较于非黏性土达到平衡冲刷所需时间更长，是因为黏性土颗粒更为紧密，冲刷机理更为复杂。跨海长桥的基础型式和空间布置方式多样，仅仅单桩基础满足不了实际工程的需要，研究复杂桥梁基础型式对冲刷的影响势在必行。

分析不同条件下跨海桥梁冲刷研究可以得出以下几点问题：①由于跨海桥梁处于深水、宽阔海域中，各种海洋水动力因素对冲刷作用机理研究尚少，潮流作用下群桩机理尚存在不同观点，需要进一步完善；②跨海桥梁基础所处海床分布不均匀，淤泥质土、粉质土等泥沙运动更为复杂，多层土的冲刷分析也是难点；③跨海桥梁基础型式和空间排列形式较为复杂，针对海洋环境下复杂桥梁基础型式(如梅花型群桩基础、哑铃型承台群桩基础等)冲刷机理的研究需要进一步深入；④跨海桥梁常用的钢管桩按照一定角度布置，需加强斜桩冲刷机理研究。

1.3.2　跨海桥梁基础冲刷深度预测

跨海桥梁大多建在河口感潮地区，受复杂的潮汐双向流及波浪等共同作用影响。现有的单向流作用下桥梁基础局部冲刷计算公式往往难以预测复杂的实际工程。总体来看，波浪、潮流作用下桥梁基础局部冲刷深度预测研究较少，大多预测方法对推荐公式的系数进行了调整。

实验室物理模型试验是分析跨海桥梁冲刷的有效方法。同时，近年来，基于计算流体动力学的桥梁基础冲刷数值仿真能够模拟复杂的冲刷环境，具有试验周期短、成本低等特点，成为预测桥梁基础冲刷深度的主要方法。

通过分析总结跨海桥梁基础冲刷深度公式和建模方面的相关文献，发现以下特点和问题：①波浪、潮流作用下冲刷公式较少，计算精度未得到统一。②实验室建立的试验模型，需要考虑尺度效应对冲刷的影响，相似性(几何、水动力、泥沙运动)需要进一步提升；冲刷过程中，冲刷深度对水动力影响的研究尚少；大多试验对成桥桩基进行冲刷分析，施工期冲刷研究不足。③潮流、波浪、洋流等多因素耦合作用下的三维数值模拟研究较少，数值模型合理选择未统一，需要考虑不同悬移质浓度和桥梁基础型式的动床冲刷对冲刷坑深度的影响。④数值模型建立的海床较少考虑实际海床周围高程变化，对冲刷深度计算结果影响较大；桩群与水流之间动态流固耦合研究较少。

1.3.3　跨海桥梁基础冲刷深度监测及防护方法

桥梁基础冲刷深度监测方法能够获得基础实际冲刷情况，为实施桥梁冲刷防护措施实施提供指导性的建议，避免桥梁水毁破坏。传统方法为人工水下作业检测，但是水下作业严重威胁检测人员的生命安全，并且检测精度依赖于检测人员的经验。目前，国内外学者对中小跨桥梁研究了许多监测方法，如浮力探测仪、磁力滑动环、声呐、雷达、时域反射仪(time domain reflectometry，TDR)、布拉格光纤光栅传感器(fiber Bragg grating，FBG)等，但跨海桥梁海域环境恶劣，能够在海洋环境下监测桥梁冲刷的方法较少。多波束测深技术广泛应用于跨海桥梁基础局部冲刷地形监测，但存在信号易受干扰、不能实时监测海床冲淤过程等缺点。

桥梁基础冲刷深度监测数据能够呈现冲刷坑发展趋势变化，过深的冲刷坑将造成桥梁结构物桩基承载力显著降低。对桥梁桩基开展及时有效的冲刷防护研究，是桥梁工程重要的防灾减灾措施，能够保证桥梁结构安全运营。较为典型的主动防护方法有桩前牺牲桩、桥桩开缝、护圈、护壳、环翼式桥桩等，被动防护方法有抛石、混凝土石笼、混凝土铰链、混凝土硬壳单元体、扩大桩基础、四面体透水框架群等。然而，开展跨海桥梁基础冲刷防护措施需要综合考量复杂的海域环境和实际工程特点，有针对性地提高桥梁基础抗冲刷能力。

1.4　本 章 小 结

本章统计了近年来国内外的桥梁基础冲刷事故，通过对桥梁基础冲刷研究的梳理，分析过去主要的研究问题和研究方法如下。

(1) 桥梁局部冲刷是桥梁水毁破坏的主要原因。局部冲刷按照上游是否含沙分为清水冲刷和动床冲刷。清水冲刷机理研究较多，而动床冲刷机理研究较少，流速、水流夹角、基础型式、布置方式、河床泥沙特性、周围流场性质等因素为主要研究对象。

(2) 桥梁基础冲刷深度预测一般基于冲刷计算公式，但大多数基于试验数据和现场观测资料建立的经验性公式或半经验半理论公式对一些影响因素及参数取值做了简化假设，能够为实际工程提供一定的参考价值，但局限性很大。为了建立通用的模型以实现对冲刷深度的可靠预测，国内外学者研究了人工神经网络、遗传算法等方法在桥梁基础冲刷预测方面的应用。

(3) 桥梁基础冲刷模型能够模拟复杂的冲刷环境，通常分为物理试验模型和数值模拟仿真。物理试验模型对具体实际工程建立相应的缩尺模型，针对性较强，但是试验周期长，耗费大量财力物力，并且不能满足所有的相似条件，无法避免尺寸效应带来的误差，对试验结果精度造成影响。数值模拟仿真能够灵活地改变研究问题的参数，且周期短，耗费小，成为认识水流和泥沙运动规律的重要途径。悬移质流动为带有自由液面的流动，研究如何精确捕捉自由液面位置亦是仿真难点之一。

(4) 桥梁基础冲刷现场监测提供了直观的桥梁现场监测数据，能够弥补计算模型由简化和假设带来的缺陷，为实际工程冲刷防护提供指导性建议。同时，现场监测数据对现有的冲刷模型和经验公式开展评估及验证起到重要作用。现有的冲刷监测技术的监测精度不同，需要根据现场实际情况来选择合适的监测技术。近年发展的基于桥梁固有频率的方法能够避免仪器在水下安装，为监测研究提供新的方向，但精确性有待提高。

(5) 对桥梁基础开展有效的冲刷防护措施，保证桥梁结构物的运营安全是桥梁基础冲刷研究的目的之一。桥梁冲刷防护措施按机理分为主动防护和被动防护。主动防护旨在减小来流的水力特性，被动防护目的是增强桥梁基础周围河床的抗冲刷能力。针对桥梁所处的不同环境，寻找并使用合适的冲刷防护措施能够减小冲刷坑的深度，保证桥梁基础结构的安全性和稳定性。

第 2 章　桥梁局部冲刷机理分析

2.1　概　　述

为了保证涉水桥梁的安全运营，桥梁桩基必须保证足够的埋置深度，以免受冲刷破坏。因此，设计桥梁时，必须合理预计桥梁使用期内河床的演变及桩基础的冲刷，为桩基的埋置深度提供依据。

然而，桥梁桩基的冲刷是个十分复杂的过程，水流从桩周床面淘蚀并带走泥沙的过程，受水流流速、流向、水深、桩形、泥沙性状等因素共同影响[18]。因此，复杂的冲刷过程通常简化为三个独立的部分：自然演变冲刷、一般冲刷、局部冲刷。假设它们先后发生，可分开计算，然后叠加为桥梁桩基的最大冲刷深度，如图 2-1 所示。本章将详细阐述自然演变冲刷、一般冲刷、局部冲刷，从水流与桥桩相互作用及水流与泥沙相互作用两个角度深入剖析局部冲刷的作用机理，为后续数值模拟、建立预测方程、探讨安全防护方法打下基础。

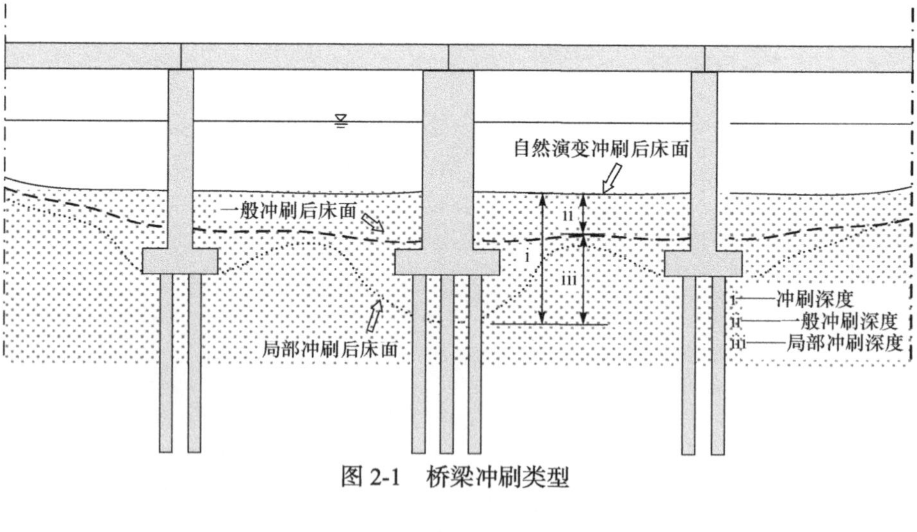

图 2-1　桥梁冲刷类型

2.2　冲 刷 分 类

2.2.1　自然演变冲刷

天然河床(海床)由泥、土、沙、石等组成，统称为床面泥沙。河道及海域的水流和泥沙总是在不停地运动：床面泥沙被水流冲起带走，使床面下切，形成河床(海床)的冲刷；水流所挟带的泥沙沉积下来，使床面淤高，形成淤积。在水流和泥沙的作用下，床面总是在不停地冲淤，构成河床(海床)的自然演变冲刷[19]。

自然演变冲刷是指在不受桥梁等水工建筑物影响的情况下，床面上的泥沙被水流自然携带冲走，使床面下切，或被水流携带的泥沙自然沉积，使床面淤高，就这样随着时间演变，自然发育而导致床面不断地冲淤变化。床面发生变化的根本原因是输沙的不平衡，当河道及海域的来沙量与水流的挟沙力不适应时，床面必将发生冲淤变化。水流的输沙能力与河床变形相互影响，且存在往复现象，其趋势是求得水流输沙量的平衡，但由于各种自然地理因素在时间和地点上不断变化，这种平衡是短暂且往复的，因此床面总是在不断变化。

河道环境下河床的自然演变冲刷可概括性地分为四类：河流发育成长性的变形，如河道的逐年下降或淤积；河段特性所决定的变形，如边滩下切，河段弯曲的发展和移动，蜿蜒及裁直等引起的河道变形；河段最大深泓线迅速摆动，形成集中冲刷而引起的变形；在一个水文周期内河槽随水位、流量变化而发生周期性变形[20]。从河流形态的变化来看，河床演变的形式又可分为纵向变形与横向变形两类，一般这两种变形是错综交织在一起进行的。河流纵向输沙不平衡引起河流纵断面的变化，称为纵向变形；河槽横向移动所引起的变形，称为横向变形，这种变形快，变形幅度也大得多。河道中的水流，由于过水断面形状的改变，伴随着主流，在水流内部形成一种从属于主流而规模较大的旋转运动的水流，称为环流。环流的存在，往往是河床冲淤的直接原因[20]。

海域环境下的海床自然演变冲刷受风浪及潮流的影响，冲淤情况更为复杂，特别是近年来，由于围海造地、修筑导堤等人类活动影响，减少了沿岸的潮流量，这有利于泥沙向边滩搬运沉积，跨海桥梁的上下游沿岸段自然容易淤积，围涂虽然使桥段所在海域缩窄，但未改变来自上游的涨潮量，因此断面流速必然增大，使得围涂段自然演变冲刷加剧。

由于影响床面演变的因素非常多，而且错综复杂，难以得到可靠的计算结果。目前在实际工作中，主要通过实地调查或参考类似的现场观测资料，结合河段的特点和整治规划，估计建桥以后可能发生的床面演变，作为设计桥梁墩台的自然冲刷深度。

2.2.2　一般冲刷

建桥以后，桥孔压缩水流，桥下流速增大，水流挟沙能力随之增大，引起整个桥下断面的冲刷，称为一般冲刷。

随着一般冲刷的发展，床面不断刷深，桥下断面逐渐增大，过水断面面积不断增大。随着桥下断面的扩大，流速相应降低，水流挟沙能力随之降低，当流速降低到不能继续冲刷床面时，冲刷即趋于停止。此时，桥下过水面积最大，一般冲刷深度也达到最大[21]。

如图 2-2 所示，对于一般冲刷深度的表示方法，通常用一般冲刷停止时桥下的垂线水深表示该垂线处的一般冲刷深度，以 h_p 表示。桥下一般冲刷停止时垂线平均流速称为冲止流速，表示为 V_s (m/s)。

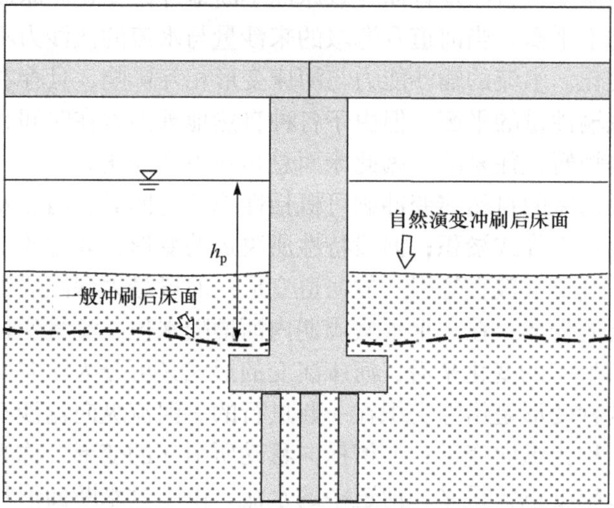

图 2-2　桥桩一般冲刷示意图

目前，对于涉水桥梁的一般冲刷计算研究成果较多，我国 1964 年“桥渡冲刷计算学术会议”推荐使用的 64-1 式，即根据冲止流速概念建立的计算河槽部分一般冲刷深度的公式，后根据多年使用经验，《公路工程水文勘测设计规范》(JTG C30—2015)[22]对该式进行修正得到 64-1 修正式如下：

$$h_p = \left[\frac{A_d \dfrac{Q_2}{\mu B_{cj}} \left(\dfrac{h_{cm}}{h_{cq}} \right)^{5/3}}{E \bar{d}^{1/6}} \right]^{3/5} \tag{2-1}$$

式中，A_d 为单宽流量集中系数；B_{cj} 为河槽部分桥孔过水净宽(m)；h_{cq} 为桥下河槽平均水深(m)；$\bar{d}$ 为河槽泥沙平均粒径(mm)；E 为系数，与汛期含沙量有关，具体取值详见附录 A。

《公路工程水文勘测设计规范》(JTG C30—2015)中另有推荐 64-2 简化式对河槽部分一般冲刷进行计算。64-2 简化式根据输沙平衡原理建立，认为建桥后，上游天然河槽断面输送来的泥沙量不足以补给桥下河槽断面被水流冲走的泥沙，桥下断面发生冲刷。当上游来流泥沙量等于桥下河槽断面被水流冲走的泥沙量时，达到输沙平衡，冲刷随之停止，此时一般冲刷深度达到最大。64-2 简化式如下：

$$h_{\mathrm{p}}=1.04\left(A_{\mathrm{d}}\frac{Q_2}{Q_{\mathrm{c}}}\right)^{0.90}\left[\frac{B_{\mathrm{c}}}{(1-\lambda)\mu B_{\mathrm{cg}}}\right]^{0.66}\cdot h_{\mathrm{cm}} \tag{2-2}$$

$$Q_2=\frac{Q_{\mathrm{c}}}{Q_{\mathrm{c}}+Q_{\mathrm{t1}}}Q_{\mathrm{p}} \tag{2-3}$$

$$A_{\mathrm{d}}=\left(\frac{\sqrt{B_{\mathrm{z}}}}{H_{\mathrm{z}}}\right)^{0.15} \tag{2-4}$$

式中，h_{p}为桥下一般冲刷后的最大水深(m)；Q_{p}为设计流量(m^3/s)；Q_2为桥下河槽部分通过的设计流量(m^3/s)；Q_{c}为天然状态下河槽部分设计流量(m^3/s)；Q_{t1}为天然状态下桥下河滩部分设计流量(m^3/s)；B_{cg}为桥长范围内的河槽宽度(m)；B_{z}为造床流量下的河槽宽度(m)；λ为设计水位下，在B_{cg}宽度范围内桥墩阻水总面积与过水面积的比值；μ为桥墩水流侧向压缩系数，具体取值见附录 A；h_{cm}为河槽最大水深(m)；A_{d}为单宽流量集中系数，当$A_{\mathrm{d}}>1.8$时，A_{d}可采用 1.8；H_{z}为造床流量下的河槽平均水深(m)。

2.2.3　局部冲刷

局部冲刷是指水流受桥梁基础的阻挡作用，桩周流场发生变化，在桩前形成下降水流，并在桩腿床面附近产生漩涡，淘蚀桥桩迎水面及两侧泥沙逐渐发育形成局部冲刷坑，如图 2-3 所示。随着冲刷坑的不断加深和扩大，局部冲刷坑内流

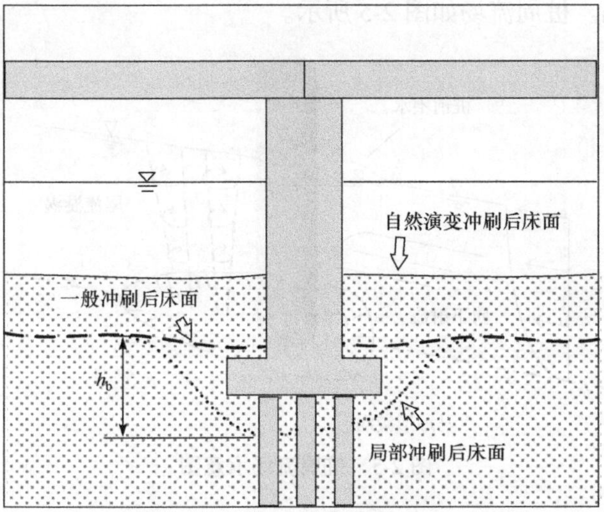

图 2-3　桥桩局部冲刷示意图

速逐渐降低，水流挟沙能力随之减弱，坑底泥沙也逐渐粗化，抗冲能力增强。此时，水流的挟沙能力与冲刷坑内泥沙的抗冲能力达到平衡，即上游进入冲刷坑内泥沙与水流冲走泥沙达到平衡，局部冲刷深度达到最大。

由图 2-4 可知，当来流流速未超过上游床面泥沙起动流速时，局部冲刷坑无法获得上游泥沙补给，称为清水冲刷；当来流流速超过上游床面泥沙起动流速的临界值时，泥沙被水流裹挟起动，其中部分会填补沉积至局部冲刷坑，即局部冲刷坑将会获得上游泥沙补给，称为动床冲刷。清水冲刷达到冲淤平衡状态时的最大冲刷深度比动床冲刷大 10%左右。

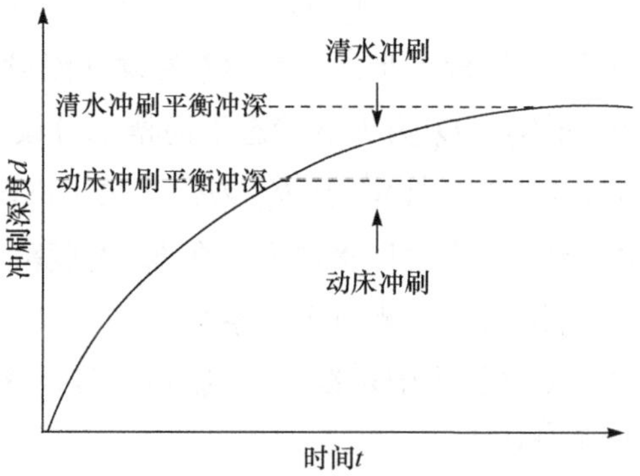

图 2-4　冲刷深度与时间关系曲线

自 20 世纪 90 年代起，学者逐步开展桩周流场的相关研究，基于大量的试验及现场观测研究成果[23-25]，得到较为一致的结论。以圆柱形单桩为例，将桩周的流场特征分为以下四类：①桩前壅水；②桩前向下射流；③桩底马蹄形漩涡；④桩后尾流漩涡。桩周流场如图 2-5 所示。

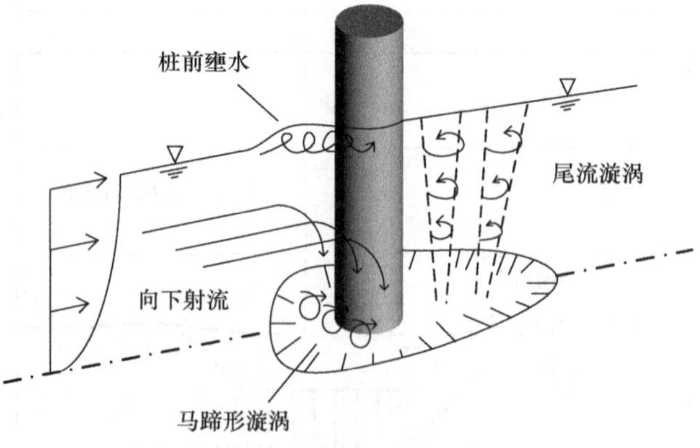

图 2-5　桩周流场示意图

局部冲刷过程可分为三个阶段：①冲刷起始阶段，桩底周围泥沙在马蹄形漩涡的作用下被水流吸收带走；②主要冲刷阶段，桩周上游的输沙率小于下游的输沙率，形成局部冲刷坑并不断发展；③冲刷平衡阶段，随着冲刷深度的增加，桩底马蹄形漩涡强度下降，桩周上下游输沙率达到平衡，局部冲刷坑不再发展。

众多研究者通过试验及数值模拟研究发现，桥桩上游存在下降水流及马蹄形漩涡，这两者是桩前局部冲刷的主要原因，马蹄形漩涡附近还存在二次涡，旋转方向与马蹄形漩涡相反，会削弱马蹄形漩涡的冲刷能力，桥桩下游由于边界层的分离存在向下游传播的尾涡体系[26]。除此之外，试验发现桩侧最先发生冲刷，形成两道冲刷槽，并先后发展至桩前及桩后，形成倒圆锥形冲刷坑，冲刷中期桩前回流区涡量增大，紊动性增强，冲刷坑迅速发展，冲刷后期冲刷坑发展缓慢，冲刷坑半径不断变大直至达到平衡[26]。

近年来，桥梁基础局部冲刷机理的研究已经从单桩基础发展到群桩基础、沉井基础[27]。跨海桥梁基础复杂群桩冲刷兼有群桩纵向排列、横向排列和斜交排列的综合冲刷机理和效应。其中包括纵向掩蔽作用、纵向冲刷联动作用、横向阻力增大作用、横向冲刷联动作用[28]。与单桩基础不同，群桩基础受遮蔽效应影响，后排桩的局部冲刷深度明显小于前排桩的局部冲刷深度，受喷射效应的影响，群桩的桩间水流较快，桩间冲刷较桩周更为严重，也产生比单桩更严重的冲刷[29]。韩海骞[30]通过试验研究了潮流作用下桩基承台型桥梁基础的局部冲刷。结果表明，群桩基础各桩之间由于桩的挤压水流更趋集中，紊动强度增强，冲刷深度增大，群桩基础两侧形成两道冲刷槽，上下游头部出现条形淤积带。

相比单桩基础，沉井基础周围流场更加复杂。带有沉井基础桥桩的基础上游存在两个主要的马蹄形漩涡，包括主漩涡及次漩涡，均顺时针旋转引起冲刷，主漩涡的速度大于次漩涡，因此主漩涡内形成更深的冲刷坑[31]。

2.3　桩周流场作用机理

现有的对于桥桩局部冲刷流场作用机理的研究，多基于室内试验，难免受到缩尺效应的影响，且跨海桥梁多位于河口海湾，水文条件恶劣，潮差大，涨落潮流速急，地质条件多为淤泥质海床，实际工程中的桥桩直径、水流深度、涨落潮流速、泥沙粒径变化范围很大，因此桥桩的局部冲刷深度机理亟须扩展其使用范围，特别是对于跨海桥梁。本节结合前人研究成果，从水流与桥桩相互作用及水流与泥沙相互作用两个角度深入剖析局部冲刷的作用机理。

2.3.1　水流与桥桩相互作用

桥桩的阻水作用引起复杂的三维水流流态，如图 2-6(a)所示。来流水流行进至桩前产生滞止，可沿水深方向将桩前垂向滞流分为上升水流和下降水流，点 1

处水流流速为零，桥桩所受压力最大，称为驻点，驻点的存在使得桩前水流形成垂向压差，部分水流偏转向上成为上升流(点 1 至点 2)，由于水压大于大气压强，桥桩前缘形成涌波，涌波内存在漩涡，使自由液面抬高至点 3；另一部分水流偏转向下成为下降流(点 1 至点 4)，受到向下压力梯度的驱动，不断冲刷床面。当水深 h 较小时，驻点压力中动水压相对于静水压占据了主要部分，导致驻点位置上移接近水面并产生显著的向下流；当水深 h 较大时，静水压也较大，动水压相对较小，导致驻点下移靠近床面。

来流水流的速度剖面遵循幂次定律，纵向流速 u 随水深变化的规律可按式(2-5)表示：

$$u(y)=u_{\mathrm{s}}\left(\frac{y}{y_{\mathrm{s}}}\right)^{\alpha} \tag{2-5}$$

式中，$u(y)$ 为任意高度 y 处纵向流速(m/s)；u_{s} 为标准高度 y_{s} 处的纵向流速(m/s)；α 为壁面粗糙度系数，海洋水利中取 1/7。

随着冲刷的进行，冲刷坑不断发育扩大，如图 2-6(b)所示，来流水流的速度剖面重新分布，驻点也随之向上移动，来流中偏转向下的下降流增多，冲刷坑内马蹄形漩涡增强，冲刷不断加剧，直至驻点接近至水面，桩前冲刷坑坡度逼近泥沙水下休止角，可认为达到冲刷平衡状态，此时冲刷坑深度为最大局部冲刷深度 h_{b}。

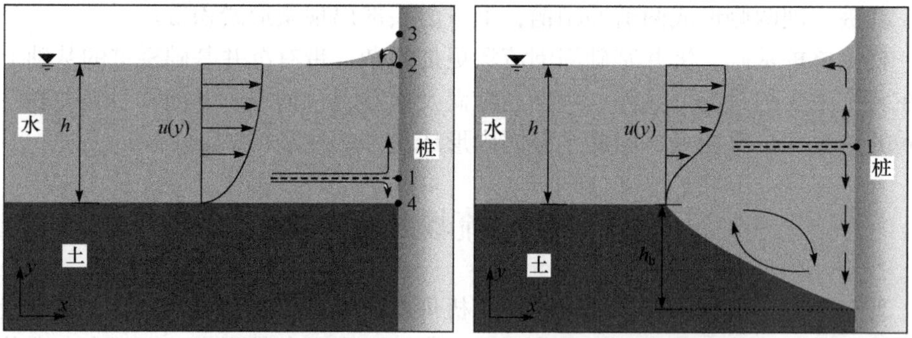

(a) 冲刷前 (b) 冲刷过程

图 2-6 桩前流态示意图

如图 2-7(a)所示，来流水流行进至桩前受桥桩阻挡，会沿桩两侧绕流，同时在桩周形成扰流区域，如图 2-7(a)所示，将扰流划分为四个区域：①窄的减速流区域，也称为驻区，该区域流速很小，接近零；②两侧附在桩表面的边界层区域；③两侧的剪切和加速流区域；④较宽的称作尾流的下游分离流区域。

如图 2-7(b)所示，在桩前边界层区域，水压随着水流流动方向逐渐减小，形成顺压梯度区，Guo 等[32]分析得出在 $\phi=\pm45°$ 处压力最大，即起冲阶段该位置床面剪切力最大，泥沙最先开始冲刷，Dargahi[33]、Roulund 等[34]的试验及计算结果表明，冲刷在 ϕ=45°~75° 处先开始。水流在桩表面分离前，边界层从正向的压力梯度转变为很小范围的负向压力梯度，分离后的边界层进一步向下游发展成为自由剪切层和近尾流区域的边界。

当 $\phi \geqslant 90°$ 时，在桥桩的后半部分，水压随着水流流动方向逐渐增加，形成一个逆压梯度区，并在桥桩后出现边界层分离，形成尾流漩涡。与马蹄形漩涡不同，尾流漩涡是由桥桩表面的不稳定剪切层卷动产生的，尾流漩涡在低雷诺数下接近稳定(3～5<Re<40～50)，在河流及海域中则会交替从桩后脱落并向下游移动。尾流漩涡区充满了由涡度守恒方程控制的涡，如式(2-6)所示：

$$\frac{\mathrm{D}\Omega}{\mathrm{D}t} = (\nabla \cdot \Omega)u + \nu\nabla^2\Omega \tag{2-6}$$

式中，Ω 为涡量矢量(s^{-1})；$\mathrm{D}/\mathrm{D}t$ 为涡量 Ω 的随体导数；∇^2 为拉普拉斯算子；∇ 为向量微分算子；u 为速度矢量(m/s)；ν 为动力黏度(N · s/s^2)。

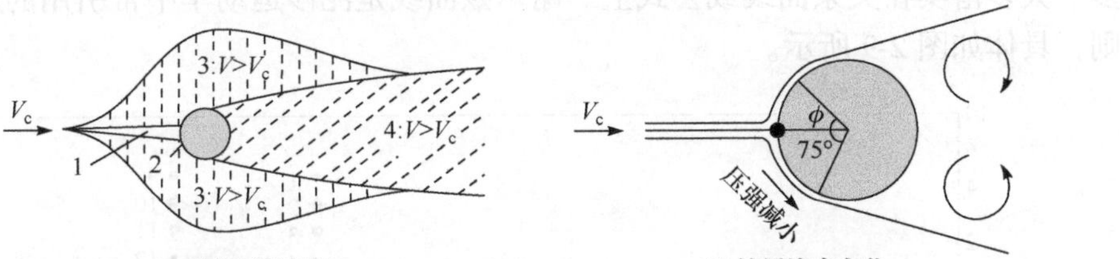

(a) 扰流区域划分　(b) 桩周流态变化

图 2-7　桩周流态示意图

式(2-6)中，$\mathrm{D}\Omega/\mathrm{D}t$ 表示涡量的随体变化率，$(\nabla \cdot \Omega)u$ 表示由涡丝伸缩变形引起的涡量变化，$\nu\nabla^2\Omega$ 表示由黏性引起的涡量扩散。如图 2-7(b)所示，桩侧边界层分离后，在桩后形成尾流漩涡，尾流漩涡轴线垂直于床面，随着远离床面，涡管直径不断增大。在涡管内部，越靠近涡核压强越小，这股沿着径向的压强梯度，使得涡内存在朝向涡核中心的抽吸力，漩涡越强，抽吸作用越大，所以床面泥沙被漩涡吸起并随水流挟带到下游。尾流漩涡由于黏性的影响在桩后会不断扩散，漩涡强度越来越小，直到消失。

2.3.2　水流与泥沙相互作用

水流对泥沙的作用可分为侵蚀、搬运、沉积[35]。桥桩上游的水流流速 V 直接影响桩周床面泥沙及局部冲刷坑的深度。水流流速与局部冲刷深度的关系如图 2-8 所示，当桥桩上游来流流速 V 逐渐增大到一定程度时，桥桩迎水面及两侧的泥沙最先被水流冲走。此时，把上游来流流速(以垂线平均流速表示)称为床沙的始冲流速 V_c'。当上游来流流速 V 大于 V_c' 且继续增大时，桩周床面泥沙继续冲刷，

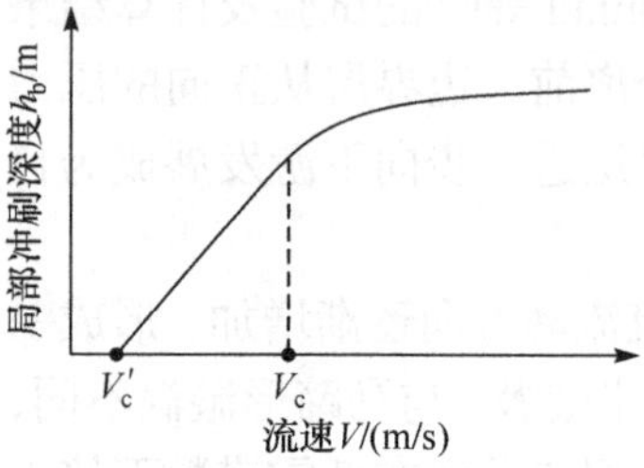

图 2-8　局部冲刷深度-流速曲线

冲刷坑继续加深扩大，局部冲刷深度h_b与上游来流流速V呈直线增长关系。

随着上游来流流速V的不断增大，桩周及整个床面的泥沙逐渐从静止开始被侵蚀，直至被搬运。水流通过泥沙颗粒顶部及底部时流速不一致，顶部流速大于底部流速，顶部压力小于底部压力，泥沙颗粒承受上举力，同时床面泥沙颗粒受到沿水流行进方向的推移力，在这两个力的起动拖曳作用下，床面泥沙大量起动，此时的上游来流流速V称为起动流速V_c。起动的床面泥沙进入局部冲刷坑，冲刷坑的深度由于上游泥沙的补偿而减缓加深，因此，当上流来流流速V大于起动流速V_c并继续增大时，局部冲刷深度h_b与上游来流流速V呈曲线关系。

起动流速V_c是计算局部冲刷深度h_b的重要参数，起动流速V_c的研究成果很多，大多落实在关系曲线或公式上。谢尔兹曲线是泥沙运动学中常引用的起动准则，具体如图 2-9 所示。

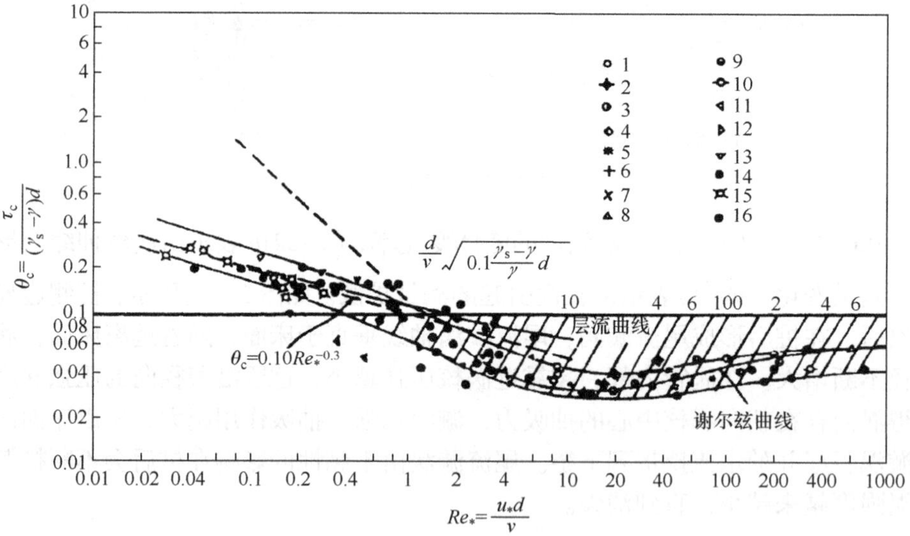

图 2-9　谢尔兹曲线及其修正

纵坐标：

$$\theta_c=\frac{\tau_c}{(\gamma_s-\gamma)d}=\frac{u_*^{\ 2}}{\left(\frac{\rho_s}{\rho}-1\right)gd} \tag{2-7}$$

横坐标：

$$Re_* = \frac{u_* d}{\nu} \tag{2-8}$$

式中，θ_c 为无尺度参数(谢尔兹(Shields)数)；$\tau_c = \rho u^2$ 为水流临界剪应力(MPa)；$(\gamma_s - \gamma)d$ 为颗粒抗冲阻力；d 为泥沙颗粒粒径；Re_* 为泥沙颗粒雷诺数。

国内泥沙学者在式(2-8)基础上，考虑薄膜水厚度、黏结力等因素，提出了适用于细颗粒泥沙及黏性土的起动流速公式，主要有张瑞瑾公式、沙玉清公式、窦国仁公式。

张瑞瑾基于实测资料拟合得到适用于散粒泥沙和黏性细颗粒泥沙的统一起动流速公式：

$$V_c = 1.34\left(\frac{h}{d}\right)^{0.14}\left[\frac{\gamma_s - \gamma}{\gamma} gd + 0.00000036\left(\frac{10+h}{d^{0.72}}\right)\right]^{0.5} \tag{2-9}$$

式中，V_c 为起动流速(m/s)；h 为水深(m)；d 为粒径(m)；γ 为水流容重(N/m^3)；γ_s 为泥沙容重(N/m^3)。

沙玉清利用动力平衡方程式和实测资料，得出了适用于粗细颗粒泥沙的起动流速公式：

$$V_c = \sqrt{\frac{\gamma_s - \gamma}{\gamma} g d h^{0.2}}\left[266\left(\frac{\delta}{d}\right)^{0.25} + 6.66\times 10^9 (0.7-\varepsilon)^4\left(\frac{\delta}{d}\right)^2\right]^{0.5} \tag{2-10}$$

式中，δ 为薄膜水厚度，取为 0.0001mm；ε 为孔隙率，其稳定值约为 0.4。

窦国仁引入简化后的半理论流速分布公式，对底部流速和平均流速进行换算，得到改进后的细颗粒泥沙起动流速公式：

$$V_c = 0.32\left(\ln 11\frac{h}{K_s}\right)\left[\frac{\gamma_s - \gamma}{\gamma} gd + 0.19\left(\frac{\varepsilon_k + gh\delta}{d}\right)\right]^{0.5} \tag{2-11}$$

式中，δ 取 0.213×10^{-4} cm、ε_k 取 2.56 cm^2/s^2；K_s 为床面粗糙高度(mm)。当 $d \leqslant 0.5$mm 时，K_s=0.5mm；当 $d > 0.5$mm 时，K_s=d。

以上三个公式分别适用于黏性细颗粒、粗细颗粒、细颗粒泥沙，在实际工程中可以并行计算，综合考虑。

由于床面泥沙的非均匀特性，可按泥沙的运动形式将泥沙分为推移质和悬移质，如图 2-10 所示。

悬移质多为连续运动的细颗粒，悬浮于水中并在水流方向与水流以同样速度前进，推移质为间歇运动的粗颗粒，在床面附近以滚动、滑动、跳跃或层移形式前进，其速度远小于水流流速。悬移质与推移质的存在，使得床面泥沙在水流作

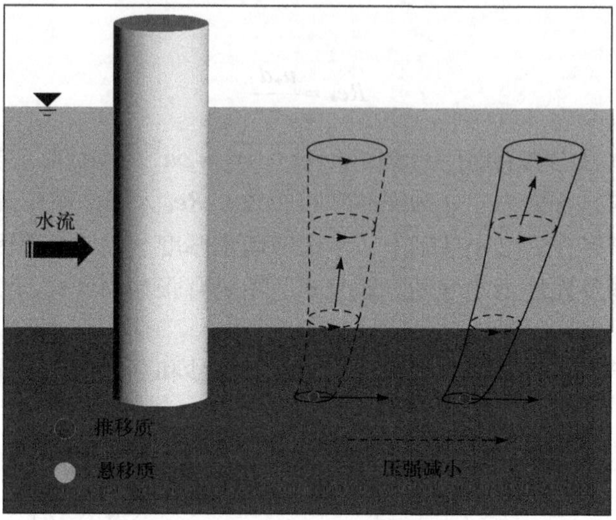

图 2-10　悬移质与推移质的运动形式

用下自然分拣，产生粗化现象，即桥桩周围床面泥沙中的细颗粒被水流裹挟甚至形成沙浪向下游推移，粗颗粒由于起冲流速大，在原地聚积并随着冲刷深度的增大逐渐沉入局部冲刷坑内，覆盖在冲刷坑表面，称为抗冲刷粗化层，桥桩局部冲刷坑内及泥沙淤高区域表面均会发生粗化现象。非均匀泥沙床面粗化层的出现，会加大床面的阻力，降低水流的输沙能力，同时其局部冲刷机理也更为复杂。

2.4　本章小结

首先，详细阐述了自然演变冲刷、一般冲刷以及局部冲刷三种类别的冲刷，并补充介绍了规范内一般冲刷深度的计算公式和适用于潮流条件下的局部冲刷深度计算公式。其次，在已有理论基础上，分析讨论了桩周流场的三维结构及流速分布，揭示了水流与桥桩的相互作用机理。最后，介绍了悬移质和推移质这两种泥沙的运动形式，讨论了泥沙的起动流速计算方法，揭示了水流与泥沙的相互作用机理。

第3章　桥梁局部冲刷三维数值模拟

3.1　概　述

近年来，CFD的快速发展，使得数值仿真模拟成为研究桥梁基础冲刷问题的重要手段，数值模拟手段主要通过求解纳维-斯托克斯(Navier-Stokes，N-S)方程、泥沙输运方程和河床变形方程来解析模拟冲刷问题。相较于试验模型，数值模型不受时间、空间、经济的限制，避免了试验设备及模型缩尺的干扰，使各种复杂流态及局部冲刷坑的动态发展过程可视化，方便更加深入地了解局部冲刷的作用机理。关于基础冲刷问题的CFD数值仿真模拟主要分为定床模拟和动床模拟。定床模拟仅考虑桩周流场的变化，是桥桩与水流相互作用的问题，由于桥桩周围水流流动是三维非稳态且带漩涡的不规则湍流流动，桩周网格的精细化处理、湍流模型的选取对精确模拟桩周流场特性起着至关重要的作用，同时也是动床模拟的基础。相比定床冲刷，动床模拟还考虑了床面泥沙的影响，是桥桩、水流、泥沙三者相互作用的三项耦合问题。动床模拟能反映冲刷坑形成的动态过程以及周围流场的变化，但是目前的动床模拟还存在模拟精度不够、计算时间成本高等问题。

国内外众多研究者[36-49]对局部冲刷数值模拟做了大量工作，已有的研究成果普遍采用的是雷诺平均纳维-斯托克斯法(Reynolds averaged Navier-Stokes simulation，RANS)。随着计算机技术的发展，CFD软件的计算效率也逐步提高，越来越多的研究者建立了基于分离涡模拟(detached eddy simulation，DES)和大涡模拟(large eddy simulation，LES)的局部冲刷三维数值模型。LES模型计算结果与RANS计算结果相比，LES模拟所得的计算结果能够更好地反映高雷诺数条件下拖曳系数减小和边界层分离推后的现象；混合的非定常雷诺平均纳维-斯托克斯法(unsteady Reynolds averaged Navier-Stokes simulation，URANS)/LES模型、LES模型、DES模型能更精确地考虑紊流的各向异性对泥沙输运的影响，模拟紊动的拟序结构促使泥沙起动并悬浮的过程，捕捉流动的瞬时特性与紊动特性，反映涡体的发展变化和输运过程，进一步精细模拟桩周流场。

近年来局部冲刷仿真模型的发展趋势为：二维→三维；清水冲刷→动床冲刷；冲刷初始阶段→冲刷全过程；单桩→多桩→群桩；RANS→混合的URANS/LES模型→DES和LES。

3.2 数值软件及计算方法介绍

CFD 数值仿真模拟具体通过求解 N-S 方程、泥沙输运方程和河床变形方程来研究桥梁基础冲刷问题。

本节通过 FLOW-3D 软件，分别对单向流和往复流条件下的杭州湾跨海大桥典型桩型的局部流场结构和冲刷过程进行数值仿真模拟分析。

FLOW-3D 独有的 FAVOR(fractional area/volume obstacle representation)技术和 TruVOF 技术，使得软件能高效且精确地描述复杂的几何外形，精确模拟自由液面的流动问题。

1. FAVOR 技术

要了解 FAVOR 技术，需要先对有限体积法进行概述。

首先，介绍近似于标准的控制体积法，如图 3-1 所示：采用守恒方程的积分形式；采用许多小的控制体积来表述流体域，而非一个大的控制体积；每个小的控制体积单元与周围控制体积单元之间相互影响。

然后，介绍 FLOW-3D 中采用的有限体积法，如图 3-2 所示，FLOW-3D 中采用的控制体积定义为矩形网格块与几何重叠的区域，这样做有以下好处：这是一个简单可靠的方法，使得创建网格更容易，且在域内网格中几何构建和网格生成是相互独立的。但是，这样做的结果就是需要每个单元必须能处理任意几何和流体区域，FLOW-3D 中使用的这种算法称为 FAVOR。

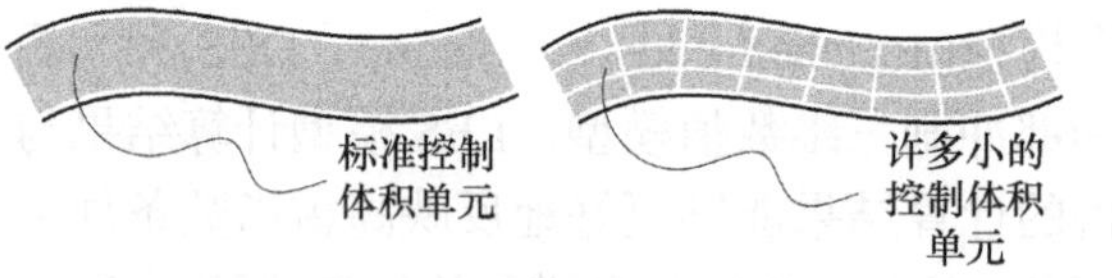

图 3-1　控制体积单元

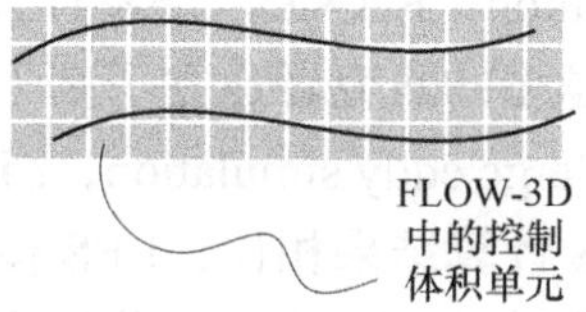

图 3-2　FLOW-3D 中的控制体积单元

FAVOR 算法的一个通用方法是每个控制体积均在守恒方程中考虑几何影响。该方法在流体方程中采用七个变量来表征几何：六个表面积分数(一个单元有六个面)+单元的体积分数。

$$A_{\mathrm{f}} = \frac{\text{空域面积}}{\text{总面积}}$$

$$V_{\mathrm{f}} = \frac{\text{空域体积}}{\text{总体积}}$$

式中，A_f 为面积分数，即单元面内空域面积与总面积的比值；V_f 为体积分数，即单元内空域体积与总体积的比值。

如图 3-3 所示，表面近似为一个平面，作为辅助计算(需要计算表面法线和表面面积)。

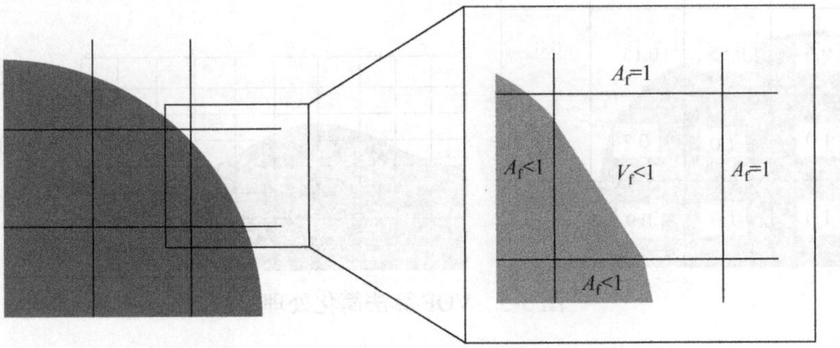

图 3-3　FAVOR 算法示意图

FAVOR 算法会影响所有控制方程的形式：五个守恒方程可以描述流动(质量，三个方向的动量，能量)；一个状态方程来描述密度、压力、温度的耦合情况(理想气体定律，不可压缩流常数)；一个流体体积功能来描述自由液面运动情况。

2. TruVOF 技术

TruVOF 技术由 Nichols 和 Hirt 提出，用于追踪自由液面，从而实现对具有自由液面流动问题的计算仿真。

首先，介绍自由液面的定义。如图 3-4 所示，自由液面是气液两相间明显的分界面，气体的压力梯度很小，气体和液体的密度比很大。

对自由液面的模拟方式包括以下三点：气体部分不求解控制方程；只在界面上给定边界条件；不考虑气体界面上的剪应力。另外，为了节省计算资源，不将空的网格列入计算。

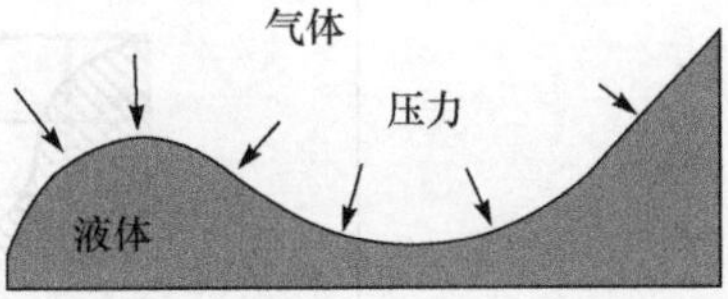

图 3-4　自由液面

如图 3-5 所示，VOF 算法将自由液面分成三部分简化处理：

(1) F=流体体积分数。

(2) 特殊的平流处理可精确跟踪清晰的界面。

(3) 自由液面的边界条件为正常压力及无剪切应力。

通过泄流算例验证 TruVOF 算法，并与两相流体积分数(Two-Fluid VOF)算法对比。如图 3-6 所示，TruVOF 算法适合两相分离的情况，Two-Fluid VOF 算法适合应用在两相有明显扩散的情况。

3. 网格数量及网格块

FLOW-3D 采用 FAVOR 技术及 TruVOF 技术，因此同样的几何造型(图 3-7)，

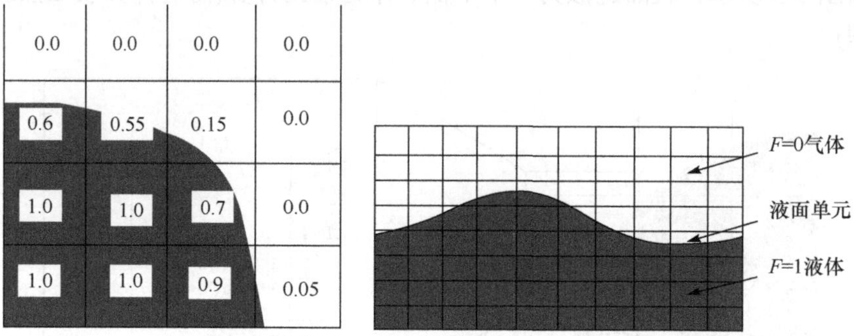

图 3-5　VOF 算法简化处理

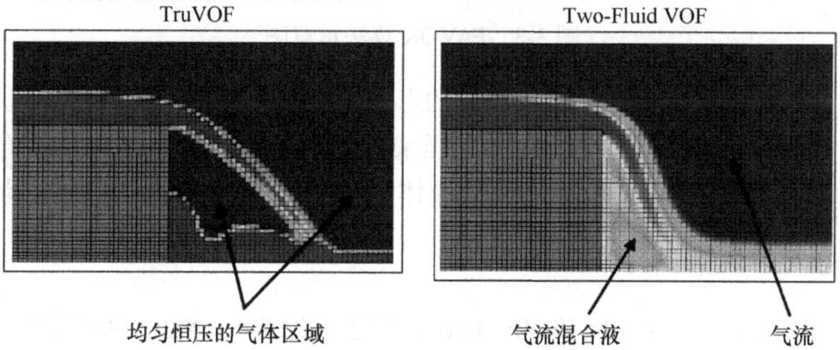

图 3-6　TruVOF 算法与 Two-Fluid VOF 算法对比

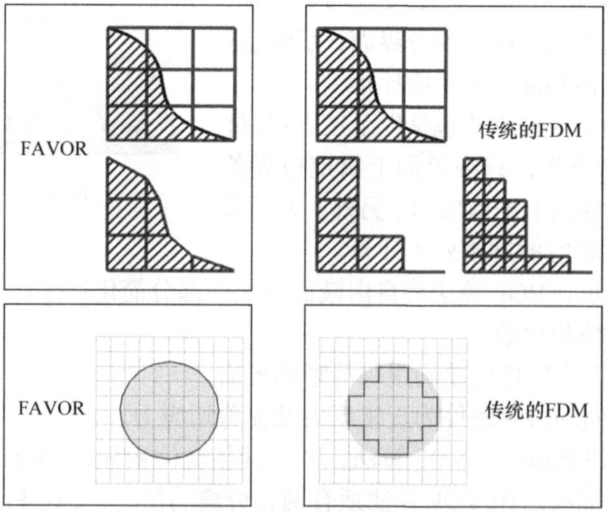

图 3-7　FAVOR 技术与传统有限差分法的对比

FLOW-3D 仅需较少的网格就可以描述得很精确，而传统的有限差分法(finite difference method，FDM)必须以较多的网格数量才能够达到相同的要求。

网格数量对几何解析度的影响还是非常大的，因此过少的网格数量仍是不可取的。如图 3-8 所示，形象表示了网格数量对几何解析度的影响：

(1) 至少需要一个以上网格点才可以描述出物件的存在。

(2) 物件的角点如果不是刚好和网格点重叠，FAVOR 后将无法显示出来。

(3) 网格点间的物件面积利用线性差分确定。

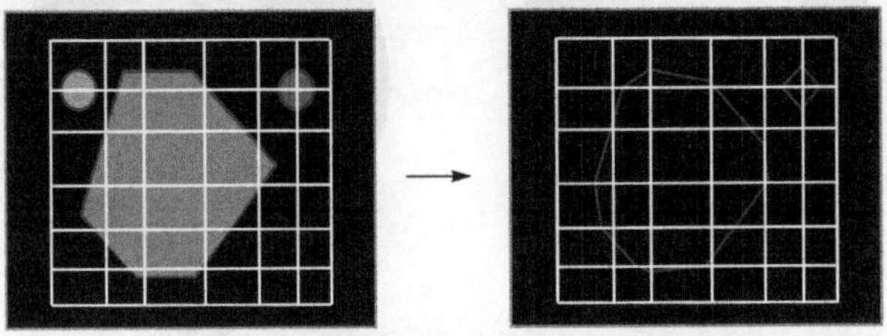

图 3-8　网格数量对几何解析度的影响

由于在建模过程中，单一网格块可能不足以解决一些特殊的几何问题，FLOW-3D 提供了多网格块的划分方式，如图 3-9 所示。

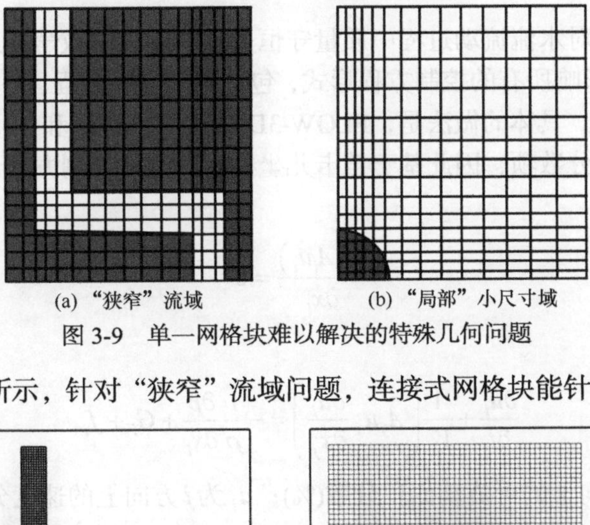

(a) “狭窄”流域　(b) “局部”小尺寸域

图 3-9　单一网格块难以解决的特殊几何问题

如图 3-10 所示，针对“狭窄”流域问题，连接式网格块能针对性地对所关心

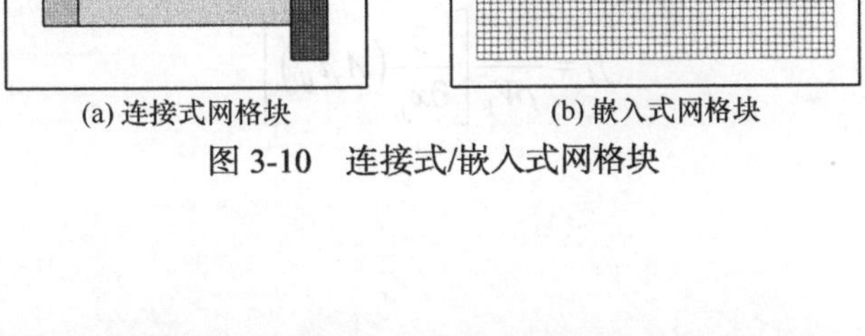

(a) 连接式网格块　(b) 嵌入式网格块

图 3-10　连接式/嵌入式网格块

的区域进行网格划分，有效地减少网格数量，并提高计算效率；针对“局部”小尺寸域问题，使用嵌入式网格块，能对所关心的小尺寸域进行局部加密，提高小尺寸域内的计算精度及效率。

由图 3-11 可见，利用 FLOW-3D 提供的 FAVOR 技术及网格划分方法，使曲面造型及其他不规则模型也能够顺利地以矩形网格进行描述，使得分析模型不会失真。

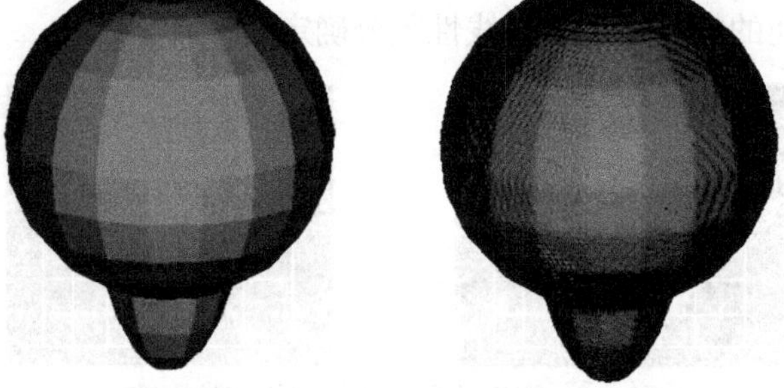

(a) STL图　　(b) FLOW-3D网格图

图 3-11　立体光刻(stereo-lithography，STL)图及 FLOW-3D 网格图

3.2.1　控制方程

控制方程是对水流流动过程中质量守恒及动量守恒的数学描述，前面提到，FAVOR 算法会影响所有的控制方程形式，包括五个守恒方程、一个状态方程、一个流体体积方程。具体的做法是，FLOW-3D 在连续性方程和 N-S 方程中加入面积分数项和体积分数项，因此基于笛卡儿坐标系的流体控制方程形式如下。

连续性方程：

$$\frac{\partial\left(A_i u_i\right)}{\partial x_i}=0 \tag{3-1}$$

动量方程：

$$\frac{\partial u_i}{\partial t}+\frac{1}{V_{\mathrm{F}}}\left(A_j u_j \frac{\partial u_i}{\partial x_j}\right)=-\frac{1}{\rho}\frac{\partial p}{\partial x_i}+G_i+f_i \tag{3-2}$$

式中，A_i 为 i 方向上的可流动面积分数(%)；u_i 为 i 方向上的速度分量(m/s)；x_i 为笛卡儿坐标系的三个方向；t 为时间(s)；V_{F} 为可流动的体积分数；ρ 为流体的密度(kg/m^3)；p 为流体的压强(Pa)；G_i 为 i 方向上的体力加速度(m/s^2)；f_i 为 i 方向上的黏滞力加速度(m/s^2)。

$$f_i=\frac{1}{\rho V_{\mathrm{F}}}\left[\frac{\partial}{\partial x_j}\left(A_j \tau_{ij}\right)\right] \tag{3-3}$$

$$\tau_{xx}=-2\mu_{\text{tot}}\left[\frac{\partial u}{\partial x}-\frac{1}{3}\left(\frac{\partial u}{\partial x}+\frac{\partial v}{\partial y}+\frac{\partial w}{\partial z}\right)\right] \tag{3-4}$$

$$\tau_{yy}=-2\mu_{\text{tot}}\left[\frac{\partial u}{\partial y}-\frac{1}{3}\left(\frac{\partial u}{\partial x}+\frac{\partial v}{\partial y}+\frac{\partial w}{\partial z}\right)\right] \tag{3-5}$$

$$\tau_{zz}=-2\mu_{\text{tot}}\left[\frac{\partial u}{\partial z}-\frac{1}{3}\left(\frac{\partial u}{\partial x}+\frac{\partial v}{\partial y}+\frac{\partial w}{\partial z}\right)\right] \tag{3-6}$$

$$\tau_{xy}=\tau_{yx}=-\mu_{\text{tot}}\left(\frac{\partial v}{\partial x}+\frac{\partial u}{\partial y}\right) \tag{3-7}$$

$$\tau_{yz}=\tau_{zy}=-\mu_{\text{tot}}\left(\frac{\partial w}{\partial y}+\frac{\partial v}{\partial z}\right) \tag{3-8}$$

$$\tau_{xz}=\tau_{zx}=-\mu_{\text{tot}}\left(\frac{\partial u}{\partial z}+\frac{\partial w}{\partial x}\right) \tag{3-9}$$

$$\mu_{\text{tot}}=\mu+\mu_{\text{T}} \tag{3-10}$$

式中，τ_{ij} 为流体的剪应力(MPa)，i 为作用面，j 为作用方向；μ_{tot} 为总动力黏滞系数(Pa · s)；μ 为分子动力黏滞系数(Pa · s)；μ_{T} 为紊动涡黏滞系数。

3.2.2　湍流模型

由于上述控制方程并不封闭，无法进行数值求解，需要引入湍流模型对其进行封闭。其中，求解 N-S 方程的方法可分为两大类：直接数值模拟方法和非直接数值模拟方法。

直接数值模拟方法不对流体运动做任何简化处理，计算得出的结果即为准确的结果。然而，直接数值模拟方法因其求解时间成本高，对计算机内存性能要求苛刻而难以得到应用。

非直接数值模拟方法种类繁多，大致分为 RANS、分离涡模拟、大涡模拟。基于 RANS 的模型中常用的有标准 k-ε 模型、重整化群(renormalization group，RNG) k-ε 模型、标准 k-ω 模型、剪应力输运(shear stress transport，SST) k-ω 模型等。

FLOW-3D 提供六种湍流模型：零方程模型中的普朗特混合长度(Prandtl mixing-length，PML)模型、单方程模型、二方程 k-ε 模型、RNG k-ε 模型、二方程 k-ω 模型、大涡模拟。表 3-1 为不同湍流模型的特色描述。

表 3-1　不同湍流模型优缺点

模型	优点	缺点
普朗特混合长度模型	计算成本最低；该模型建立了湍流黏度系数表达式	需要充分发展、稳定均匀的来流条件；忽略了湍流能量的平流、扩散和时间变化率
单方程模型	标准二方程模型的简化，计算成本低，适合相对均匀的流动，包括对流和扩散(由于剪切和浮力作用而产生的湍流动能(turbulent kinetic energy，TKE)、扩散和耗散)；比普朗特模型具有更好的准确性	要求用户指定湍流混合长度以给出准确的湍流扩散(衰减)结果，并且对所选混合长度值非常敏感；对围绕复杂几何体的流动而言不是理想的选择
二方程 k-ε 模型	广泛用于实际问题，并给出合理的传热结果；该模型求解了湍流动能和湍流耗散率的输运方程	仅适用于完全湍流(平滑至粗糙)的流动，不适用于高应变率的旋流或弯曲的流线；无法很好地模拟壁面传热或传质
RNG k-ε 模型	改进的 k-ε 模型，其系数通过严格的统计分析确定；适合过渡流和弯曲的流线(涡旋除外)	对高涡流(旋风和剪切应力引起的二次流)而言并不理想；否则，通常是最佳选择
大涡模拟	通过直接解析大于计算像元规模的涡流来实现直接数值模拟；将 Smagorinsky 模型应用于小于单元格的涡流。比其他模型包含更多的信息(如湍流的幅度和标准偏差)	计算非常昂贵，并且需要非常精细的网格；专为大气研究而开发；不适用于有边界的流动；大涡模拟模型的开发仍在继续，对于实际问题的验证相对较少

不同于其他五种紊流模型，大涡模拟是对紊流脉动(或紊流涡)的一种空间平均，通过滤波函数将大尺度涡和小尺度涡分离开，大尺度涡直接模拟，小尺度涡用模型封闭，大涡模拟能捕捉到许多雷诺时均方法无能为力的非稳态以及非平衡过程中出现的大尺度效应和拟序结构。

大涡模拟的控制方程是对连续性方程和 N-S 方程进行空间过滤后得到的，过滤的过程即去掉比给定空间尺度小的漩涡，从而得到大涡的控制方程。

过滤尺度：

$$L=\left(\delta x\delta y\delta z\right)^{1/3} \tag{3-11}$$

过滤后的连续方程：

$$\frac{\partial\rho}{\partial t}+\frac{\partial\left(\rho\overline{u_i}\right)}{\partial x_i}=0 \tag{3-12}$$

过滤后的 N-S 方程：

$$\frac{\partial}{\partial t}\left(\rho\overline{u_i}\right)+\frac{\partial}{\partial x_j}\left(\rho\overline{u_i u_j}\right)=\frac{\partial}{\partial x_j}\left(\mu\frac{\partial\overline{u_i}}{\partial\overline{x_i}}\right)-\frac{\partial\overline{p}}{\partial x_i}-\frac{\partial\tau_{ij}}{\partial x_j} \tag{3-13}$$

$$\tau_{ij}=\rho\overline{u_i u_i}-\rho\overline{u_i\cdot u_i} \tag{3-14}$$

式中，δx 、δy 、δz 分别为三个坐标方向上的网格尺度；$\overline{u_i}$ 为过滤后的 i 方向上的速度分量(m/s)；$\overline{p}$ 为过滤后的流体压强(Pa)；τ_{ij} 为亚网格应力(MPa)。

3.2.3 泥沙运动方程

FLOW-3D 中的 sediment scour 模块通过计算泥沙的侵蚀、输送、沉积来预测泥沙运动，如图 3-12 所示，具体包括：

(1) 计算水流中悬移质泥沙的输送。

(2) 计算重力引起的泥沙沉降。

(3) 计算床面剪切及水流紊动引起的泥沙挟带。

(4) 计算推移质泥沙的输送，包括泥沙颗粒沿床面底部的滚动。

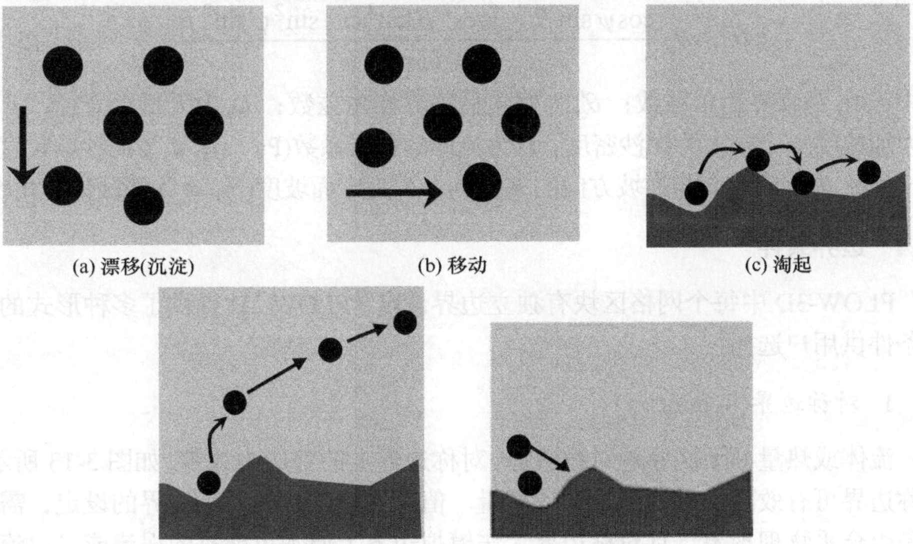

(a) 漂移(沉淀)　(b) 移动　(c) 淘起　(d) 底床载传输　(e) 堆积

图 3-12　沉积物(泥沙)传输机制

FLOW-3D 提供基于 Mastbergen 和 van den Berg[50]的经验输沙模型，包括推移质输沙率方程和悬移质输沙方程。

推移质输沙率方程：

$$g_{\mathrm{b}}=\rho_{\mathrm{n}}\beta\left[\frac{\tau-\tau_{\mathrm{cr}}}{gd\left(\rho_{\mathrm{n}}-\rho\right)}\right]^{3/2}\left[g\left(\frac{\rho_{\mathrm{n}}-\rho}{\rho}\right)d^{3}\right]^{1/2} \tag{3-15}$$

悬移质输沙方程：

$$\frac{\partial C_{\mathrm{s}}}{\partial t}+\nabla\left(C_{\mathrm{s}}\left\{\bar{u}+\frac{g}{\|g\|}\left[\left(10.36^{2}+1.046d_{*}^{3}\right)^{1/2}-10.36\right]\frac{v_{\mathrm{f}}}{d}c_{\mathrm{s}}\right\}\right)=\nabla\cdot\nabla\left(DC_{\mathrm{s}}\right) \tag{3-16}$$

式中，g_{b} 为床面单宽推移质输沙率(kg/(s · m))；ρ_{n} 为泥沙密度(kg/m³)；β 为推移质系数；d 为泥沙直径(mm)；d_* 为泥沙无量纲颗粒直径；C_{s} 为悬沙质量密度

(kg/m³)；$\bar{u}$ 为水沙混合物速度(m/s)；c_s 为悬沙体积浓度(L/m³)；D 为扩散系数；τ 为床面剪切力(MPa)；τ_{cr} 为临界床面剪切力。

冲刷模块根据 Soulsby-Whitehouse 公式计算临界谢尔兹数，并考虑泥沙休止角对临界谢尔兹数进行坡度调整：

$$D_* = \left[g(s-1)/\upsilon^2\right]^{1/3} d \tag{3-17}$$

$$\theta_{cr} = \frac{0.30}{1+1.2D_*} + 0.055\left[1-\exp(-0.020D_*)\right] \tag{3-18}$$

$$\theta'_{cr} = \theta_{cr} \frac{\cos\psi \sin\beta + \sqrt{\cos^2\beta \tan^2\varphi - \sin^2\psi \sin^2\beta}}{\tan\varphi} \tag{3-19}$$

式中，θ_{cr} 为临界谢尔兹数；θ'_{cr} 为修正后临界谢尔兹数；D_* 为无量纲直径；g 为重力加速度(m/s²)；s 为泥沙密度；υ 为流体的黏滞系数(Pa · s)；d 为泥沙颗粒直径(mm)；ψ 为水流方向与逆坡方向的夹角(°)；β 为床面坡度(°)；φ 为泥沙休止角(°)。

3.2.4 边界条件

FLOW-3D 中每个网格区块有独立边界设定。FLOW-3D 提供了多种形式的边界条件供用户选择。

1. 对称边界(Symmetry)

流体或热量都无法穿越对称边界，对称边界上的剪应力为零，如图 3-13 所示，对称边界可有效减少对称问题的计算量。值得注意的是，对称边界的设定，需确认是否合乎物理现象，且对称边界无法模拟边界上原本可能有的涡流或二次流。

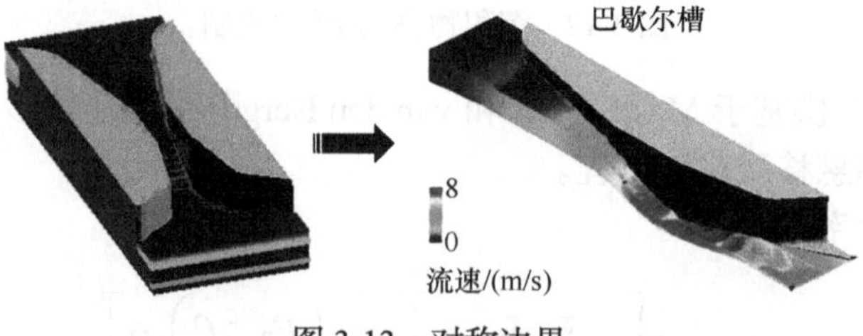

图 3-13 对称边界

2. 墙壁边界(Wall)

图 3-14 为墙壁边界，流体无法穿越墙壁边界，且会计算墙壁边界上的剪应力(需给定黏滞系数)，可给定温度或功率，但无法给定表面粗糙度。

3. 连续边界(Continuative)

连续边界上流动变量(速度、压力等)为零梯度。

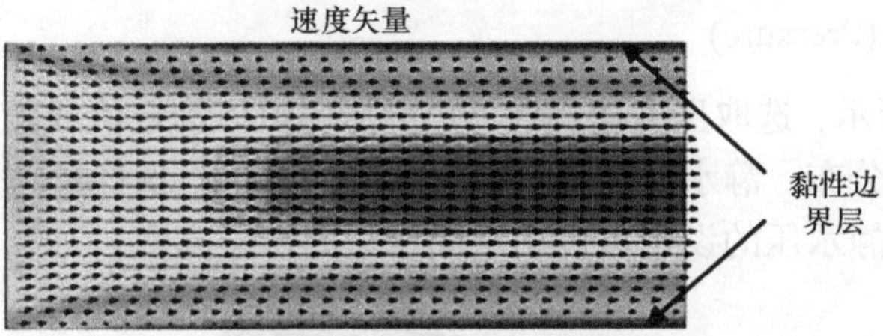

图 3-14　墙壁边界

$$\left(\frac{\partial u}{\partial x},\frac{\partial p}{\partial x},\frac{\partial T}{\partial x},\cdots\right)=0 \tag{3-20}$$

在穿越连续边界时，流体物理参数为定值，且边界上流体没有加速度。连续边界如图 3-15 所示。

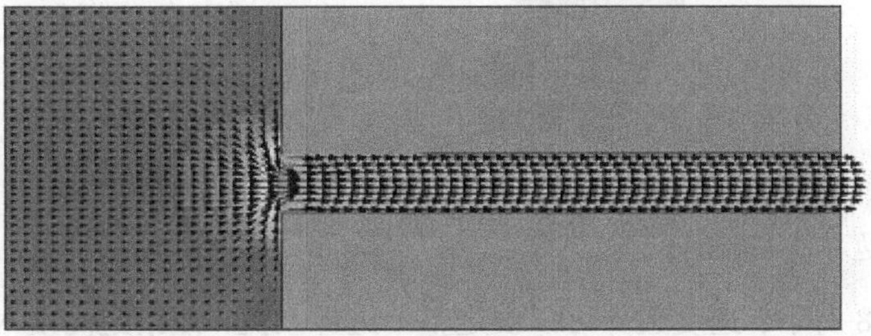

图 3-15　连续边界

4. 出流边界(Outflow)

如图 3-16 所示，出流边界会延伸计算区域到下游边界外的几个网格，允许波动或扰动，保证流体可以平顺地流出计算区域，且出流边界适用于超临界流($Fr\geqslant 0$)，但是无法设定尾水的高度。该边界选项主要与波动入流边界配合使用。

图 3-16　出流边界

5. 压力边界(Pressure)

如图 3-17 所示，选取压力边界时，边界压力可以为定值或随时间变化；边界上的压力为均匀分布；静水压边界是压力边界的延伸。选择压力边界可以减少计算区域；同时，静水压的设定可以用来固定边界水位高度。

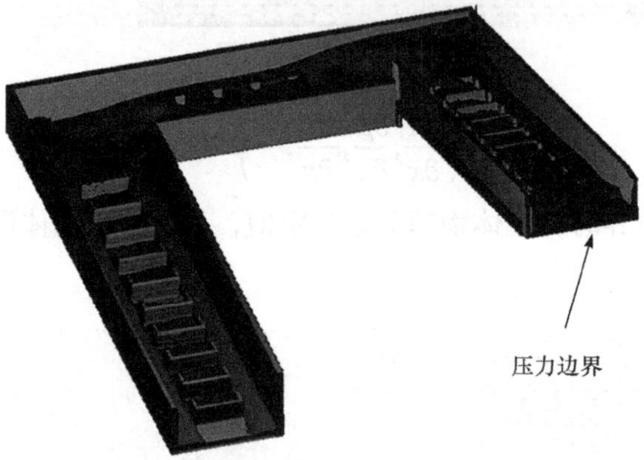

图 3-17　压力边界

6. 速度边界(Velocity)

如图 3-18 所示，速度边界可以设定整个边界入流，或给定高度入流。入流的速度均默认均匀入流，无法给定速度剖面，入流速度可随时间变化。

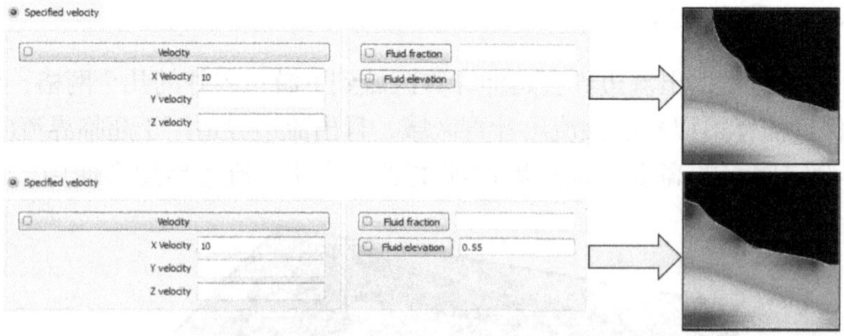

图 3-18　速度边界

7. 流量边界(Volume flow rate)

如图 3-19 所示，流量边界的流量为标量，需使用向量来表示流体的流进、流出，支持设定入流、出流的角度。

8. 造波边界(Wave)

除了线性波，另支持设定孤立波与不规则波，图 3-20 为孤立波与不规则波的理论分类，图 3-21 为孤立波与不规则波的数值模拟实现。

9. 网格接续(Grid overlay)

如图 3-22 所示，网格接续边界仅适用于案例接续分析时使用，边界上的变量与先前接续的案例变量相同。

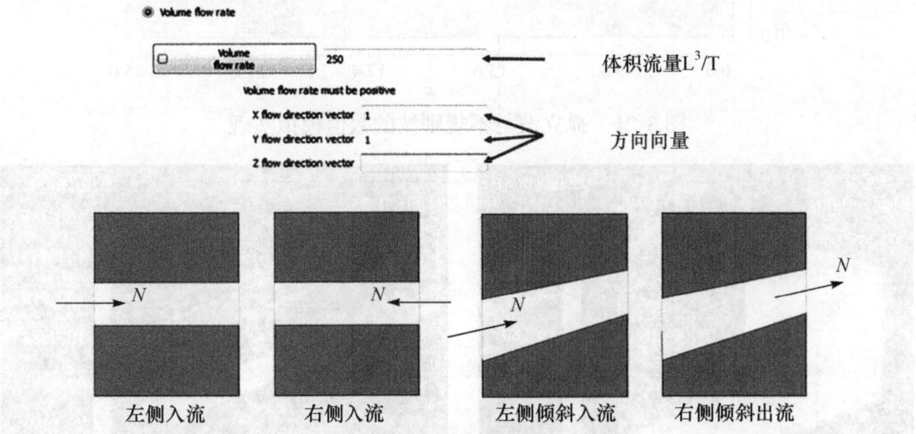

图 3-19　流量边界

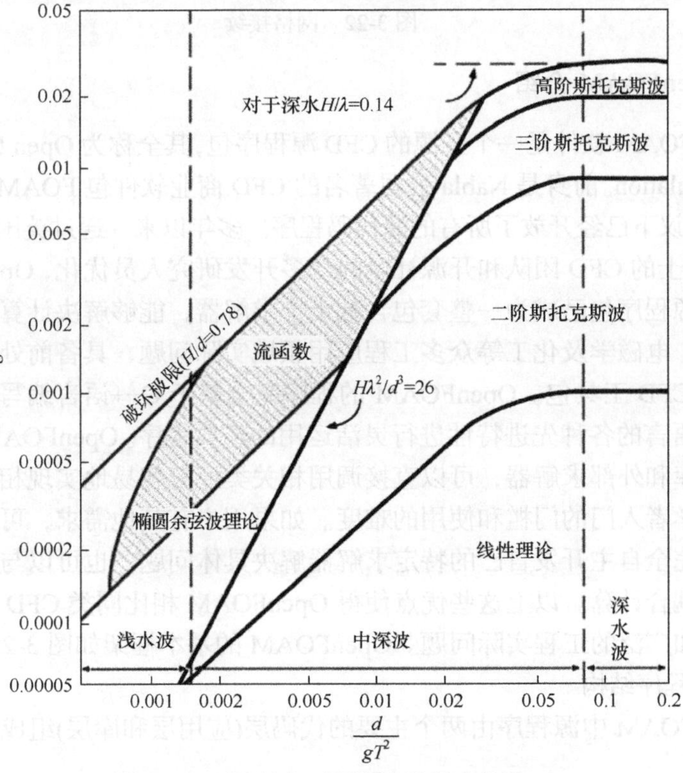

图 3-20　孤立波与不规则波的理论分类

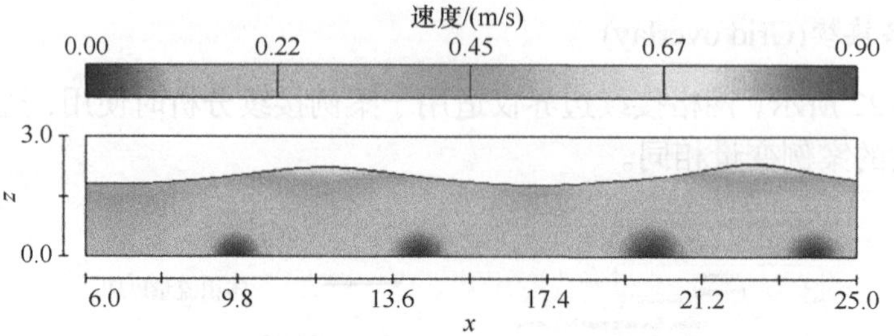

图 3-21　孤立波与不规则波的数值模拟实现

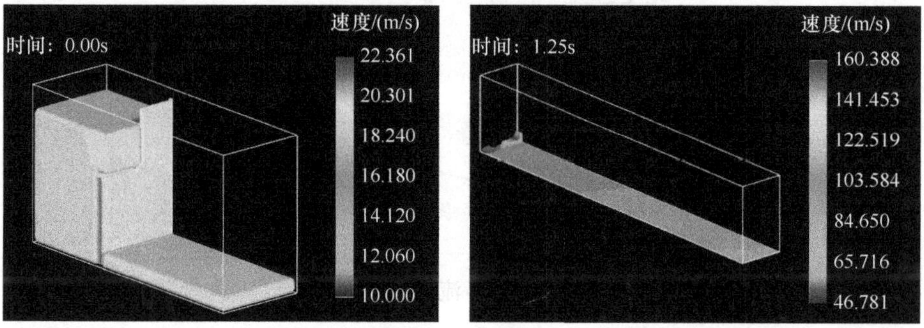

图 3-22　网格接续

3.2.5　OpenFOAM 介绍

OpenFOAM 软件是一个开源的 CFD 源程序包，其全称为 Open Field Operation and Manipulation。前身是 Nabla 公司著名的 CFD 商业软件包 FOAM。目前在 GNU License 协议下已经开放了所有的源代码程序。多年以来，通过英国帝国理工大学 Gosman 博士的 CFD 团队和开源社区的众多开发研究人员优化，OpenFOAM 开源数值计算源程序包已成为一整套包含数十个求解器，能够解决计算流体力学、数值传热学、电磁学及化工等众多工程应用领域实际问题，具备前处理、后处理模块的完整 CFD 工具包。OpenFOAM 的程序完全基于 C++语言编写而成，也是一款对 C++语言的各种先进特性进行灵活运用的经典程序。OpenFOAM 因具备完整的底层类库和外部求解器，可以直接调用相关类库较容易地实现相关功能，显著降低了初学者入门的门槛和使用的难度。如果用户有其他需求，可以基于已有求解器或者完全自主开发自己的特定求解器解决具体问题，也可以与现有的其他程序源进行耦合计算。以上这些优点使得 OpenFOAM 相比同类 CFD 软件，能够灵活解决更加广泛的工程实际问题。OpenFOAM 的基本框架如图 3-23 所示[51]。

1) 源程序结构

OpenFOAM 中源程序由两个主要的代码层(应用层和库层)组成。应用层的源

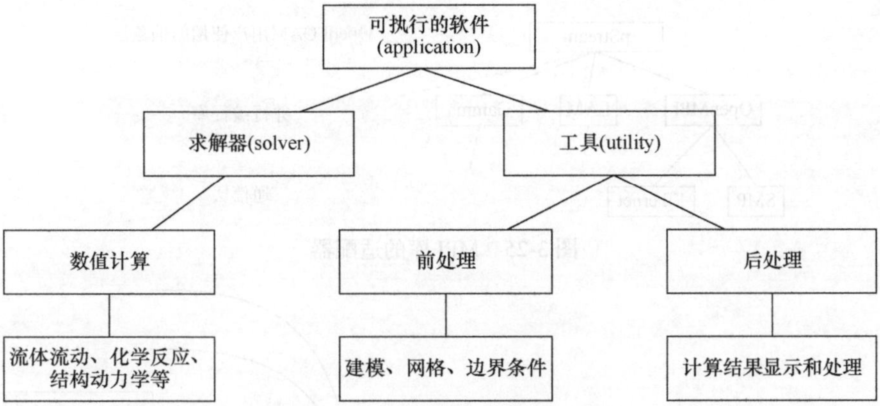

图 3-23　OpenFOAM 的基本框架

代码保存在 src 库文件中，主要包含自动化网格生成器、流体求解器等。库层中主要存储物理模型、边界条件等。图 3-24 为典型的代码结构。

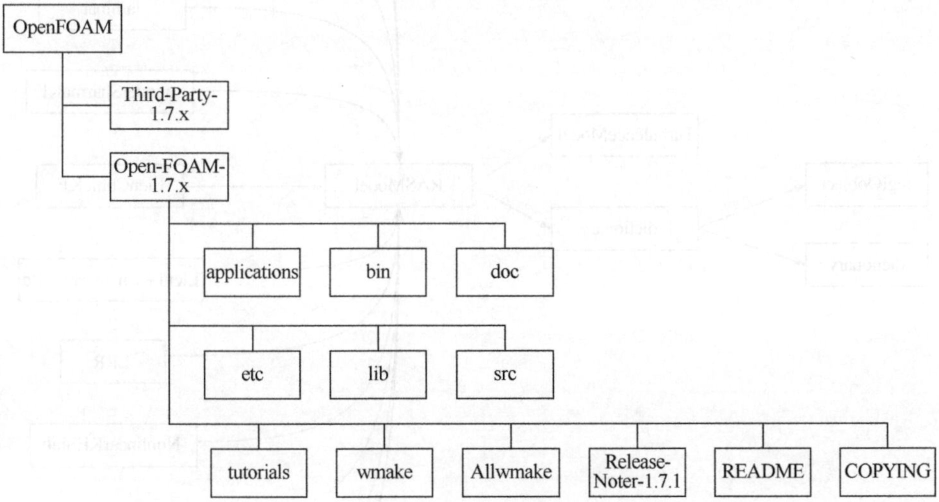

图 3-24　典型的代码结构

2) 并行计算

OpenFOAM 中对计算区域进行分割，并对其实现并行计算功能。OpenFOAM 将 pStream 类作为处理器中的通信层以方便进行并行计算。图 3-25 为 MPI 库的适配器，可以自主地编写并行程序，并且不需要知道每个 MPI 库的意义。

3) 模型选择

OpenFOAM 运行时选择模型的思路为其自带了许多简单模型方便应用层源代码的编写，可以方便地模拟不同组合的模型。图 3-26 的不可压缩、RANS 湍流

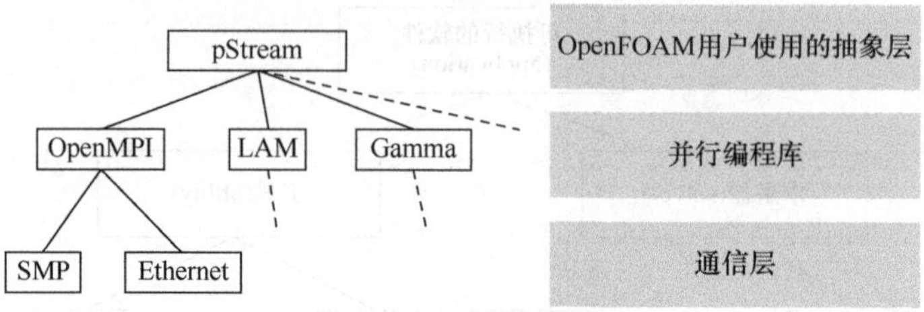

图 3-25　MPI 库的适配器

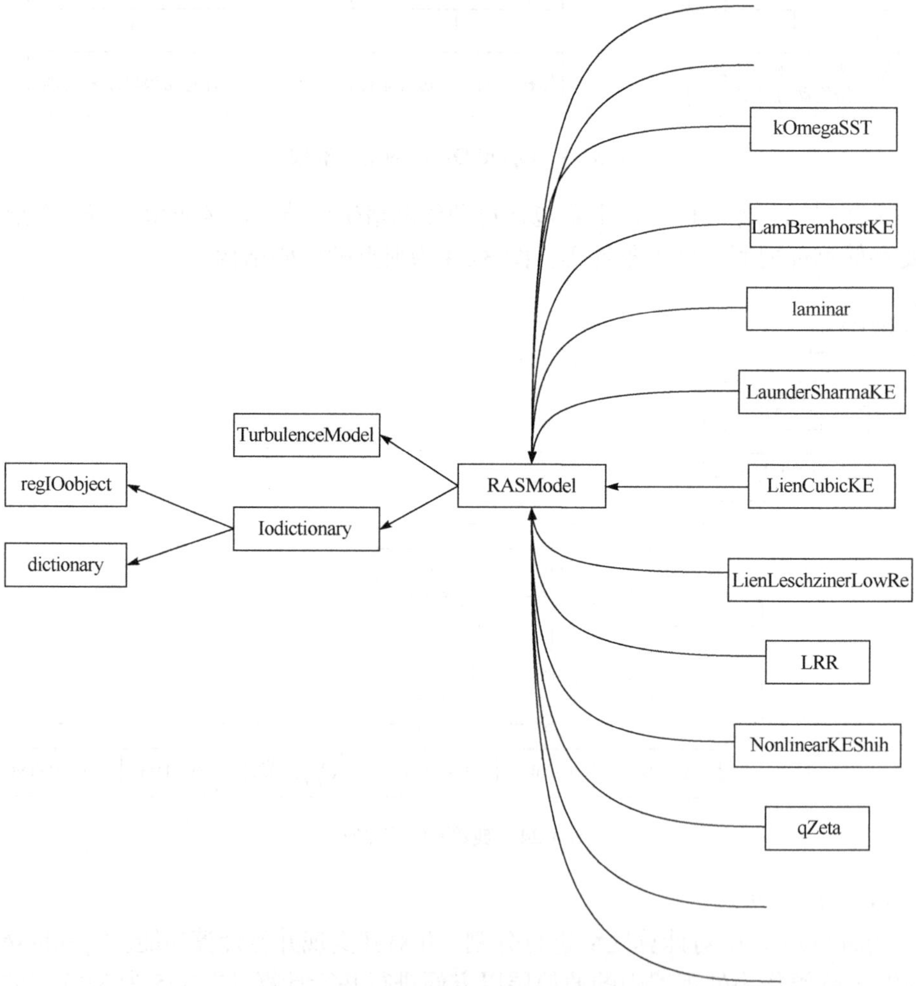

图 3-26　不可压缩、RANS 湍流模型

模型来说明其类库的关系。湍流模型比较多，没有必要对每一个湍流模型都编写一个相对应的应用层源代码。湍流模型的选择可以根据运行时所选择的模式，当应用层中选用的湍流模型发生改变时，也不需要改变任何代码。

4) 数据库

对 OpenFOAM 进行深入理解，需要明白 OpenFOAM 是通过何种方式处理数据库的。OpenFOAM 中存在的所有数据都以数据库的形式存在。因此，OpenFOAM 被视为所有数据的一个数据库。如果使用数据库，需要使用 Time 类和 fvMesh 类，这两个类数据库均从 objectRegistry 类发展而来。objectRegistry 类从哈希表(HashTable)发展而来。通过利用这些类即可轻松并安全地访问工作路径下的数据。图 3-27 以 Time 类为例进行了说明。

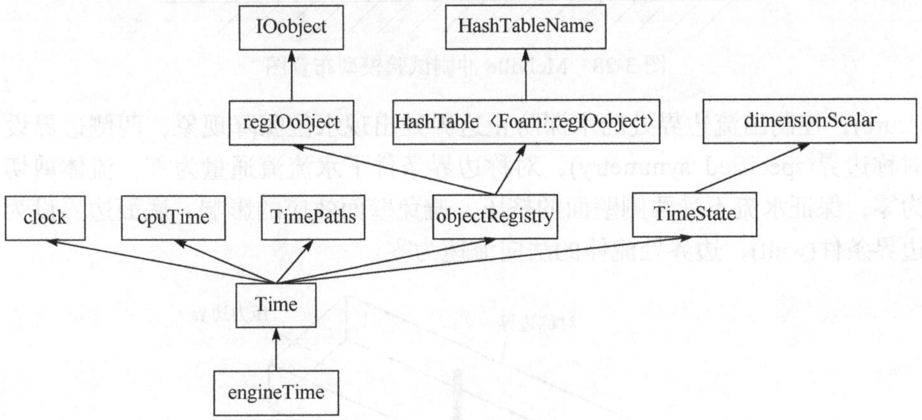

图 3-27　Time 类数据库

3.3　数值模型验证

3.3.1　模型设置

本节采用 Melville 经典冲刷试验模型，进行数值模型的验证。试验水槽长 19m，宽 45.6cm，在水槽中间放置直径为 5.08cm 的圆柱桩模型，床面铺设泥沙粒径为 0.385mm，工况参数设置见表 3-2，具体试验模型布置如图 3-28 所示。按照试验模型尺寸建立与模型水槽同比尺的试验段数值模型，具体如下。

表 3-2　验证模型工况参数设置

桩型	来流量/(m^3/s)	水深/m	来流平均流速/(m/s)	泥沙粒径/mm
单桩圆柱形	0.01712	0.15	0.25	0.385

数值模型的边界条件设置如图 3-29 所示，入流边界设置为速度边界(specified velocity)，保证来流以 0.25m/s 的流速均匀入流，出流边界设置为压力边界(specified

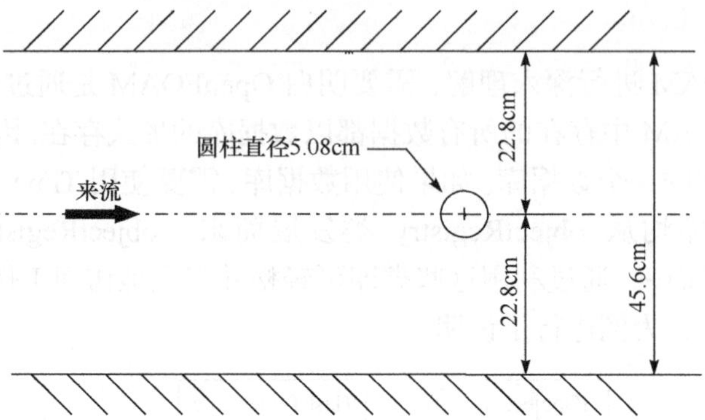

图 3-28　Melville 冲刷试验模型布置图

pressure)，控制出流边界处的水深防止边界处出现水位骤降现象，两侧边界设置为对称边界(specified symmetry)，对称边界条件下水流流通量为零，流体剪切应力为零，保证水流不受两侧壁面的挤压，避免壁面效应的影响，底面边界设为壁面边界条件(wall)，边界处流体的法向流速为零。

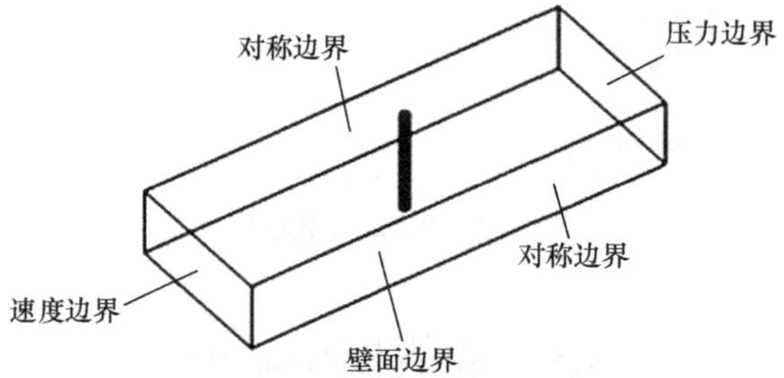

图 3-29　模型边界条件设置

数值模型的计算域大小及网格划分如图 3-30 所示，计算域总宽度 9*D*，总长度 20*D*，圆柱形单桩位于计算域中心，距入流边界 6*D*，距出流边界 14*D*，网格划分采取嵌套网格的方法，对桩周进行局部加密，在保证计算精度的同时节省计算量，该验证数值模型共设置三层不同大小的网格块，相邻网格块之间网格尺度的比值为 1∶2，网格密度由外向内逐渐增大，网格类型均为正六面体，网格总数为 1120392 个。

该验证数值模型初始时间步长取 0.001s，最小时间步长取 1×10^{-12}s，模拟总时长 1800s，采用二阶动量对流方程，其余具体模型参数设置见表 3-3。

表 3-3　验证模型参数设置

湍流模型	桩径/cm	流速/(m/s)	水深/m	泥沙粒径/mm	泥沙密度/(kg/m³)	水下休止角/(°)	临界谢尔兹数	推移质输沙系数	床面粗糙高度
LES	5.08	0.25	0.15	0.385	2650	32	0.038	8	$2.5d_{50}$

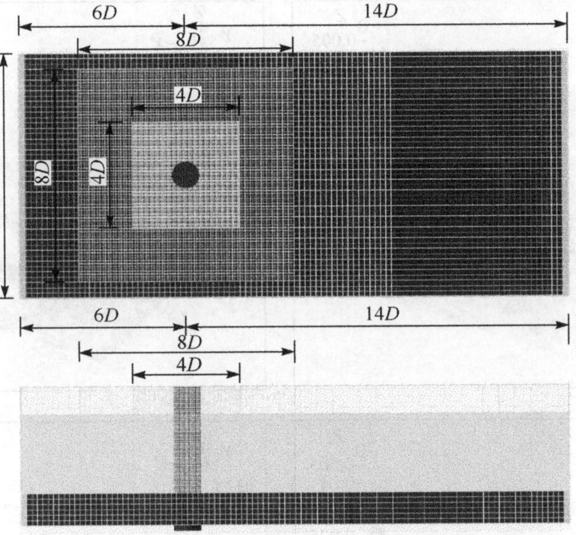

图 3-30　模型计算域大小及网格划分

3.3.2　验证结果

数值模型的计算结果如图 3-31、图 3-32 所示，在整个模拟时长的前 20%时间内，局部冲刷坑迅速发展，局部冲刷坑深度在 6min 内达到 3.1cm，为最大冲刷深

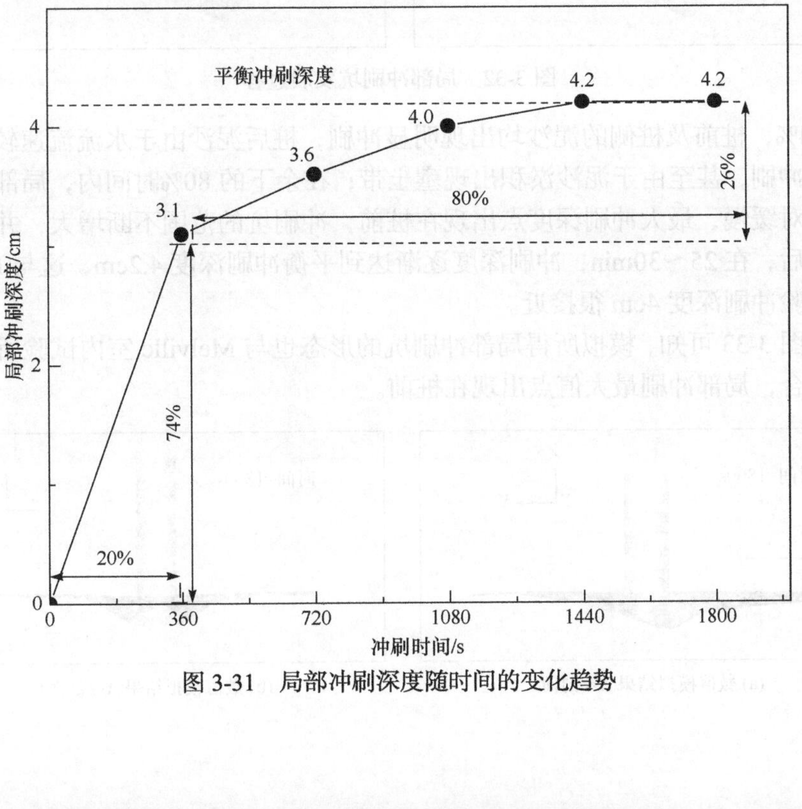

图 3-31　局部冲刷深度随时间的变化趋势

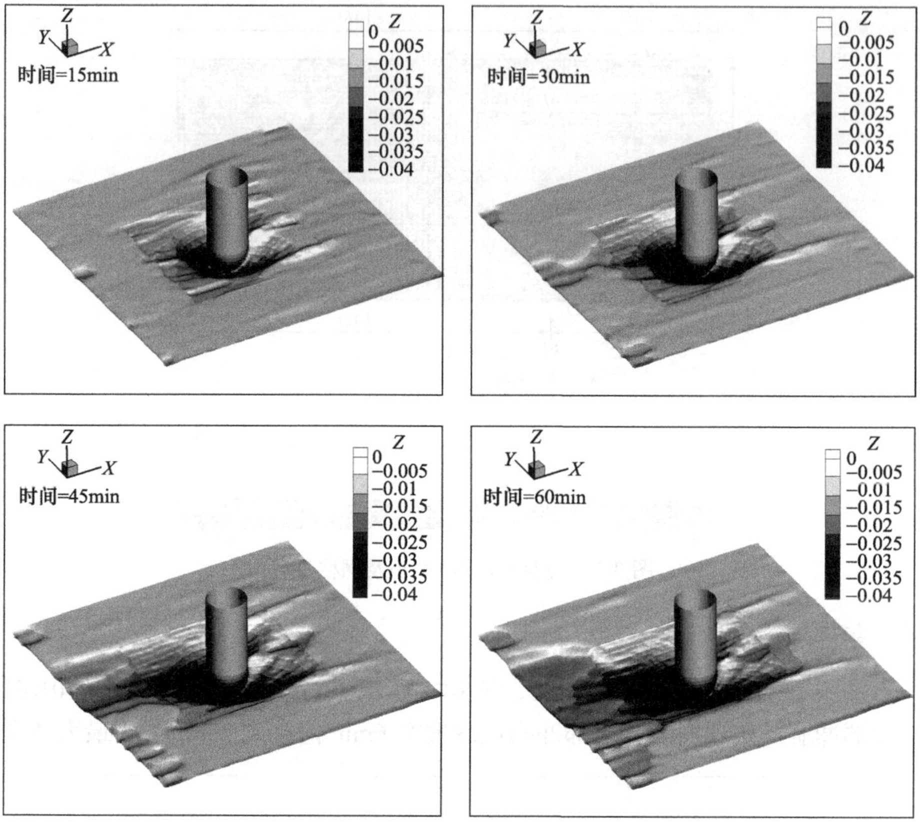

图 3-32　局部冲刷坑发展过程

度的 74%，桩前及桩侧的泥沙均出现明显冲刷，桩后泥沙由于水流流速较小，并未出现冲刷，甚至由于泥沙淤积出现壅土带；在余下的 80%时间内，局部冲刷坑发展相对缓慢，最大冲刷深度点出现在桩前，冲刷坑的范围不断增大，并逐渐延伸至桩后，在 25～30min，冲刷深度逐渐达到平衡冲刷深度 4.2cm，这与 Melville 室内试验冲刷深度 4cm 很接近。

由图 3-33 可知，模拟所得局部冲刷坑的形态也与 Melville 室内试验所得结果大致吻合，局部冲刷最大值点出现在桩前。

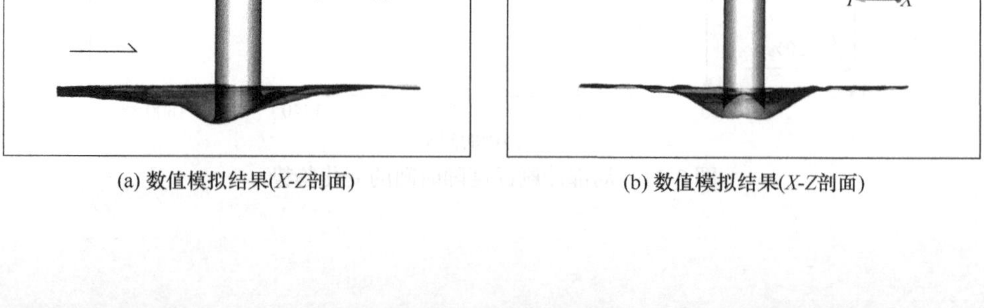

(a) 数值模拟结果(X-Z剖面)　　(b) 数值模拟结果(X-Z剖面)

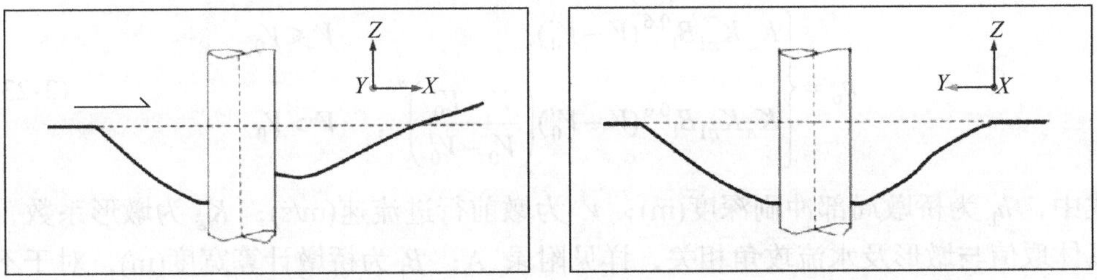

(c) Melville试验结果(Y-Z剖面)　(d) Melville试验结果(Y-Z剖面)

图 3-33　冲刷坑形态对比

综合以上对模拟结果与试验结果的对比分析可见，无论是局部冲刷坑的最大冲刷深度还是冲刷坑的分布形态，模拟结果与试验结果都有较高的吻合度，因此该数值模型对局部冲刷的模拟具有较高的精度，所得计算结果是可靠的。

3.3.3　公式计算对比

本节选取沈学汶教授的经验公式、HEC-18 方程、HEC-18 修正式和我国《公路工程水文勘测设计规范》(JTG C30—2015)的 65-2 式、65-1 修正式，仅通过对 Melville 经典冲刷试验模型的计算，对各公式的精度进行简单对比。

首先详细阐述选取的五个预测公式。

著名美国华裔科学家沈学汶教授通过实测资料及试验研究建立的冲刷经验公式为

$$\frac{h_b}{b}=11Fr_p^2 \tag{3-21}$$

$$h_b=0.000059Re_c^{0.512} \tag{3-22}$$

式中，h_b 为桥墩局部冲刷深度(m)；b 为桥桩宽度(m)；Fr_p 为桩宽弗劳德数，$Fr_p=\sqrt{\frac{h}{b}}Fr=\frac{v}{\sqrt{gb}}$，$Fr$ 为弗劳德数，v 为桩前行进流速(m/s)；Re 为桩雷诺数，$Re_c=\frac{vb}{L}$，L 为桩长(m)。

国内关于桥冲刷深度预测的计算公式采用《公路工程水文勘测设计规范》(JTG C30—2015)中 65-1 修正式和 65-2 式。根据两者的计算值，计算结果选取两者中最不利的一种作为局部冲刷深度的结果，并将自然演变冲刷深度和一般冲刷深度叠加，以此作为桩台基础埋置深度的设计值。该公式是由大量现场实测数据根据线性回归方程得出的，针对我国河流桥桩冲刷问题具有一定的可靠性。

65-1 修正式为

$$h_b = \begin{cases} K_{\varepsilon} K_{\eta 1} B_1^{0.6} (V - V_0'), & V \leqslant V_0 \\ K_{\varepsilon} K_{\eta 1} B_1^{0.6} (V - V_0') \left(\dfrac{V - V_0'}{V_0 - V_0'} \right)^{n_1}, & V > V_0 \end{cases} \tag{3-23}$$

式中，h_b 为桥墩局部冲刷深度(m)；V 为墩前行进流速(m/s)；K_{ε} 为墩形系数，具体取值与墩形及水流攻角相关，详见附录 A；B_1 为桥墩计算宽度(m)，对于不同墩形考虑不同取值，详见附录 A；$K_{\eta 1} = 0.8\left(\dfrac{1}{\overline{d}^{0.45}} + \dfrac{1}{\overline{d}^{0.15}} \right)$ 为河床颗粒影响系数，其中 $\overline{d}$ 为河床泥沙平均粒径(mm)；$V_0 = 0.0246\left(\dfrac{h_p}{\overline{d}} \right)^{0.14} \sqrt{332\overline{d} + \dfrac{10 + h_p}{\overline{d}^{0.72}}}$ 为河床泥沙起动流速(m/s)，其中 h_p 为一般冲刷后的最大水深(m)；$V_0' = 0.462\left(\dfrac{\overline{d}}{B_1} \right)^{0.06} V_0$ 为墩前始冲流速(m/s)；$n_1 = \left(\dfrac{V_0}{V} \right)^{0.25\overline{d}^{0.19}}$。

65-2 式为

$$h_b = \begin{cases} K_{\varepsilon} K_{\eta 2} B_1^{0.6} h_p^{0.15} \left(\dfrac{V - V_0'}{V_0} \right), & V \leqslant V_0 \\ K_{\varepsilon} K_{\eta 2} B_1^{0.6} h_p^{0.15} \left(\dfrac{V - V_0'}{V_0} \right)^{n_2}, & V > V_0 \end{cases} \tag{3-24}$$

式中，$K_{\eta 2} = \dfrac{0.0023}{\overline{d}^{2.2}} + 0.375\overline{d}^{0.24}$ 为河床颗粒影响系数，其中 $\overline{d}$ 为河床泥沙平均粒径(mm)；$V_0 = 0.28(\overline{d} + 0.7)^{0.5}$ 为河床泥沙起动流速(m/s)；$V_0' = 0.12(\overline{d} + 0.5)^{0.55}$ 为墩前始冲流速(m/s)；$n_2 = \left(\dfrac{V_0}{V} \right)^{0.23 + 0.19\lg(\overline{d})}$；其他符号均与 65-1 修正式相同。

Arneson 等[52]比较了众多局部冲刷计算公式后提出了 HEC-18 方程，其中的 CSU 方程后被美国公路桥梁设计规范(AASHTO LRFD)所采用，用于桥梁工程设计，即

$$\frac{h_b}{h} = 2.0 K_1 K_2 K_3 \left(\frac{b}{h} \right)^{0.65} Fr^{0.43} \tag{3-25}$$

式中，h_b 为桥墩局部冲刷深度(m)；h 为一般冲刷后的上游水深(m)；K_1 为墩形修正系数，不同于 65-1 修正式及 65-2 式中的 K_{ε}，K_1 仅与墩形相关，详见附录 A；

$K_2 = (\cos\theta + L\sin\theta / a)^{0.65}$ 为水流攻角修正系数，其中 L 和 a 分别为桥墩横截面的长和宽，L/a>12 时，按 L/a=12 计算，且 K_2 最大值不大于 5；K_3 为河床条件修正系数，对清水冲刷、平坦河床、小沙丘(0.6⩽沙丘高度<3)取 1.1，对中沙丘(3⩽沙丘高度<9)取 1.1～1.2，对大沙丘(9⩽沙丘高度)取 1.3；b 为桥墩宽度(m)；Fr 为弗劳德数，$Fr = v / \sqrt{gh}$。

式(3-25)反映了水流的流动特征和桥桩桩形特征，但是没有反映出泥沙与水流之间的相互关系，故 Arneson 随后又提出了 HEC-18 修正式来改善桥梁冲刷预测的准确性，即

$$h_{\mathrm{b}} = 2.2K_1K_2a^{0.65}\left(\frac{2.6V_{\mathrm{p}} - V_{\mathrm{c}}}{\sqrt{g}}\right) \tag{3-26}$$

式中，V_{c} 为泥沙起动临界流速(m/s)；V_{p} 为桥桩上游水流平均速度(m/s)；其他参数与式(3-25)一致。

通过上述经验公式及数值模拟对试验的冲刷深度进行验算，结果如图 3-34、图 3-35 所示。经验公式(3-22)的计算结果为 2.52cm，与试验数据的相对误差是 37%，经验公式(3-22)的预测深度与试验值相比偏小，只考虑流速与桩宽之间的影响，没有考虑水深和泥沙粒径之间的关系，只能用作粗略估算；国内规范 65-1 修正式对试验的预测深度是 3.96cm，与试验数据的相对误差是 1%；65-2 式对试验的预测深度为 1.93cm，与试验数据的相对误差是 52%；美国规范公式 HEC-18 方程试验的预测深度是 8.35cm，与试验数据的相对误差是 108.8%，HEC-18 修正式对试验的预测深度为 6.44cm，与试验数据的相对误差是 61%。根据我国《公路工

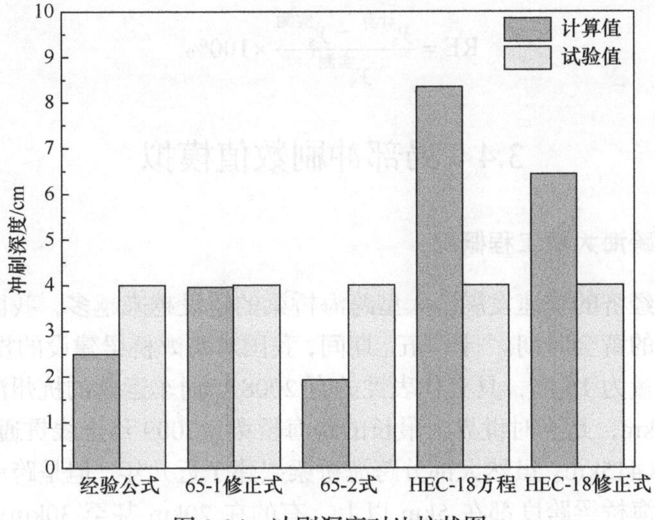

图 3-34　冲刷深度对比柱状图

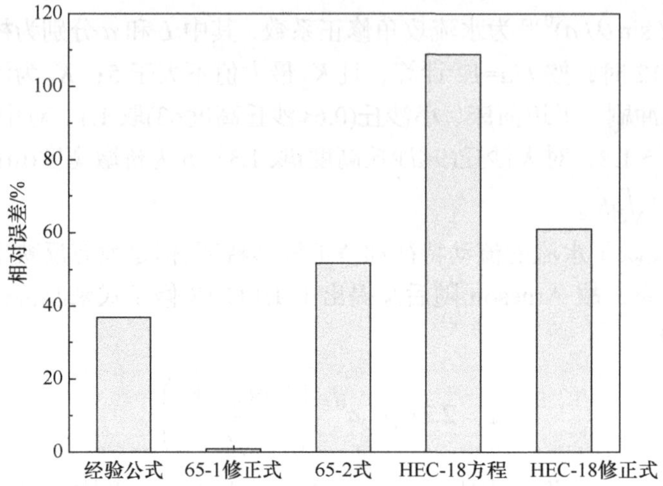

图 3-35　不同公式计算的相对误差

程水文勘测设计规范》(JTG C30—2015)，在设计基础埋置深度时应选取 65-1 修正式和 65-2 式中估算值最不利的一种。综上所述，65-1 修正式与试验数据之间的误差仅为 1%，十分准确。经验公式(3-22)仅考虑了桩和流速之间的关系，没有考虑泥沙、水深和水流攻角等因素，相对误差明显偏大，且预测深度较实际小，不利于桥梁安全，因此经验公式对工程只能起到借鉴作用。美国规范的计算结果相对试验结果都偏大，趋于保守，而 HEC-18 修正式考虑了泥沙大小对泥沙起动的影响，所以误差相对更小。

为了对预测方程的准确度进行定量评价，选取相对误差(预测误差占实际值的百分比)进行评价：

$$\mathrm{RE}=\frac{y_{\mathrm{s}}^{\text{计算}}-y_{\mathrm{s}}^{\text{实测}}}{y_{\mathrm{s}}^{\text{实测}}}\times 100\%$$

3.4　局部冲刷数值模拟

3.4.1　杭州湾跨海大桥工程概况

随着沿海经济的快速发展，大型跨海桥梁的建设越来越多，我国跨海桥梁进入跨越式发展的黄金时期。“十一五”期间，我国对跨海桥梁建设的投资超过 1000 亿元，建成数量为 16 座，具有代表性的有 2008 年通车运营的杭州湾跨海大桥，桥梁总长 35.7km，是当时世界上最长的跨海桥梁；2009 年全线贯通的金塘大桥，跨海桥梁长 18.415km。虽然大部分跨海桥梁兴建于近几年，但是跨海桥梁往往跨度大，多数跨海桥梁跨度都在 5km 以上，有的在 20km 甚至 30km；水动力状况复杂，跨海桥梁基础所处海域多为江流、海流的交汇处，风急、浪高、水深、潮大，喇叭口地段还容易形成涌潮，洪水灾害频发；投资总量大，一座跨海桥梁的造价上亿甚至百亿元。上述特点使跨海桥梁受冲刷影响更大，也对桥梁基础的稳定性、可靠性提出了更高的要求。

杭州湾跨海大桥北起嘉兴市海盐县郑家埭，南止于宁波市慈溪市丰收闸(图 3-36)，整桥长度达 36km，共 600 余跨，已于 2008 年 5 月 1 日正式通车运行。大桥所处的杭州湾河口，潮汐强、潮差大，悬沙与床沙粒径基本一致，导致河床泥沙冲淤复杂多变，海底槽沟的发展变化较快，桥梁基础局部冲刷成为大桥安全运行的潜在隐患。加之近年来大桥南北两岸人类活动加剧、南岸慈溪围垦和北岸嘉兴港港区建设加快，均在一定程度上增加了大桥附近海域地形变化的复杂性。

图 3-36　杭州湾跨海大桥桥位示意图

杭州湾跨海大桥位于杭州湾澉浦至乍浦河段；上游为尖山河湾，河床冲淤变化复杂剧烈，受径流影响明显；下游为杭州湾，以潮流作用为主，河床冲淤幅度相对较小。大桥所在河段滩槽发育，滩地主要为南岸的庵东边滩。主槽分为三支，位于澉浦浅滩以北的北支(北岸深槽)和经乍浦—秦山潮汐通道的中支，这两支主槽上溯的潮流汇合于澉浦浅滩以北，进入尖山河湾，形成北股槽；还有一支为澉浦浅滩与庵东边滩之间的南支，南支的涨潮流上溯过程中分成两股，一股是沿澉浦浅滩南侧上溯，形成南支北槽，另一股沿庵东边滩上溯，形成南支南槽。具体地貌格局如图 3-37 所示。

杭州湾河口潮流以往复流为主，外海潮流进入杭州湾河口以后，流速大小由湾口沿湾内逐渐增大，多次水文观测资料显示[30]，澉浦水域最大实测流速大于

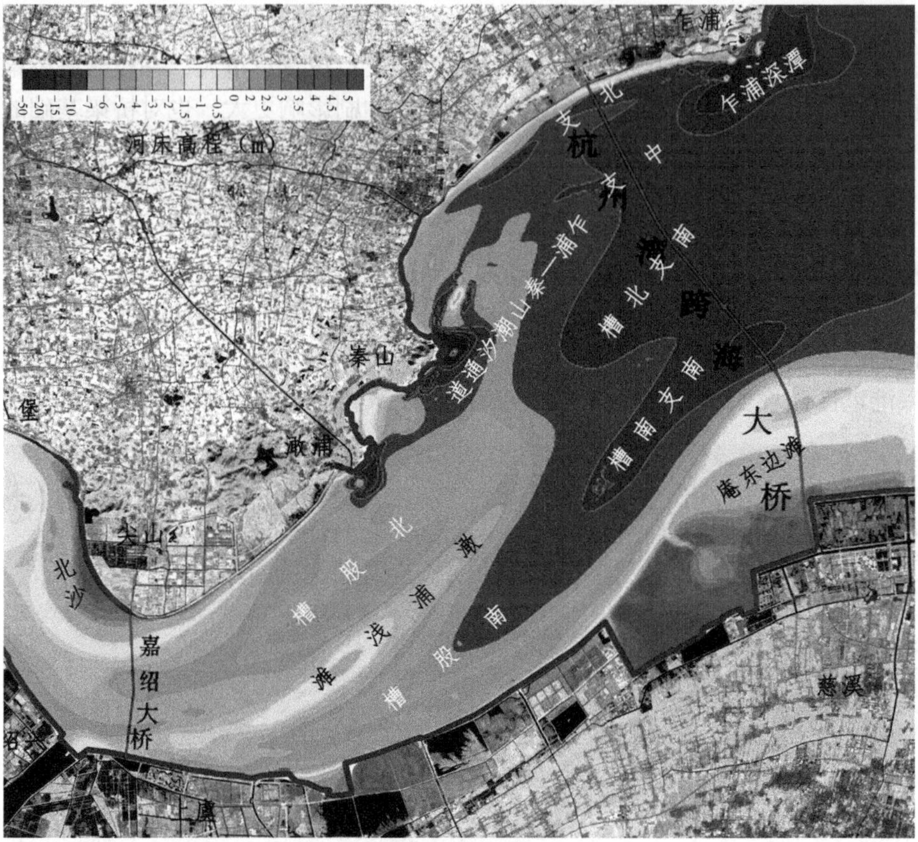

图 3-37　杭州湾跨海大桥地貌格局

5m/s，针对这一罕见的大潮流速，相关单位于 2016 年秋季大潮期间对杭州湾跨海大桥区域流速及局部冲刷深度进行了跟踪观测，全桥断面如图 3-38 所示，设置 P1 北通航孔重点桥墩监测区、P2 中引桥重点桥墩监测区、P3 匝道区重点桥墩监测区、P4 南深槽重点桥墩监测区共四个测区，采用五点法沿水深进行分层，观测期间各测区最大涨落潮流速见表 3-4、表 3-5。由表可见，北通航区实测最大涨潮流速 1.05～2.15m/s，涨潮垂向平均流速 1.83m/s，最大落潮流速 1.23～2.06m/s，落潮垂向平均流速 1.81m/s；中引桥区实测最大涨潮流速 1.93～3.00m/s，涨潮垂向平均流速 2.53m/s，最大落潮流速 0.99～2.18m/s，落潮垂向平均流速 1.68m/s；匝道区实测最大涨潮流速 1.20～2.94m/s，涨潮垂向平均流速 2.37m/s，最大落潮流速 1.15～2.35m/s，落潮垂向平均流速 2.07m/s；南深槽区实测最大涨潮流速 1.59～3.93m/s，涨潮垂向平均流速 3.13m/s，最大落潮流速 1.54～2.91m/s，落潮垂向平均流速 2.50m/s。各测区涨落潮流速分布较为一致，表层最大，中层次之，底层最小。

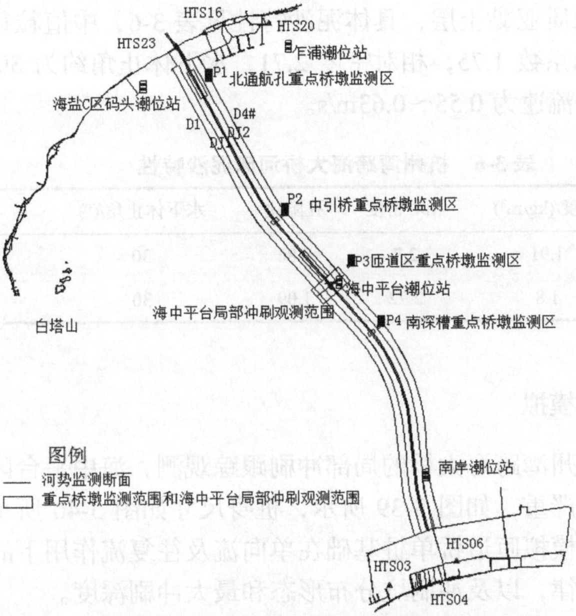

图 3-38　杭州湾跨海大桥断面位置及测点分布

表 3-4　各测区分层最大涨潮流速　(单位：m/s)

测区	表层	0.2*H*	0.4*H*	0.6*H*	0.8*H*	底层	垂向平均
北通航区	1.98	2.10	2.15	1.95	1.43	1.05	1.83
中引桥区	2.98	3.00	2.76	2.45	2.18	1.93	2.53
匝道区	2.80	2.94	2.70	2.39	1.81	1.20	2.37
南深槽区	3.71	3.83	3.93	3.22	2.14	1.59	3.13

表 3-5　各测区分层最大落潮流速　(单位：m/s)

测区	表层	0.2*H*	0.4*H*	0.6*H*	0.8*H*	底层	垂向平均
北通航区	1.94	2.05	2.06	1.81	1.55	1.23	1.81
中引桥区	2.18	2.02	1.81	1.60	1.40	0.99	1.68
匝道区	2.15	2.34	2.35	2.28	1.74	1.15	2.07
南深槽区	2.91	2.76	2.65	2.67	2.20	1.54	2.50

相关工程地质勘测资料表明，杭州湾跨海大桥轴线附近河床可冲刷部分主要

分为亚砂土层和淤泥质亚黏土层，具体泥沙特性见表 3-6，中值粒径较为一致，约为 0.049mm，拣选系数 1.75，相对密度 2.71，水下休止角约为 30°，根据沙玉清公式计算，其起动流速为 0.55～0.63m/s。

表 3-6　杭州湾跨海大桥河床泥沙特性

土层	密度/(kg/m³)	相对密度	孔隙比	水下休止角/(°)	粒径/mm
亚砂土	1.91	2.7	0.86	30	0.005～0.1
淤泥质亚黏土	1.8	2.72	1.09	30	0.005～0.1

3.4.2　单桩局部冲刷模拟

根据多年来对杭州湾跨海大桥的局部冲刷跟踪观测，海中平台区域匝道桥单桩基础局部冲刷日趋严重，如图 3-39 所示，桩身尺寸如图 3-40 所示。本节建立数值虚拟水槽，分别模拟匝道桥单桩基础在单向流及往复流作用下的局部冲刷，研究其机理和演变规律，以及冲刷坑分布形态和最大冲刷深度。

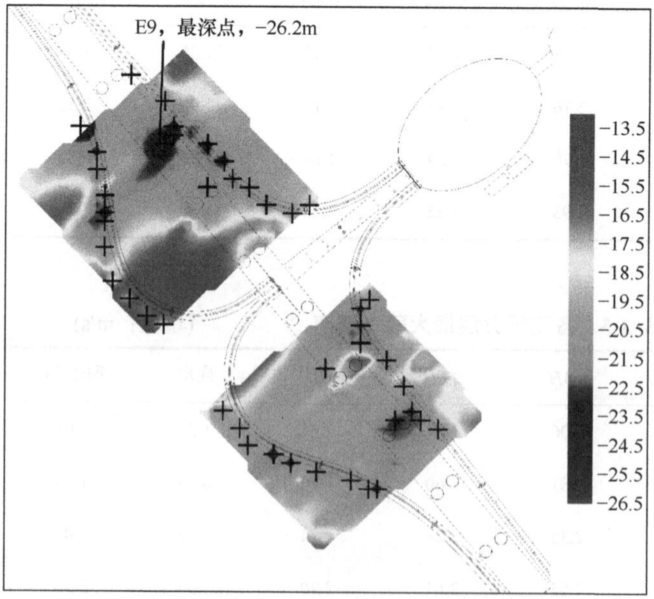

图 3-39　匝道桥区域局部河床高程图(单位：m)

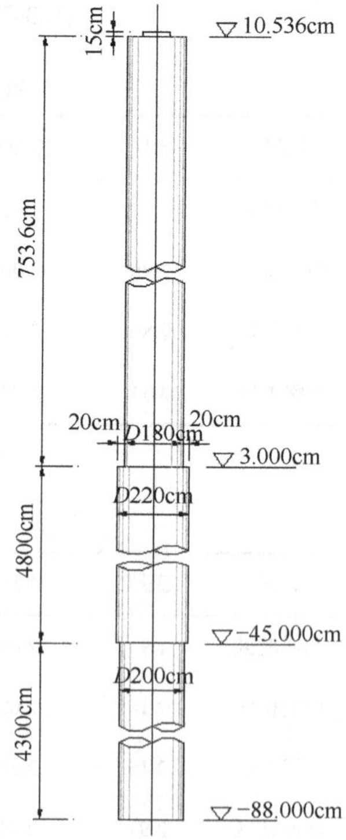

图 3-40　匝道桥单桩桩身尺寸图

该单桩基础局部冲刷模型中，圆柱形单圆桩桩径为 2.2m，水深为 11m，水体动力黏滞系数为 0.001Pa · s，床面泥沙选用均匀沙，泥沙中值粒径为 0.049mm，泥沙相对密度为 2.71，泥沙休止角为 30°，泥沙表面粗糙高度为 $2.5d_{50}$，即 2.5 倍泥沙中值粒径。

本次模拟分为单向流及往复流两个工况：单向流条件下，来流平均流速为 2.3m/s；往复流条件下，一个半日潮周期内杭州湾跨海大桥桥轴线处典型流速如图 3-41 所示，模型设置时变来流流速如图 3-42 所示，计算域大小及网格划分如图 3-43 所示，网格类型为正六面体，网格总数 1368640，剩余包括数值虚拟水槽的网格划分方法、边界条件设置、湍流模型选择等均与 3.3 节验证模型保持一致。

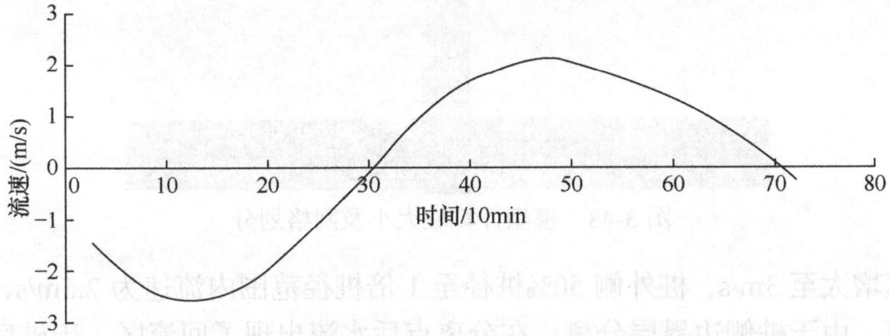

图 3-41　杭州湾跨海大桥轴线处典型流速

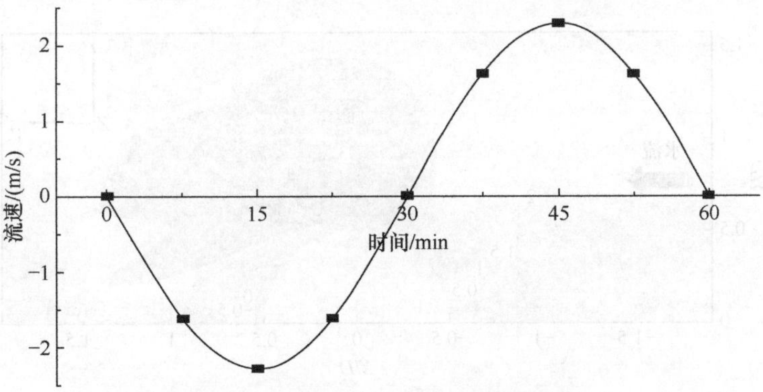

图 3-42　往复流条件下时变来流流速

该模型初始时间步长取 0.001s，最小时间步长取 1×10^{-12}s，模拟总时长 60min，采用二阶动量对流方程，满足模型稳定性要求。

基于模拟结果，以下针对单向流和往复流条件下的桩周流场分布、局部冲刷坑的形态分布及深度进行分析。

图 3-44 为单向流条件下冲刷起始阶段近床面纵向流速分布图，在桩前 1.5 倍桩径处出现阻水效应，越靠近桩纵向流速越小，从 2m/s 递减至 0.5m/s，桩侧由于流线收缩流速增大，于迎水面约 45°位置处水流出现明显加速，在桩外侧 50%桩

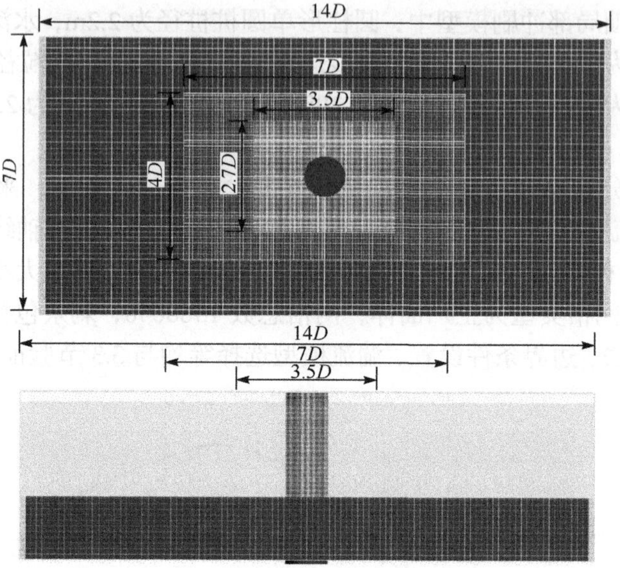

图 3-43 模型计算域大小及网格划分

径内流速增大至 3m/s，桩外侧 50%桩径至 1 倍桩径范围内流速为 2.5m/s，并逐渐向外递减。由于桩侧边界层分离，在分离点后水流出现了回流区，于桩后形成尾流漩涡，桩后 1 倍桩径内出现负流速，尾流漩涡内圈流速达到–0.5m/s。

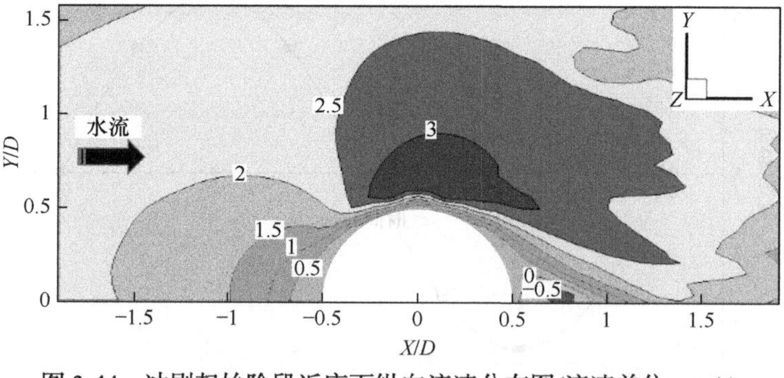

图 3-44 冲刷起始阶段近床面纵向流速分布图(流速单位：m/s)

图 3-45 为冲刷起始阶段桩前垂向流速分布图，桥桩前缘距离床面 3.5 倍桩径处出现“驻点”，即速度为零的点，驻点以下出现 Z 方向负速度分量，即下降水流。桩前 3.5 倍桩径及床面以上 3.5 倍桩径范围内，出现明显马蹄形漩涡，漩涡内圈最大负流速达到–0.7m/s，并逐渐向外圈递减。

图 3-46 为桩前上游 50%桩径断面处沿水深的垂向流速分布图。可以发现，桩前向下射流沿着水深得到充分发展，垂向流速逐渐增大至峰值，直到行至靠近床面，流速锐减。随着时间推移，冲刷坑逐渐发展扩大，床面高程下降，垂向流速

峰值相应增大，但沿水深先增大后减小的趋势并没有改变。

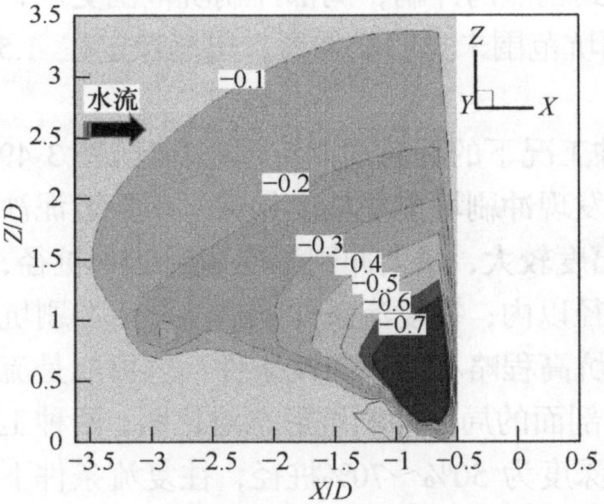

图 3-45　冲刷起始阶段桩前垂向流速分布图（流速单位：m/s）

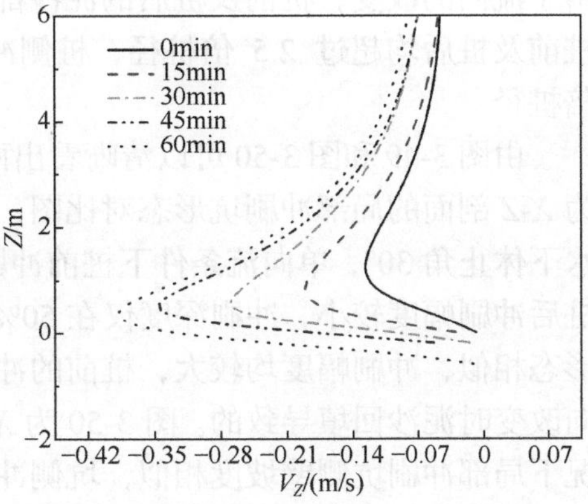

图 3-46　桩前上游 50%桩径断面流速的垂向分量

往复流条件下，一个半日潮周期内，来流的流速及流向随时间同时发生变化，当流速较小时，水流紊动弱，漩涡不明显，当流速较大时，水流结构与单向流类似，水流紊动和漩涡均与单向流条件下相近。

图 3-47 为模拟 60min 之后单向流条件下的桩周河床高程等高线图。最大冲刷深度位置发生在桩前缘两侧，最大冲刷深度为−1.83m，局部冲刷坑范围覆盖至桩前 2 倍桩径，桩侧 1.5 倍桩径，桩后 1.2 倍桩径，桩两侧至桩后冲刷幅度渐渐减弱，这可能是由于桩后水流流速较小，无法使泥沙起动，上游被携带而来的泥沙甚至会在桩后淤积，形成一条壅土带。

图 3-48 为模拟 60min 后往复流条件下的桩周河床高程等高线图。桩前后缘两

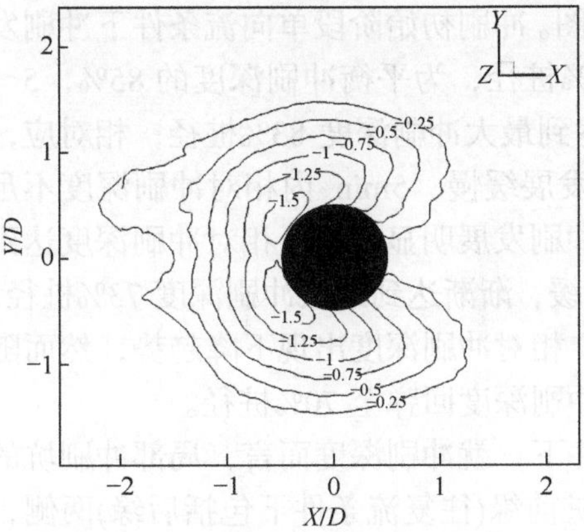

图 3-47　单向流条件下河床高程等高线图（高程单位：m）

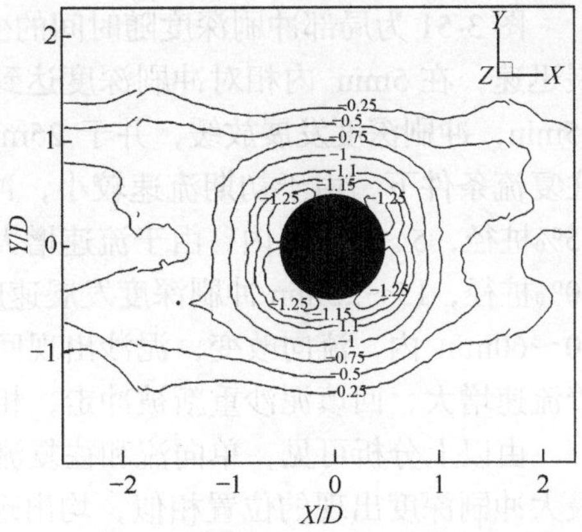

图 3-48　往复流条件下河床高程等高线图（高程单位：m）

侧均出现较大冲刷深度，最大冲刷深度为–1.61m，相对于单向流，往复流条件下由于流向的改变，桩前及桩后的泥沙都受到剧烈的冲刷，局部冲刷坑范围更广，桩前及桩后均超过 2.5 倍桩径，桩侧冲刷坑范围未见明显伸展，仍然稳定在 1.5 倍桩径。

由图 3-49 和图 3-50 可以清晰看出两种工况下的局部冲刷坑形态对比。图 3-49 为 *X-Z* 剖面的局部冲刷坑形态对比图，易发现冲刷坑前壁坡度相似，均接近泥沙水下休止角 30°，单向流条件下桩前冲刷幅度较大，最大冲刷深度达到 75%桩径，桩后冲刷幅度较小，冲刷深度仅在 50%桩径以内；往复流条件下桩前桩后冲刷坑形态相似，冲刷幅度均较大，桩前的冲刷坑高程略小于单向流条件，这可能是流向改变时泥沙回填导致的。图 3-50 为 *X-Y* 剖面的局部冲刷坑形态对比图，两种工况下局部冲刷坑侧壁坡度相似，坑侧冲刷深度为 50%～70%桩径，往复流条件下坑侧的冲刷程度较小。

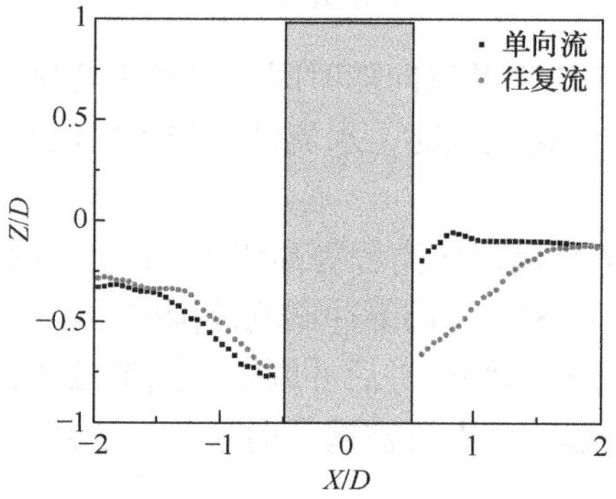

图 3-49　*X-Z* 剖面局部冲刷坑形态对比图

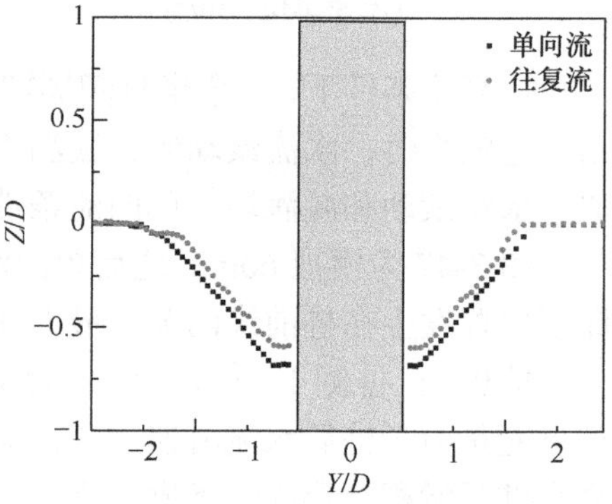

图 3-50　*Y-Z* 剖面局部冲刷坑形态对比图

图 3-51 为局部冲刷深度随时间的变化图。冲刷初始阶段单向流条件下冲刷发展迅速，在 5min 内相对冲刷深度达到 70%桩径，为平衡冲刷深度的 85%，5～25min，冲刷深度发展放缓，并于 25min 达到最大冲刷深度 83%桩径；相对应，往复流条件下，由于初期流速较小，冲刷发展缓慢，5min 内相对冲刷深度不足 15%桩径，5～15min 内，由于流速增大，冲刷发展明显加速，相对冲刷深度达到 60%桩径，15～25min 冲刷深度发展速度放缓，渐渐达到最大冲刷深度 73%桩径，30～60min 内，流向改变，泥沙出现回填，相对冲刷深度出现下降趋势，然而随着流速增大，回填泥沙重新被冲走，相对冲刷深度回弹至 70%桩径。

由以上分析可见，单向流和往复流条件下，就冲刷深度而言，局部冲刷坑的最大冲刷深度出现的位置相似，均出现在桩前缘(往复流条件下包括后缘)两侧，往复流由于存在流速变化，小流速时间内无法造成明显泥沙起动，有效冲刷时间小于单向流，同时流向的变化会造成泥沙回填，因此不难理解往复流条件下最大

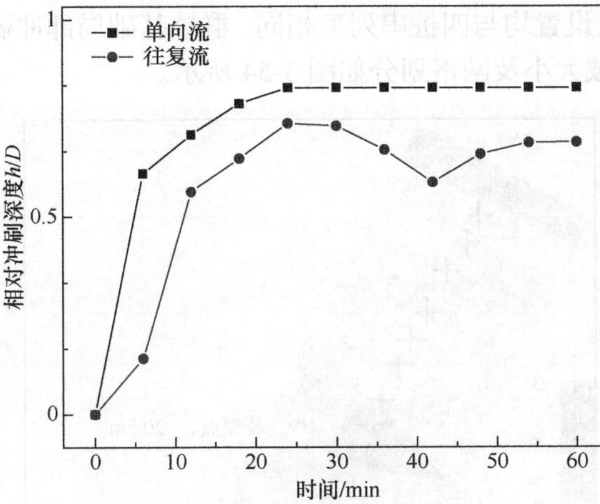

图 3-51　局部冲刷深度随时间的变化图

冲刷深度较单向流小 20%；就冲刷坑形态而言，单向流条件下，冲刷主要部位出现在桩前迎水面处，冲刷坑平面近似半圆形，桩后背水面处也出现一定程度的冲刷现象，但冲刷幅度及范围均不及桩前，往复流条件下桩前桩后均出现剧烈冲刷，冲刷坑平面近似圆形，冲刷坑剖面前后左右近似对称；就冲刷坑范围而言，往复流条件下桩前冲刷坑较单向流桩前有一定程度发展，桩后冲刷坑范围与桩前相似，近乎对称，总体而言，往复流局部冲刷坑范围大于单向流局部冲刷坑范围，约为 1.5 倍。

3.4.3　群桩局部冲刷模拟

相关单位对全桥各区域局部冲刷深度的跟踪观测报告显示，北通航孔区最低床面高程为–20.3m，中引桥区达到–23.9m，南通航孔区达到–22.4m，南深槽区达到–23.9m，如图 3-52 所示。结合设计图纸，选取以下群桩桩型及布置形式，如图 3-53 所示，建立数值虚拟水槽，模拟群桩基础在单向流及往复流作用下的局部冲刷，研究其机理和演变规律，以及冲刷坑分布形态和最大冲刷深度。

针对四桩串列型及多桩梅花型两种群桩布置形式，分别建立数值虚拟水槽：四桩串列型群桩基础局部冲刷模型中，圆柱形单圆桩桩径为 2.5m，水深为 11m，水体动力黏滞系数为 0.001Pa·s，床面泥沙选用均匀沙，泥沙中值粒径为 0.049mm，泥沙相对密度为 2.71，泥沙休止角为 30°，泥沙表面粗糙高度为 $2.5d_{50}$，即 2.5 倍泥沙中值粒径，整个计算域长 40 倍桩径，宽 20 倍桩径，网格设置与 3.2 节中验证模型类似，采用三层嵌套网格对桩周进行局部加密，网格类型为正六面体，网格总数 1473000；多桩梅花型群桩基础局部冲刷模型中，圆柱形单圆桩桩径为 1.6m，计算域长 60 倍桩径，宽 30 倍桩径，网格类型为正六面体，网格总数

2121000，其余参数设置均与四桩串列型相同。群桩基础局部冲刷模拟具体参数设置见表 3-7，计算域大小及网格划分如图 3-54 所示。

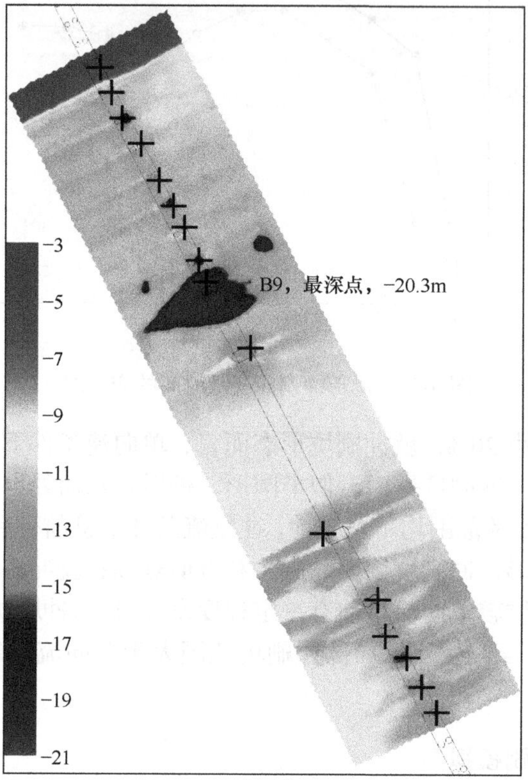

(a) 北通航孔区

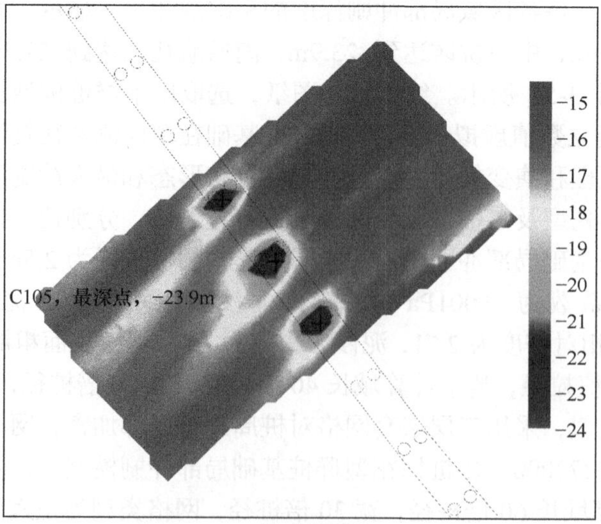

(b) 中引桥区

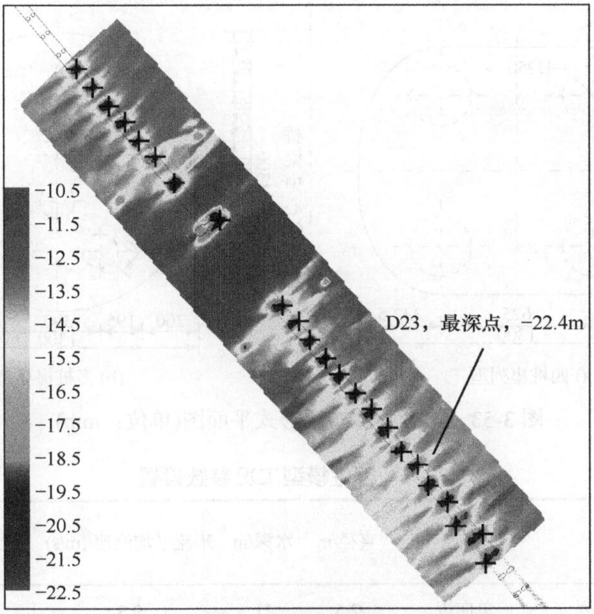

(c) 南通航孔区

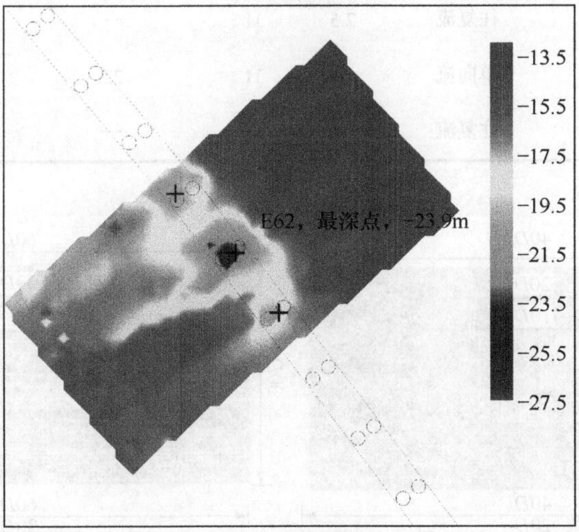

(d) 南深槽区

图 3-52 全桥各区域局部河床高程图(单位：m)

本次模拟分为单向流及往复流两个工况：单向流条件下，来流平均流速为 2.3m/s；往复流条件下，模型设置时变来流条件与 3.3.2 节中单桩模型相同，剩余包括数值虚拟水槽的边界条件设置、湍流模型、模型初始条件设置等均与 3.3 节验证模型保持一致。

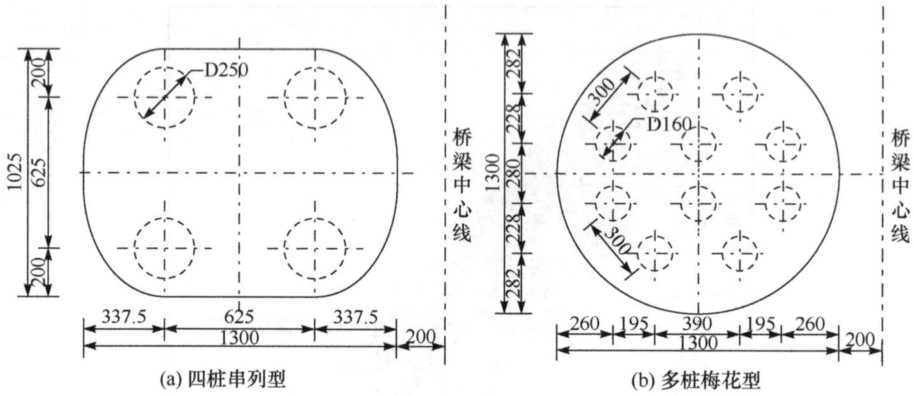

图 3-53 典型群桩布置形式平面图(单位：mm)

表 3-7 群桩模型工况参数设置

工况	桩型	流向	直径/m	水深/m	来流平均流速/(m/s)	泥沙粒径/mm	泥沙相对密度
1	四桩串列	单向流	2.5	11	2.3	0.049	2.71
2	四桩串列	往复流	2.5	11	—	0.049	2.71
3	多桩梅花	单向流	1.6	11	2.3	0.049	2.71
4	多桩梅花	往复流	1.6	11	—	0.049	2.71

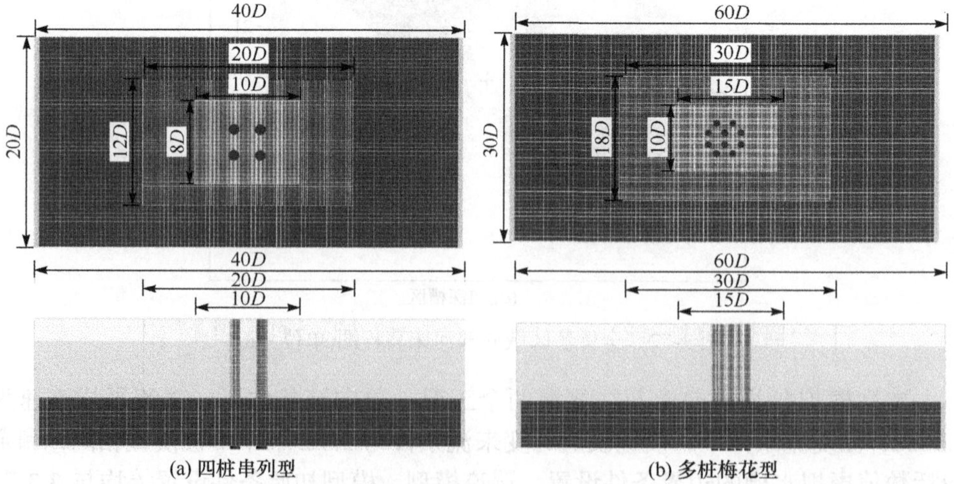

图 3-54 模型计算域大小及网格划分

对四桩串列型模型的模拟结果进行分析。图 3-55 为单向流条件下冲刷起始阶段四桩串列型模型近床面纵向流速分布平面图。前排桩迎水面的流速分布与单桩类似，同样出现桩前水流减速，且由于桩径增大，阻水效应更加明显，桩侧水流出现绕流加速，前排双桩之间水流加速带出现重叠，桩间最大流速达到 2.45m/s；受前排桩的遮蔽效应影响，后排桩的桩前流速接近零，桩侧水流同样出现绕流加速现象，加速水流的范围及流速大小都不及前排桩。

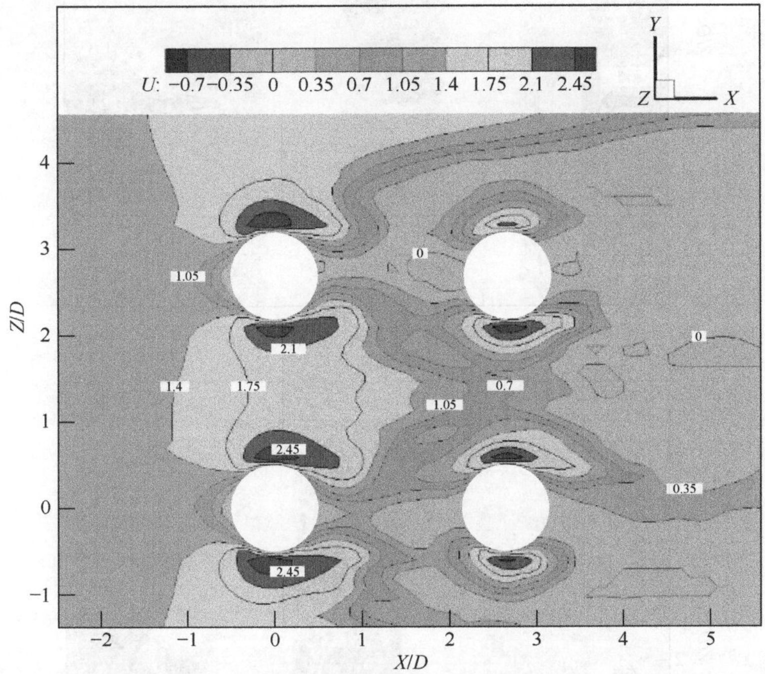

图 3-55　单向流条件下冲刷起始阶段四桩串列型模型近床面纵向流速分布平面图（流速单位：m/s）

图 3-56 为单向流条件下冲刷起始阶段四桩串列型桩周流速分布纵剖面图。由图 3-56(a)可知，桩前 2 倍桩径范围内出现阻水效应，上游来流流速自 1.75m/s 递减至 0.35m/s，前排桩与后排桩之间沿水深高度方向出现多个漩涡，包括最靠近床面的正流速漩涡，内涡流速达到 1.05m/s；由图 3-56(b)可知，前排桩桩前 1.5 倍桩径范围内存在一个较大的马蹄形漩涡，内涡负流速达到−0.6m/s，后排桩桩前 50%桩径范围内存在一个尺寸相对偏小的马蹄形漩涡，然而内涡负流速同样达到−0.6m/s。

图 3-57(a)为单向流条件下冲刷 10min 局部冲刷地形等高线图，桩侧泥沙先被带走，冲刷深度可以达到 1.5m。由图 3-57(b)可知，冲刷 60min 后，基本达到冲淤平衡，最大冲刷深度位置出现在前排桩的迎水面，最大冲刷深度为−2.23m，前排桩冲刷坑的发展范围延伸至桩前 2 倍桩径，桩侧 1.5 倍桩径处，后排桩的冲刷坑范围及深度均小于前排桩，后排桩桩间内侧冲刷量大于外侧，冲刷深度达到

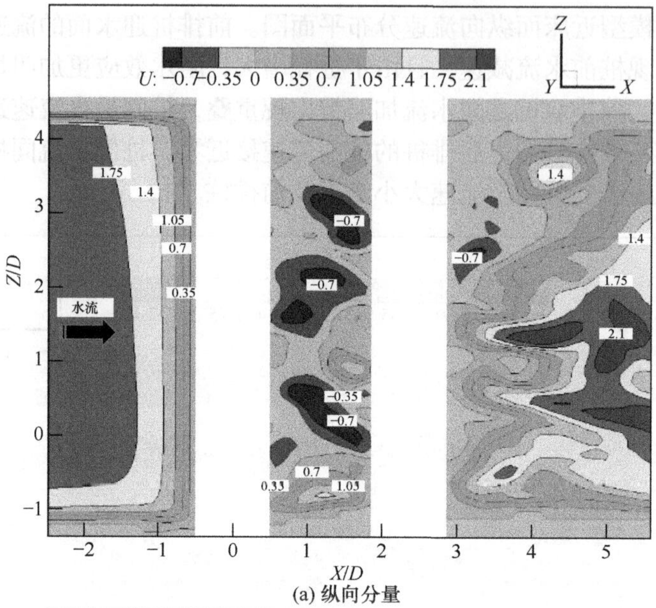

(a) 纵向分量

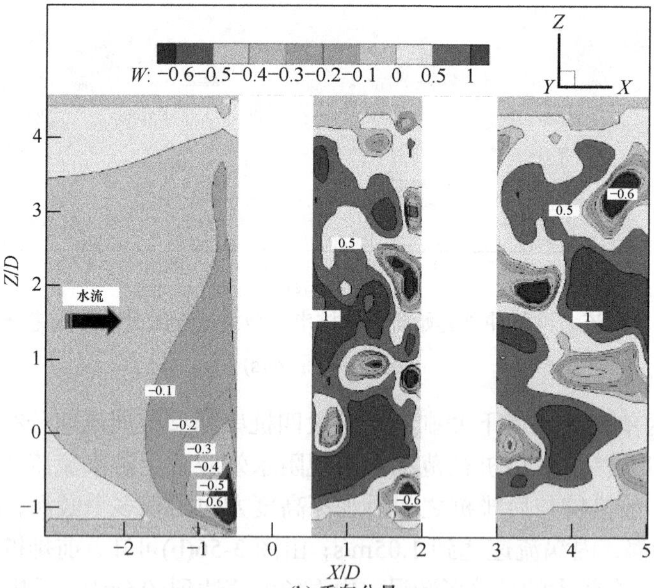

(b) 垂向分量

图 3-56　单向流条件下冲刷起始阶段四桩串列型模型桩周流速分布纵剖面图(流速单位：m/s)

–1m，结合图 3-55 的流速平面图分析，这是由于受前排桩挤压加速的桩间水流流经后排桩桩间，继续冲刷后排桩桩间泥沙，而前排桩桩外侧绕流水流向外侧扩散分离，难以继续冲刷后排桩外侧泥沙，故后排桩桩间泥沙冲刷量大于桩外侧。

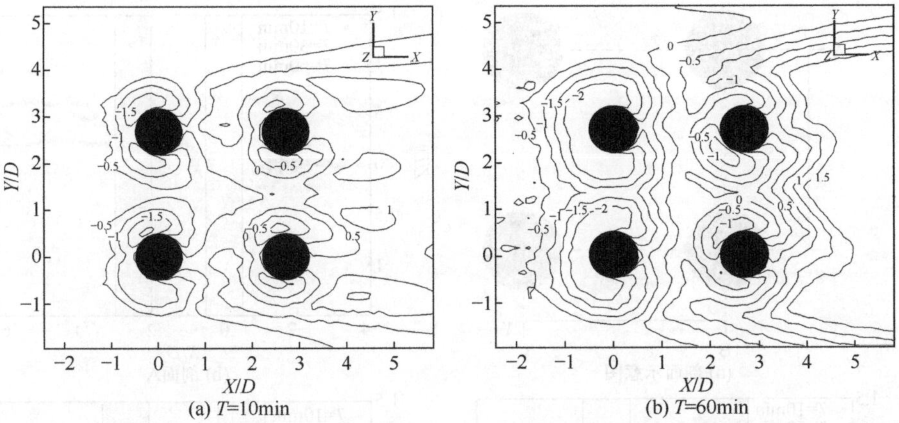

图 3-57　单向流条件下四桩串列型模型局部冲刷坑分布形态等高线图(单位：m)

为便于观察四桩串列型群桩在冲刷过程中各个阶段的冲刷坑截面形态发展演变规律，分别沿纵向及横向对计算模型进行切片，共得到 A、B、C 三个剖面：A 为纵向桥桩中轴线截面；B 为横向前排桩中轴线截面；C 为横向后排桩中轴线截面。图 3-58(a)为剖面示意图。从时间尺度分析桩周床面高程的变化，共选取三个时间节点：T=10min，即冲刷起始阶段；T=30min，即主要冲刷阶段；T=60min，即冲淤平衡阶段。

由图 3-58(b)可知，各时间节点的冲刷坑纵向截面特征均保持一致：前排桩前缘出现剧烈冲刷，床面高程下降，从 T=10min 至 T=60min，前排桩前缘冲刷范围从桩前 1 倍桩径延伸至 2 倍桩径，冲刷深度从 25%桩径增至 75%桩径；前排桩与后排桩之间出现淤积，淤积高度增长缓慢，三个时间节点的淤积高度均接近 30%桩径；后排桩后缘淤积现象更为严重，T=10min 时，淤积高度变化较为平缓，约为 25%桩径，T=30min 时，随着远离后排桩，淤积高度先增大后减小，最大达到 60%桩径，T=60min 时，淤积高度达到 1 倍桩径。

由图 3-58(c)可知，前排桩横向截面冲刷现象明显，随着时间推移，横向截面的高程呈整体下降，最大冲刷深度从 50%桩径上升至 75%桩径，但前排桩桩侧冲刷范围基本稳定在 1.5 倍桩径不变。值得注意的是，前排桩桩间存在一个冲刷量较小的隔离带。

由图 3-58(d)可知，不同于前排桩，相较于冲刷，后排桩横向截面的淤积现象更为明显，随着时间推移，淤积高程呈整体上升，从 25%桩径升高至 50%桩径，且淤积范围也逐渐横向发展延伸至 2 倍桩径，后排桩桩间同样存在一个隔离带。

保持同样的切片剖面 A、B、C，对比分析单向流条件下及往复流条件下四桩串列型群桩冲淤平衡阶段(T=60min)的冲刷坑截面形态。

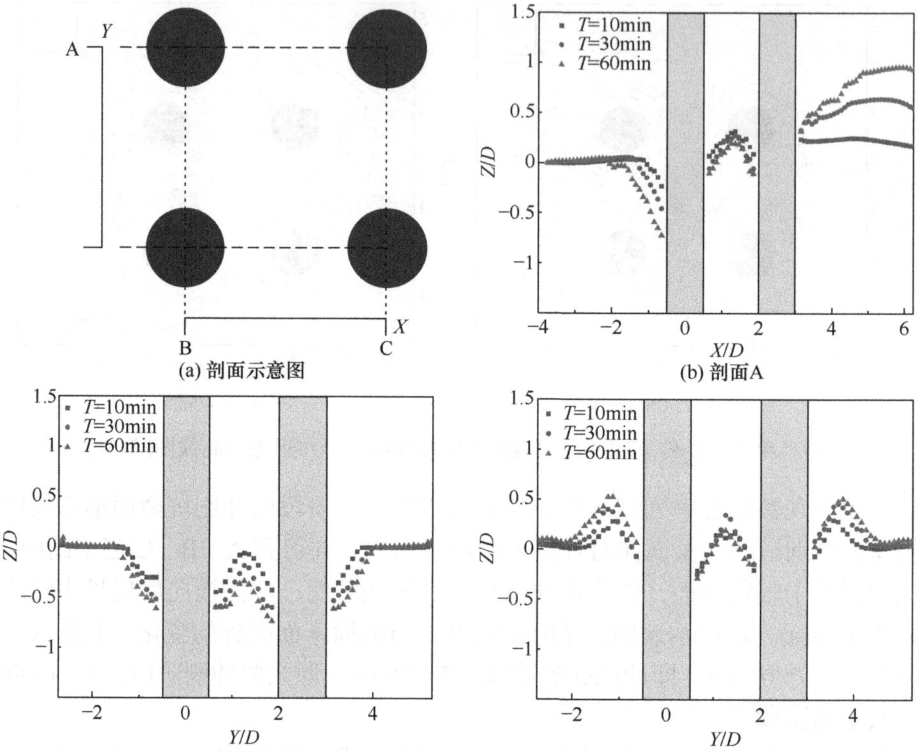

(a) 剖面示意图　(b) 剖面A　(c) 剖面B　(d) 剖面C

图 3-58　四桩串列型模型桩周地形随时间变化图

由图 3-59(b)可知，往复流条件下前排桩前缘及后排桩后缘均出现冲刷，前排桩与后排桩之间存在淤积。往复流条件下前排桩前缘冲刷深度约为 25%桩径，远小于单向流条件下的 75%桩径，前缘冲刷坑范围约为 1.5 倍桩径，略小于单向流；往复流条件下前排桩与后排桩之间淤积高度约为 30%桩径，略大于单向流；往复流条件下后排桩后缘由于流向的改变，同样出现范围为 1.5 倍桩径，深度为 25%桩径的冲刷。

由图 3-59(c)可知，相较于单向流，往复流条件下前排桩横向截面的高程整体上升，桩侧最大冲刷深度回弹至 50%桩径，冲刷范围侧向发展至 2 倍桩径。

由图 3-59(d)可知，后排桩横向截面表现出整体冲刷，最大冲刷深度大于 50%桩径，桩侧冲刷范围为 2 倍桩径。

对多桩梅花型模型的模拟结果进行分析。图 3-60 为多桩梅花型群桩编号图。桩的数量较多，因此事先对桩进行编号，以便后文展开具体分析。

图 3-61 为单向流条件下多桩梅花型模型冲刷起始阶段近床面纵向流速分布平面图。几个主要的流场特征均与四桩串列型相似，包括桩间水流的加速效应、前排桩对后排桩的遮蔽效应。A2 桩、D2 桩分别位于 B1 桩、C1 桩的侧后

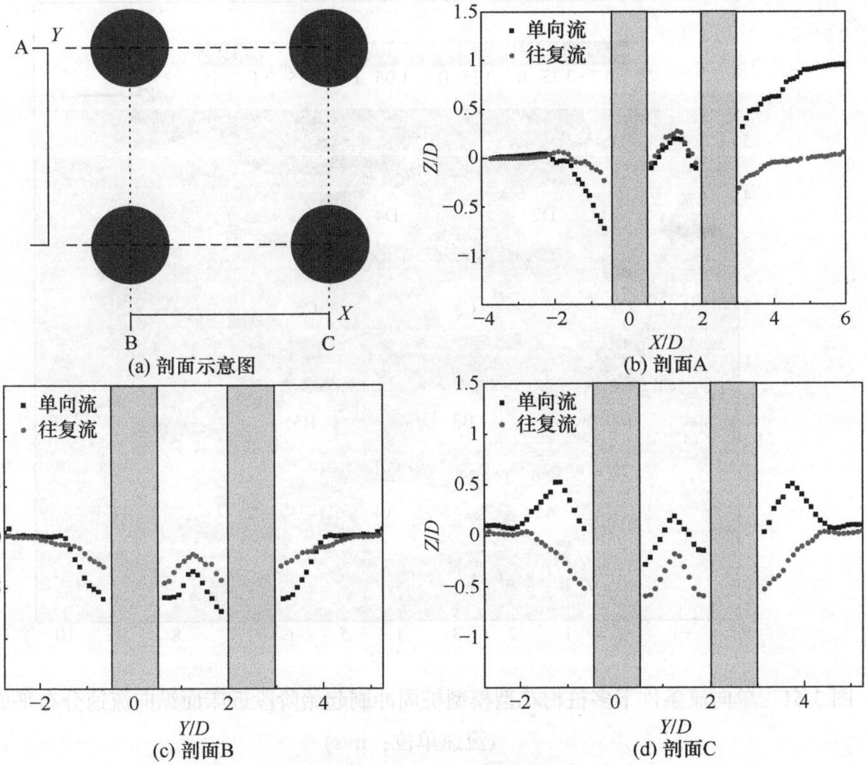

图 3-59　四桩串列型模型桩周地形对比图

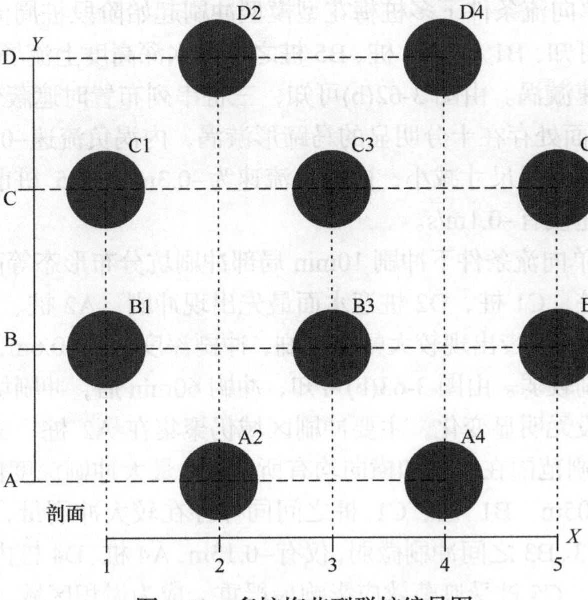

图 3-60　多桩梅花型群桩编号图

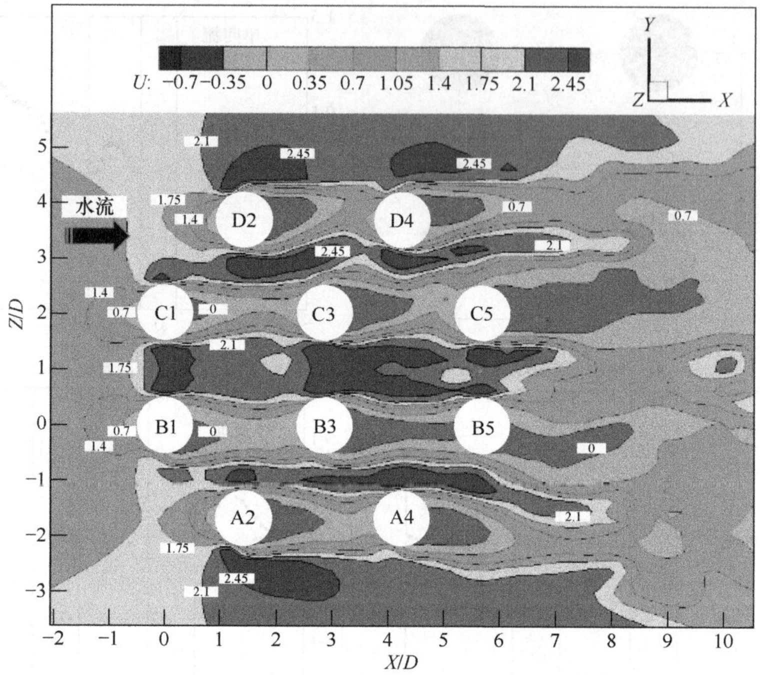

图 3-61　单向流条件下多桩梅花型模型桩周冲刷起始阶段近床面纵向流速分布平面图
(流速单位：m/s)

方，并未受遮蔽效应影响，内外侧流速能达到 2.45m/s。

图 3-62 为单向流条件下多桩梅花型模型冲刷起始阶段桩周流速分布纵剖面图。由图 3-62(a)可知，B1 桩、B3 桩、B5 桩之间沿水深高度上流场十分紊乱复杂，存在多个正负流速漩涡。由图 3-62(b)可知，三桩串列布置时遮蔽效应更为明显，B1 桩的桩前近床面处存在十分明显的马蹄形漩涡，内涡负流速–0.6m/s，B3 桩的桩前近床面马蹄形漩涡尺寸减小，内涡负流速为–0.3m/s，B5 桩前马蹄形漩涡几乎消失，内涡流速仅有–0.1m/s。

图 3-63(a)为单向流条件下冲刷 10min 局部冲刷坑分布形态等高线图。由图可见，A2 桩、B1 桩、C1 桩、D2 桩迎水面最先出现冲刷，A2 桩、D2 桩的两侧及 B1 桩、C1 桩的中间地带出现较大幅度冲刷，冲刷深度达到–0.6m，其余后排桩受遮蔽效应影响冲刷较弱。由图 3-63(b)可知，冲刷 60min 后，冲刷坑整体形态的特征较冲刷起始阶段无明显变化，主要冲刷区域仍聚集在 A2 桩、B1 桩、C1 桩、D2 桩迎水面，冲刷范围在纵向和横向均有所延展，最大冲刷深度位于 A2 桩、D2 桩外侧，达到–1.05m，B1 桩、C1 桩之间同样存在较大冲刷量，冲刷深度达到–0.75m，后排桩 C3、B3 之间冲刷微弱，仅有–0.15m，A4 桩、D4 桩内侧存在–0.45m 的冲刷量，B5 桩、C5 桩受遮蔽效应影响最严重，成为淤积区域。

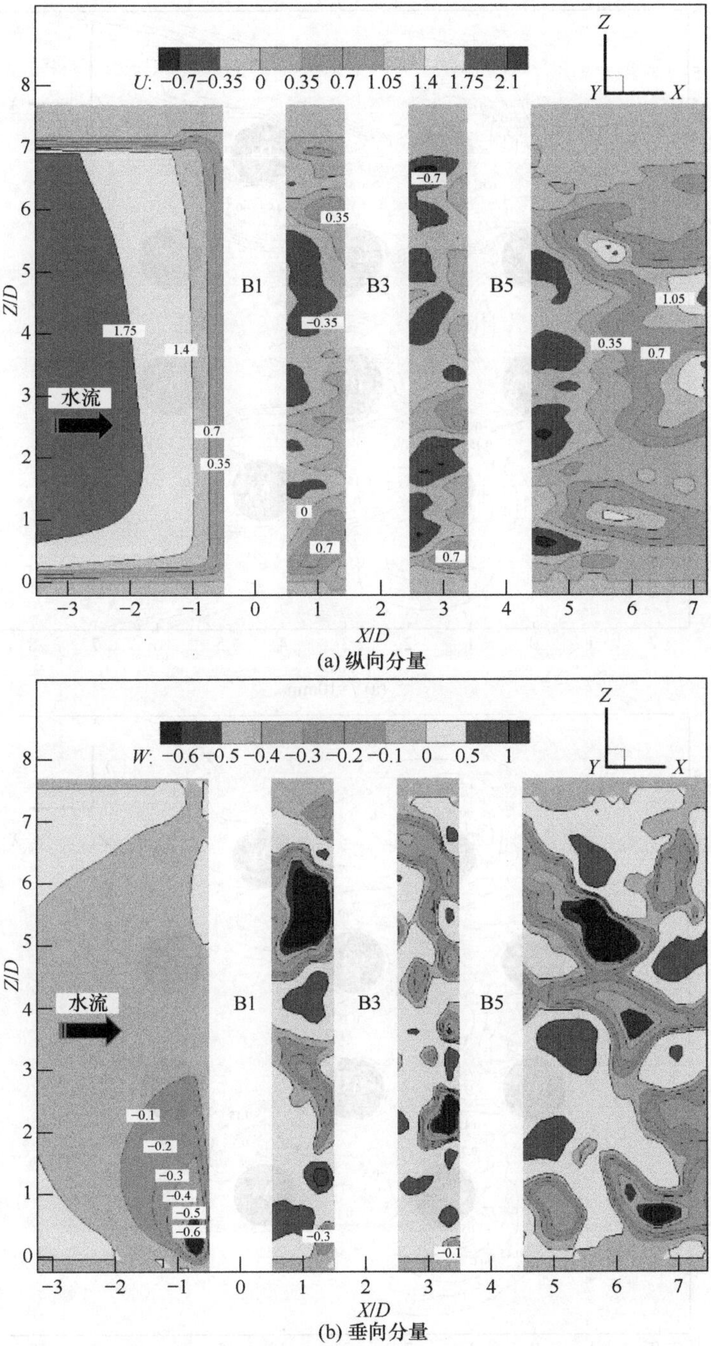

(a) 纵向分量

(b) 垂向分量

图 3-62　单向流条件下多桩梅花型模型起始冲刷阶段桩周流速分布纵剖面图(流速单位：m/s)

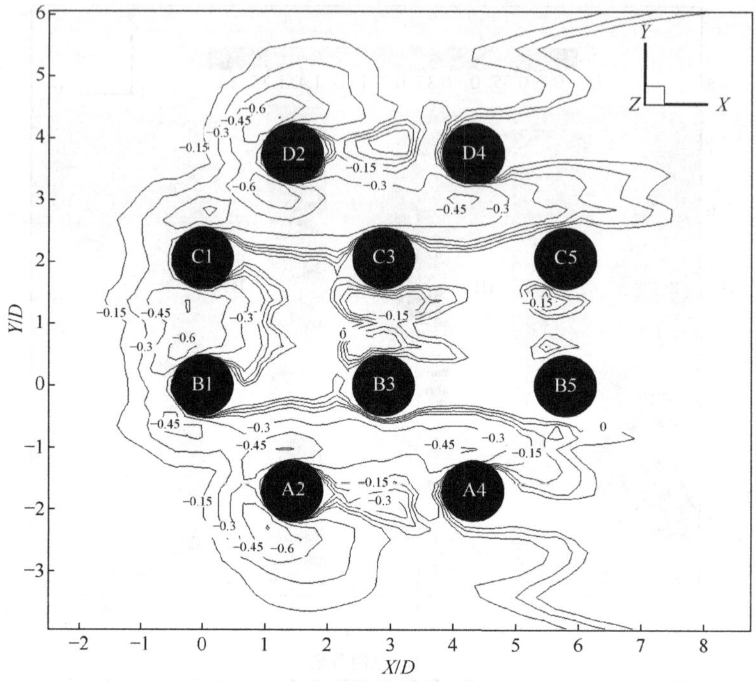

(a) T=10min

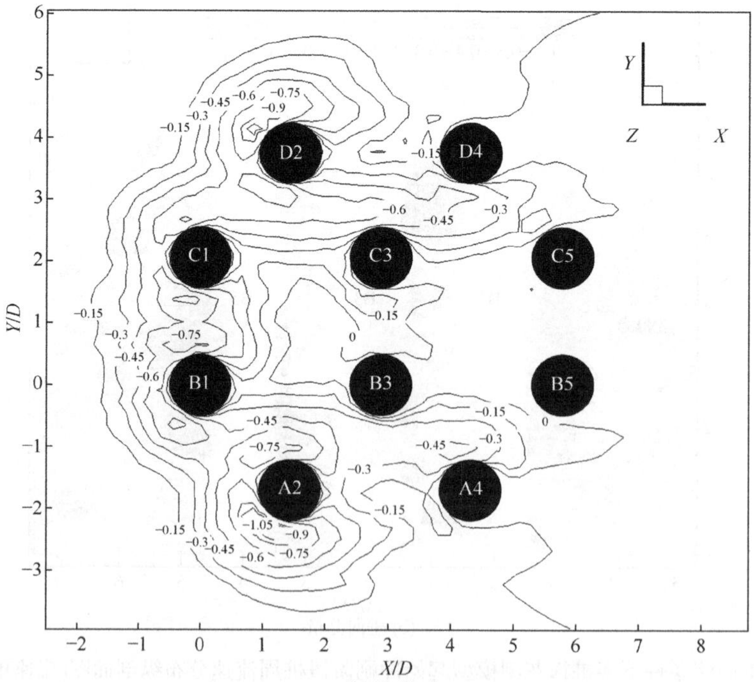

(b) T=60min

图 3-63　单向流条件下多桩梅花型模型局部冲刷坑分布形态等高线图(单位：m)

多桩梅花型模型的剖面示意图如图 3-64(a)所示，得到 A、B 两个纵剖面，1、2、3、4、5 为五个横剖面：A 为第一列桥桩中轴线纵向截面(与 D 剖面相似)；B 为第二列桥桩中轴线纵向截面(与 C 剖面相似)；1 为第一排桥桩中轴线横向截面；2 为第二排桥桩中轴线横向截面；3 为第三排桥桩中轴线横向截面；4 为第四排桥桩中轴线横向截面；5 为第五排桥桩中轴线横向截面。针对上述剖面，对比分析单向流条件下及往复流条件下多桩梅花型群桩冲淤平衡阶段(T=60min)的冲刷坑截面形态。

由图 3-64(b)可知，单向流条件下 A2 桩前最大冲刷深度接近 1 倍桩径，A4 桩前冲刷微弱，以淤积为主，桩后淤积高度达到 50%桩径；往复流条件下 A4 桩后缘由淤积转为冲刷，冲刷深度达到 75%桩径，A2 桩前缘受 A4 桩冲刷带来泥沙回填，高程上升至 50%桩径。由图 3-64(c)可知，三桩串列时情况更为复杂，单向流条件下，B1 桩前、B3 桩前表现为冲刷，B1 桩前冲刷深度达到 50%桩径，B3 桩后、B5 桩后表现为淤积，B5 桩后淤积高度接近 75%桩径；往复流条件下，剖面整体高程均表现为冲刷，B5 桩后冲刷深度达到 75%桩径，B1 桩后泥沙回填至不到 25%桩径。

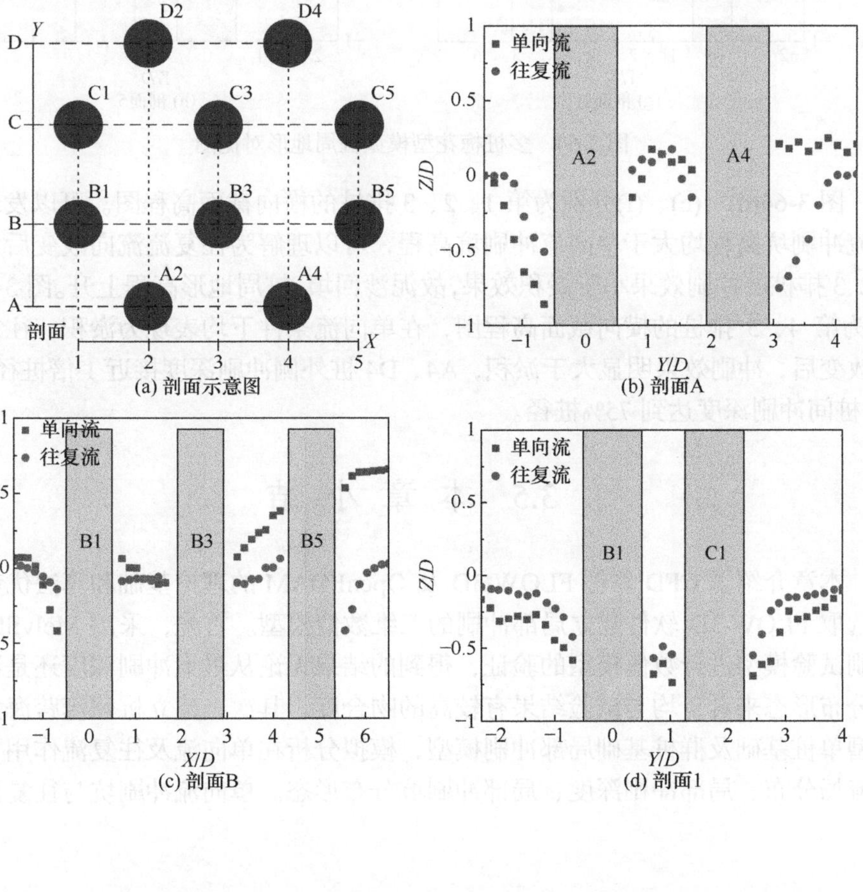

(a) 剖面示意图　　(b) 剖面A

(c) 剖面B　　(d) 剖面1

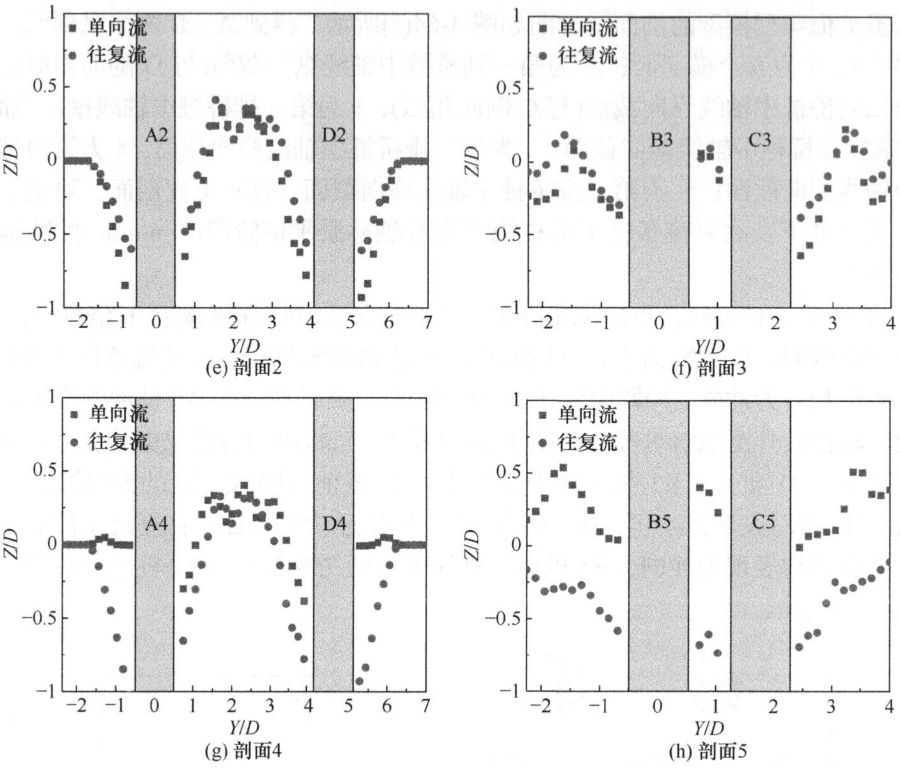

(e) 剖面2　(f) 剖面3　(g) 剖面4　(h) 剖面5

图 3-64　多桩梅花型模型桩周地形对比图

图 3-64(d)、(e)、(f)分别为第 1、2、3 排桩的横向截面高程图。可以发现，往复流冲刷坑高程均大于单向流冲刷坑高程，可以理解为往复流流向改变后，对第 1、2、3 排桩的冲刷效果小于淤积效果，故泥沙回填，桩周地形高程上升。图 3-64(g)、(h)为第 4、5 排桩的横向截面高程图，在单向流条件下均表现为淤积，往复流流向改变后，冲刷效果明显大于淤积，A4、D4 桩外侧冲刷深度接近 1 倍桩径，B5、C5 桩间冲刷深度达到 75%桩径。

3.5　本 章 小 结

本章介绍了 CFD 软件 FLOW-3D 及 OpenFOAM 的理论基础和算法优势，然后选取 FLOW-3D 软件建立局部冲刷的三维数值模型。首先，采用 Melville 经典冲刷试验模型进行数值模型的验证，得到的结果无论从最大冲刷深度还是冲刷坑的分布形态来看，均与试验结果有较高的吻合度。其次，建立杭州湾跨海大桥的典型单桩基础及群桩基础局部冲刷模型，模拟分析在单向流及往复流作用下的桩周流场分布、局部冲刷深度、局部冲刷坑分布形态。单向流冲刷坑与往复流冲刷坑的主要差异可以归纳为以下几点：

(1) 单向流条件下冲刷坑表现出前冲后淤，往复流作用下冲刷坑的前后区域均表现出冲刷，且冲刷坑的范围大于单向流。

(2) 往复流条件下最大冲刷深度较单向流缩减了 20%～30%。

(3) 往复流条件下的冲刷速率低于单向流，达到冲淤平衡花费的时间较单向流更长。

针对上述单向流冲刷坑与往复流冲刷坑形态的差异，结合桩周流场结构及流速分布进行分析，其中的原因可以归纳为以下几点：

(1) 往复流条件下，由于流向的改变，后排桩后缘淤积区域转而成为冲刷区域，故后排桩后缘同样表现为冲刷。

(2) 后排桩后缘淤积泥沙被反向水流带走回填至局部冲刷坑，故往复流冲刷坑的整体高程低于单向流冲刷坑。

(3) 单向流的水流流速始终为 2.3m/s，往复流的水流流速仅部分时间维持在接近 2.3m/s 的大流速条件下，在流向改变时，短时间内流速接近 0，故往复流的有效冲刷时间低于单向流，往复流冲刷坑的整体冲刷量同样低于单向流冲刷坑。

第 4 章　桥梁局部冲刷预测公式

4.1　概　　述

桥桩局部冲刷是个复杂且反复的过程，预测桥桩局部冲刷深度时存在不确定性，高估桥桩局部冲刷深度，会增大桥桩加固防护费用，特别是大跨度跨海桥梁；低估桥桩局部冲刷深度，会给实际工程设计带来安全隐患[53]。减少跨海桥梁钢管桩局部冲刷深度预测公式的不确定性可以在不牺牲安全的前提下降低建设成本，同时减少安全隐患。近几十年来，研究者基于大量室内试验及现场观测数据，建立了许多经验性、半经验半理论性局部冲刷深度预测公式。

经验性公式通过筛选桥桩冲刷的影响参数，利用大量试验及现场观测数据进行量纲分析。半经验半理论公式通常先基于一定理论基础推导获得公式的结构形式，再利用试验及现场观测数据对公式内参数进行拟合，包括桩周绕流挤压流动理论、能量平衡理论、纵向泥沙平衡理论、环流切线流速理论等。

现有公式的结构形式不尽相同，具有较强经验性，目前尚未有一个公认的公式能准确预测清水及动床条件下的局部冲刷深度；同时，对于复杂群桩、覆冰等条件下的局部冲刷深度预测考虑不足，存在一定局限性。特别是相较于单向流，潮流作用下的桥梁基础局部冲刷深度更应该引起人们的重视。我国对于潮汐引起的往复流所带来的海上大跨度桥梁桩周局部冲刷深度的计算公式还较少，直到 21 世纪才在规范中引入往复流相关的冲刷内容。

对于往复流作用下的冲刷深度预测，存在以下两种观点：

韩海骞等[54]、李梦龙[55]认为，潮汐引起的往复流，存在反向水流运动，引起的泥沙回填会导致往复流作用下的桩周局部冲刷深度小于单向流作用下的桩周局部冲刷深度；Nakagawa 和 Suzuki[56]，Han 和 Chen[57]用单向流条件下的平均流速代替潮流条件下的最大流速进行局部冲刷试验，得到的最大冲刷深度是一样的，他们认为由于在潮流作用下，大部分时间内水流均以低于峰值的流速运动，甚至在流向改变的时间段里流速接近零，因此，潮流条件下局部冲刷达到冲刷平衡需要更长的时间。

4.2　已有预测公式影响因素

在 3.3.3 节介绍的 5 个公式基础上，增加介绍几个国内外规范内推荐的以及认可度较高的局部冲刷深度预测公式。

1. Laursen 方程

Laursen[58]通过不同流动及沉积条件下的水槽冲刷试验发现，平衡冲刷深度主要受到来流水深的影响，水深越大，冲刷深度越大。同时考虑桥桩尺寸和沉积粒径的影响，建立冲刷方程如下：

$$\frac{a}{y_s}=5.5\left[\frac{\left(\dfrac{y_s}{11.5y}+1\right)^{7/6}}{\sqrt{\dfrac{\tau_1}{\tau_c}}}-1\right] \tag{4-1}$$

式中，y_s 为冲刷深度(m)；y 为来流水深(m)；a 为桥桩宽度(m)；τ_1 为水流冲刷河床引起的剪应力(Pa)；τ_c 为河床泥沙的起动剪应力(Pa)。

在 Laursen 方程中，冲刷受到水流特征(水流深度、对河床作用的剪应力)、桥桩结构特征(桩径)和床沙特征(床沙起动剪应力)的影响。当 $\tau_1=\tau_c$ 时，冲刷坑深度达到最大值，方程变为

$$\frac{a}{y_s}=5.5\left[\left(\frac{y_s}{11.5y}+1\right)^{7/6}-1\right] \tag{4-2}$$

考虑到冲刷深度 y_s 相对于流深 y 很小，Ettema 将方程近似处理后得到临界状态下的冲刷深度公式为

$$\frac{y_s}{\sqrt{ay}}\approx 1.34 \tag{4-3}$$

这个公式表明，冲刷深度 y_s 与桥桩宽度 a 和水流深度 y 乘积的平方根成正比。

2. Melville 方程

Melville 和 Chiew[59]研究了均匀沙床条件下圆柱桩周围清水冲刷深度随时间的变化规律，建立了局部冲刷深度与时间的函数关系：

$$\frac{d_s}{d_{se}}=\exp\left[-0.03\left|\frac{V_c}{V}\ln\left(\frac{t}{t_e}\right)\right|^{1.6}\right] \tag{4-4}$$

式中，d_{se} 为平衡冲刷深度(m)；V_c 为床沙起动临界平均流速(m/s)；d_s 为在时间点 t 时的冲刷深度(m)。

3. Sheppard-Melville 方程

Sheppard 等[60]在 Melville 方法的基础上改进得到 Sheppard-Melville(S-M)方程。在清水冲刷时($0.4<V/V_c<1$)，方程表示为

$$\frac{y_s}{a}=2.5f_1\left(\frac{y}{a}\right)f_2\left(\frac{V}{V_c}\right)f_3\left(\frac{a}{D_{50}}\right) \tag{4-5}$$

式中，

$$f_1=\tanh\left[\left(\frac{y}{a}\right)^{0.4}\right] \tag{4-6}$$

$$f_2=\left\{1-1.2\left[\ln\left(\frac{V}{V_c}\right)\right]^2\right\} \tag{4-7}$$

$$f_3=\left[\frac{\dfrac{a}{D}}{0.4\left(\dfrac{a}{D}\right)^{1.2}+10.6\left(\dfrac{a}{D}\right)^{-0.13}}\right] \tag{4-8}$$

在方程中，函数 f_1 项表征的是水流-桥墩相互作用的影响，函数 f_2 项表征的是水流-床沙相互作用的影响，函数 f_3 项表征的是床沙-桥墩相互作用的影响，物理意义清晰。

在动床冲刷条件下，S-M 方程的形式较为复杂且部分参数不确定性较强，还需进一步验证完善，故不再详细介绍。

4. 韩海骞公式

浙江省水利河口研究院的韩海骞等[61]利用水槽试验以及河口海湾地区的相关研究成果，提出适用于潮流条件下的局部冲刷深度计算公式，即韩海骞公式，表示为

$$\frac{h_b}{h}=17.4k_1k_2\left(\frac{B}{h}\right)^{0.326}\left(\frac{d_{50}}{h}\right)^{0.167}Fr^{0.628} \tag{4-9}$$

式中，h_b 为桥墩的局部冲刷深度(m)；h 为全潮最大水深(m)；B 为全潮最大水深条件下平均阻水宽度(m)；d_{50} 为河床泥沙的平均中值粒径(mm)，可根据河床取样资料的泥沙粒配曲线查得；Fr 为水流弗劳德数，$Fr=v/\sqrt{gh}$，v 为全潮最大流速(m/s)，g 为重力加速度(m/s^2)；k_1 为基础桩平面布置系数，条带型 $k_1=1.0$，梅花型 $k_1=0.862$；k_2 为基础桩垂直布置系数，直桩 $k_2=1.0$，斜桩 $k_2=1.176$。

中国现行规范内的 65-1 修正式、65-2 式，美国联邦公路局推荐使用的 HEC-18 方程，是目前跨海桥梁考虑桩柱结构局部冲刷问题的主要参考公式，另引述浙江省水利河口设计院韩海骞提出的适用于河口海湾及近海地区相关工程的局部冲刷深度计算公式，试图参照以上四式，筛选出跨海桥梁钢管桩局部冲刷深度的主要影响因素。

综合以上四式，对于跨海桥梁钢管桩，局部冲刷深度的主要影响因素包括三

个方面：水流动力特征(水流行进流速 V，重力加速度 g，行进水深 H，弗劳德数 Fr)；桥桩特征(桥桩宽度 b)；床沙特征(泥沙粒径 d，密度 ρ_s)。故关于跨海桥梁钢管桩局部冲刷深度 h_b 的函数式可表示为

$$h_b = f(V, g, H, Fr, b, d, \rho_s) \tag{4-10}$$

4.3 基于能量平衡理论的局部冲刷深度计算公式

桥梁基础周围存在十分复杂的水流结构，包括桩前壅水、下降水流、桩底马蹄形漩涡、桩侧绕流漩涡、桩后尾流漩涡以及床面附近形成的小漩涡(图 4-1)。

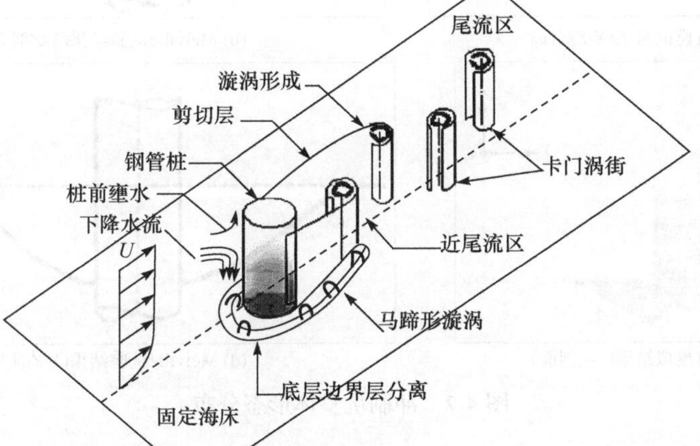

图 4-1　圆柱形桥梁基础周围的水流结构

桥桩的阻水作用引起复杂的三维流态，可将桩前水流分为三层，桩前水面薄层撞击桥桩形成壅水，中层水流在桩前流速为零，产生向下的压力梯度迫使底层水流形成向下射流冲刷床面。向下射流受到河床阻碍同时受中层水流影响，形成向桩前外侧翻滚的马蹄形漩涡，这些中心负压的马蹄形漩涡不断做淘沙运动，将泥沙搬离冲刷坑。Unger 和 Hager[23]、Guan 等[62]的试验结果表明，向下射流及其转化成的马蹄形漩涡是桩前冲刷坑发展的主要原因。

随着局部冲刷的进行，冲刷坑不断发育变大，坑内水流流速降低，泥沙粗化，坑内泥沙抗冲能力增强，直至与水流冲刷作用平衡，此时局部冲刷达到冲淤平衡状态，冲刷坑的深度及宽度不再增加。Unger 和 Hager[23]、Dey 和 Barbhuiya[63]的试验结果表明，达到冲淤平衡状态时的桩前冲刷坑可视为一个坡度等于泥沙休止角的半圆锥体，且局部冲刷的最大值点出现在桩前。

为了得到局部冲刷坑的整体分布形态，这里采用 Flow-3D 软件建立三维数值模型。根据研究单位对杭州湾跨海大桥桩基局部冲刷的观测资料[14]，选取近年来冲刷增幅显著的匝道桥单桩基础，建立三维数值模型(3.3.2 节)。

局部冲刷坑整体形态分布如图 4-2 所示，与 Melville 试验所得结果大致吻合，冲刷坑纵向及侧向坡度约等于泥沙休止角(30°)，局部冲刷最大值点出现在桩前。

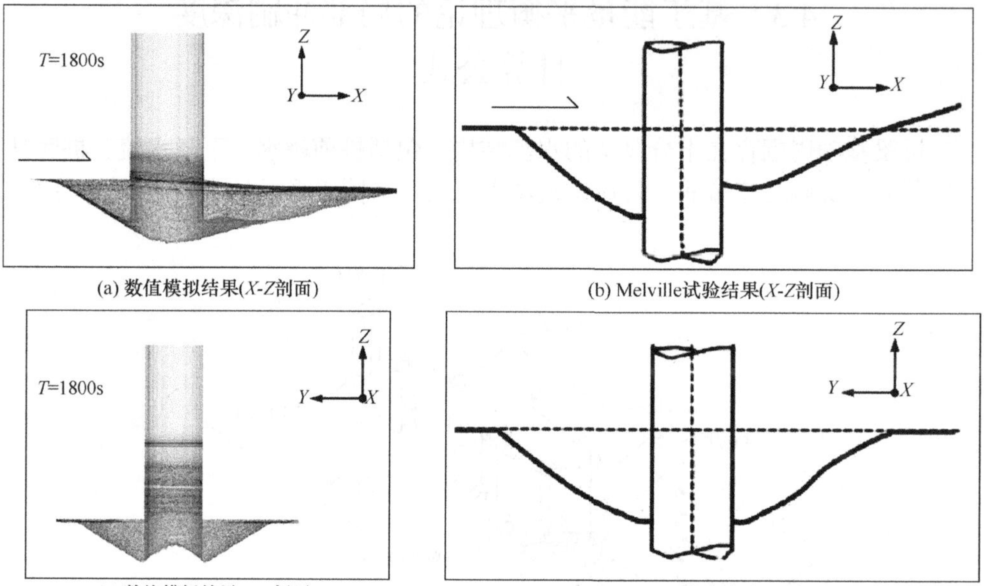

(a) 数值模拟结果(X-Z剖面)　(b) Melville试验结果(X-Z剖面)

(c) 数值模拟结果(Y-Z剖面)　(d) Melville试验结果(Y-Z剖面)

图 4-2　冲刷坑整体形态分布

基于能量平衡理论，推导局部冲刷深度预测公式[64]。由于桩前向下射流及马蹄形漩涡是桩前冲刷坑形成的主要原因，故可认为桩前水体的动能等于搬运桩前泥沙所需的能量。由于实际冲刷情况较为复杂，作者做出了以下简化与假定[64]，排除不必要因素的干扰：

(1) 桥梁基础局部冲刷是在一般冲刷完成的基础上进行的，以下公式中的水深及流速均是一般冲刷完成后的水深及流速。

(2) 局部冲刷完成后的桩前冲刷坑形态为一个高为 h_b、上底半径为 R、下底半径为 r 的半圆台体。

(3) 将被冲走的泥沙看成整体，其质心位于距圆台形冲刷坑上表面 $1/3h_b$ 处。

(4) 圆台形冲刷坑侧壁坡度等于泥沙的水下休止角 φ。

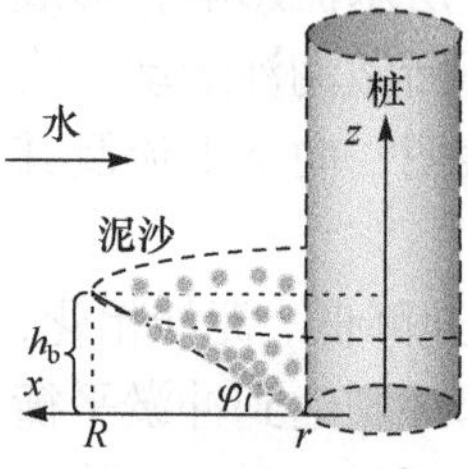

图 4-3　局部冲刷坑计算图

基于以上简化及假设，冲刷坑深度计算如图 4-3 所示。

墩前被冲走的泥沙体积为

$$V_{泥沙}=\frac{1}{2}(V_{圆台}-V_{圆柱})=\frac{1}{6}\pi h_b(R^2+r^2+Rr)-\pi r^2 h_b \tag{4-11}$$

将$R=\dfrac{h_b}{\tan\varphi}+\dfrac{b}{2}$、$r=\dfrac{b}{2}$代入可得

$$V_{泥沙}=\frac{1}{6}\pi h_b\left(\frac{h_b}{\tan\varphi}+\frac{b}{2}\right)^2-\frac{1}{6}\pi\frac{b\tan\varphi}{2}\left(\frac{b}{2}\right)^2-\frac{1}{2}\pi h_b\left(\frac{b}{2}\right)^2 \tag{4-12}$$

简化后得

$$V_{泥沙}=\frac{\pi h_b{}^2}{\tan\varphi}\left(\frac{b}{4}+\frac{h_b}{6\tan\varphi}\right) \tag{4-13}$$

根据张红武和汪家寅[65]提出的天然沙水下休止角公式对泥沙粒径及水下休止角的关系进行描述，可表示为

$$\varphi=32.5+1.27d_{50} \tag{4-14}$$

式中，d_{50}为泥沙中值粒径(mm)。

则搬运墩前冲刷坑内泥沙所做的功W可表示为

$$W=(\rho_s-\rho)V_{泥沙}g\cdot\frac{1}{3}h_b \tag{4-15}$$

式中，ρ_s为泥沙密度(kg/m³)；ρ为水密度(kg/m³)；g为重力加速度(m/s²)。

墩前水体(下降水流、马蹄形漩涡)搬运墩前泥沙的有效动能E可表示为[66]

$$E=\frac{1}{2}m(V^2-V_0'^2)=\frac{1}{2}\rho bHR(V^2-V_0'^2) \tag{4-16}$$

式中，V_0'为始冲流速(m/s)，若无实测资料，则$V_0'=(1/2)V_0$，$V_0=(H/d_{50})^{0.14}\sqrt{17.6ad_{50}+6.05\times10^{-7}(10+H)/d_{50}^{0.72}}$为泥沙起动流速(m/s)，$a=(\rho_s-\rho)/\rho$为泥沙水下相对密度；水深$H$及泥沙中值粒径$d_{50}$的单位均为 m。

基于能量平衡理论，搬运墩前冲刷坑内泥沙所做的功W等于墩前水体的有效动能E，故可得

$$\frac{2}{3}\pi\left(\frac{\rho_s-\rho}{\rho}\right)h_b^2\left(\frac{b}{2}+\frac{h_b}{3\tan\varphi}\right)=\frac{bH(V^2-V_0'^2)}{g} \tag{4-17}$$

将泥沙水下相对密度$a=\dfrac{\rho_s-\rho}{\rho}$代入式(4-17)并简化整理得

$$\left(\frac{h_{\mathrm{b}}}{b}\right)^2=\frac{3}{2\pi}\left(\frac{1}{a}\right)\left(\frac{1}{\dfrac{1}{2}+\dfrac{h_{\mathrm{b}}}{3b\tan\varphi}}\right)\left(\frac{H}{b}\right)\left(\frac{V^2-V_0'^2}{gb}\right) \tag{4-18}$$

即

$$\left(\frac{h_{\mathrm{b}}}{b}\right)^2=f_1(a)f_2\left(\frac{h_{\mathrm{b}}}{b\tan\varphi}\right)f_3\left(\frac{H}{b}\right)f_4\left(\frac{V^2-V_0'^2}{gb}\right) \tag{4-19}$$

区别于现有多数公式主体结构，所建立的公式为关于局部冲刷深度h_{b}的一元三次方程。公式右侧$f_1(a)$表征泥沙密度对冲刷深度的影响；$f_2[h_{\mathrm{b}}/(b\tan\varphi)]$表征冲刷坑自身深度及范围对冲刷深度的影响；$f_3(H/b)$表征深宽比对冲刷深度的影响；$f_4[(V^2-V_0'^2)/(gb)]$表征桥桩弗劳德数对冲刷深度的影响。

由于在式(4-19)推导过程中做出了一定假设，且实际冲刷情况十分复杂，存在许多不可判断的参数影响，故通过冲刷试验数据及现场观测数据对公式的系数及指数进行调整修正，将式(4-18)中$3/(2\pi a)$表示为K，并根据量纲平衡改写成

$$\frac{h_{\mathrm{b}}^3}{3b^3\tan\varphi}+\frac{h_{\mathrm{b}}^2}{2b^2}=K\left(\frac{H}{b}\right)^m\left(\frac{V^2-V_0'^2}{gb}\right)^n \tag{4-20}$$

将式(4-20)两边同时取对数得到多元线性方程：

$$\ln\left(\frac{h_{\mathrm{b}}^3}{3b^3\tan\varphi}+\frac{h_{\mathrm{b}}^2}{2b^2}\right)=\ln K+m\ln\left(\frac{H}{b}\right)+n\ln\left(\frac{V^2-V_0'^2}{gb}\right) \tag{4-21}$$

依式(4-21)建立二元回归模型$Z=b+mX+nY$，其中$Z=\ln\left(\dfrac{h_{\mathrm{b}}^3}{3b^3\tan\varphi}+\dfrac{h_{\mathrm{b}}^2}{2b^2}\right)$，$X=\ln\left(\dfrac{H}{b}\right)$，$Y=\ln\left(\dfrac{V^2-V_0'^2}{gb}\right)$，$b=\ln K$。

选取试验及现场观测数据总计55组对式(4-21)进行拟合，这些数据包括环杭州湾区域三座跨海大桥的试验数据及现场观测数据[30,54,67]，如图4-4所示，三座跨海桥梁均邻近杭州湾海域，潮差大、涨落潮流速急，地质条件为淤泥质海床，其中嘉绍大桥水深8～25m，行进流速6.05～6.7m/s，起动流速0.51～0.75m/s，泥沙类型为细粉土，粒径范围0.02～0.4mm，中值粒径0.065mm，桩径0.75～30m；杭州湾跨海大桥水深10～25m，行进流速1.42～3.46m/s，起动流速0.57～0.84m/s，泥沙类型为细颗粒悬浮泥沙，粒径范围0.004～0.016mm，中值粒径0.049mm，桩径5.2～29.2m；金塘大桥水深4.5～23m，行进流速1.76～3.33m/s，起动流速0.74～1.11m/s，泥沙类型为粉砂，粒径范围0.0037～

0.0134mm，中值粒径 0.027mm，桩径 0.8～27.4m，典型桩基型式见文献[68]。

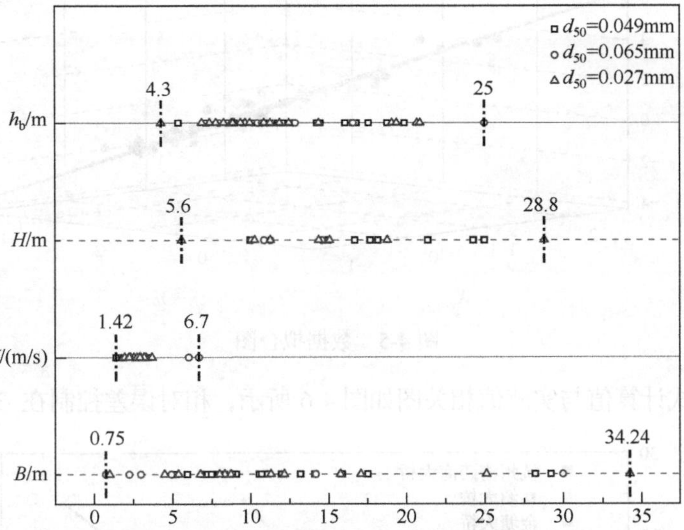

图 4-4　试验及现场观测数据分布图

采用最小二乘法，通过 MATLAB 对以上方程进行线性拟合，可得 $m=0.731$，$n=1$，$b=2.431$。具体拟合参数见表 4-1。

表 4-1　数据拟合参数及优度分析

模型	R	R^2	调整后的 R^2	标准误差
1	0.9371	0.8782	0.9346	1.286

具体的数据拟合分布情况如图 4-5 所示。可见线性拟合效果较好，所得局部冲刷深度预测公式为

$$\frac{h_b^3}{3b^3\tan\varphi}+\frac{h_b^2}{2b^2}=11.37\left(\frac{H}{b}\right)^{0.731}\left(\frac{V^2-V_0'^2}{gb}\right) \tag{4-22}$$

式中，h_b 为局部冲刷深度(m)；b 为阻水宽度(m)，对单桩取桩直径，对群桩取桩群垂直水流方向的分布宽度；φ 为泥沙水下休止角(°)；H 为全潮最大水深(m)；V 为全潮最大流速(m/s)；V_0' 为始冲流速(m/s)，若无实测资料，按 $V_0'=(1/2)(H/d_{50})^{0.14}\sqrt{17.6ad+6.05\times10^{-7}(10+H)/d_{50}^{0.72}}$ 确定，$a=(\rho_s-\rho)/\rho$；g 为重力加速度。

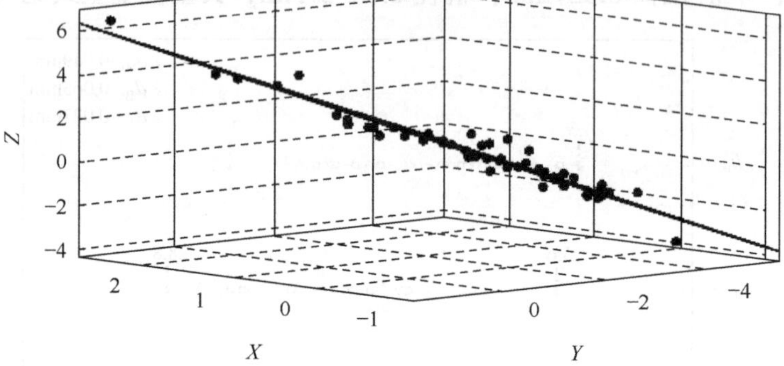

图 4-5 数据拟合图

所得公式计算值与实测值相关图如图 4-6 所示，相对误差控制在−30%～+26%。

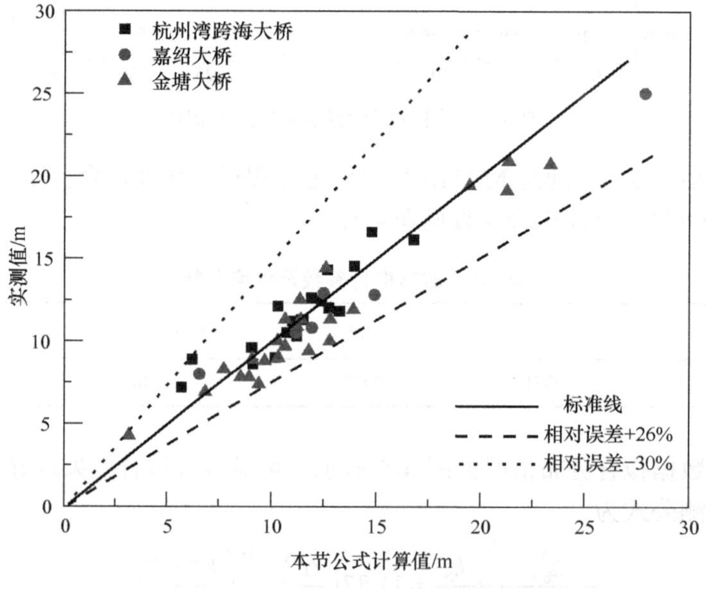

图 4-6 桥梁局部冲刷深度实测值和计算值相关图

4.4 公式验证及比较

另选取 36 组数据作为验证数据集，分为两组，组 1 包括 Sheppard 等[60]、Al-Shukur[69]、Ahmad 等[70]、Ettema 等[71]搜集的试验和实测资料及瓯江大桥部分试验、现场实测数据，共计 16 组，泥沙粒径范围为 0.255～0.7mm；组 2 包括某强潮海湾跨海大桥[72]、苏通大桥[73]、妈屿跨海大桥[73]、某跨江大桥[74]、杭州湾跨海大桥的试验及运营期间现场观测数据，共计 20 组，泥沙粒径范围 0.008～0.2mm。分别运用我国《公路工程水文勘测设计规范》(JTG C30—2015)的65-1修正式及65-2式，美国规范内HEC-18方程，以及本节公式对组1内数据进行计算，具体计算过程及结果见表4-2和图4-7；由于65-1修正式、65-2式、HEC-18方程在淤泥质海床条件下表现出失效性，运用韩海骞公式及本节公式对组2内数据进行计算，具体计算过程及结果见表4-3和图4-8。

表4-2　桥梁局部冲刷计算公式误差分析表(组1)

桥名	b/m	V/(m/s)	d_{50}/mm	H/m	h_b/m					相对误差 δ /%			
					实测	65-1	65-2	HEC-18	本节公式	65-1	65-2	HEC-18	本节公式
明尼苏达州某大桥	4.1	2	0.6	22.4	6.2	7.57	7.39	6.27	6.88	22.10	19.19	1.13	10.97
	4.7	1.8	0.6	16.7	6.5	7.35	6.85	6.30	6.11	13.08	5.38	–3.08	–6.00
路易斯安那州某大桥	4.3	3.2	0.3	11.9	7	16.79	11.95	7.27	8.41	139.86	70.71	3.86	20.14
	4.3	2.9	0.3	9.8	7.7	15.16	10.49	6.79	7.40	96.88	36.23	–11.82	–3.90
	4.3	2.1	0.3	9.3	3.8	10.69	7.44	5.87	5.68	181.32	95.79	54.47	49.47
明尼苏达州某大桥	5.3	1.6	0.48	11.8	4.6	7.55	5.01	6.18	5.22	64.13	8.91	34.35	13.48
	5.4	1.4	0.48	9.5	4.2	6.58	4.39	5.73	4.41	56.67	4.52	36.43	5.00
	5.5	1.1	0.48	8.7	3.1	5.00	3.55	5.17	3.51	61.29	14.52	66.77	13.23
密苏里州某大桥	2.8	1.9	0.7	14.3	4.3	5.42	5.15	4.51	5.13	26.05	19.77	4.88	19.30
	2.8	2	0.7	15.1	3.8	5.74	3.54	4.64	5.41	51.05	–6.84	22.11	42.37
	2.8	1.2	0.7	12.9	3.8	3.12	3.06	3.65	3.45	–17.89	–19.47	–3.95	–9.21
	2.8	1.1	0.7	11	4.3	2.81	2.71	3.44	3.07	–34.65	–36.98	–20.00	–28.60
	2.9	2.3	0.7	14.6	4	6.89	3.89	5.02	6.05	72.25	–2.75	25.50	51.25
温州瓯江大桥	5.5	1.5	0.255	4.11	4.6	9.21	5.55	5.34	3.67	100.22	20.65	16.09	20.21
	5.5	2	0.255	4.11	4.9	12.63	7.54	6.04	4.66	157.76	53.88	23.27	–4.90
	5.5	2.5	0.255	4.11	6.6	16.05	9.53	6.65	5.59	143.18	44.39	0.76	–15.30

表4-3　桥梁局部冲刷计算公式误差分析表(组2)

桥名	b/m	V/(m/s)	d_{50}/mm	H/m	h_b/m			相对误差 δ /%	
					实测	韩海骞公式	本节公式	韩海骞公式	本节公式
某强潮海湾跨海大桥	17.5	1.82	0.011	7.77	9.76	6.93	6.76	–29.00	–30.74
	9.9	2.23	0.011	6.64	10.7	6.54	7.06	–38.88	–34.02
	8.1	2.03	0.011	6.21	10.35	5.77	5.76	–44.25	–44.35
	7.4	1.66	0.011	5.65	8.7	4.94	4.54	–43.22	–47.82

续表

桥名		b/m	V/(m/s)	d_{50}/mm	H/m	h_b/m			相对误差 δ /%	
						实测	韩海骞公式	本节公式	韩海骞公式	本节公式
苏通大桥	北主墩	48.1	3.4	0.16	24.3	28	27.8	22.8	−0.71	−18.57
		48.1	3.18	0.16	24.3	26.2	26.66	21.5	1.76	−17.94
		48.1	2.89	0.16	24.3	22.6	25.1	19.79	11.06	−12.43
		48.1	2.61	0.16	24.3	19.1	23.55	18.07	23.30	−5.39
	南主墩	48.1	3.28	0.12	24.3	26.4	25.91	22.07	−1.86	16.40
		48.1	3.06	0.12	24.3	24	24.8	20.77	3.33	−13.46
		48.1	2.75	0.12	24.3	21.2	23.2	18.91	9.43	−10.80
		48.1	2.48	0.12	24.3	18.4	21.74	17.15	18.15	−6.79
	围堰	68	3.03	0.16	19	21	27	20.71	28.57	−1.38
杭州湾跨海大桥	匝道墩	2.2	4.63	0.049	18.55	9.5	9.62	9.62	1.26	1.26
	中引桥	28.21	2.98	0.049	24.3	15.36	17.65	17.51	14.91	14.00
	北通航孔	10.25	2.42	0.049	21.4	9.3	10.86	10.51	16.77	13.01
	南通航孔	24.8	2.39	0.049	24.3	11.1	14.73	13.93	32.70	25.50
妈屿跨海大桥		24.5	3.8	0.008	27	13.8	14.81	18.51	7.32	34.13
某跨江大桥主桥墩		55	1.7	0.2	23.42	9.81	22.57	11.67	130.07	18.96
		55	1.82	0.2	44.92	10.4	26.71	15.23	156.83	46.44

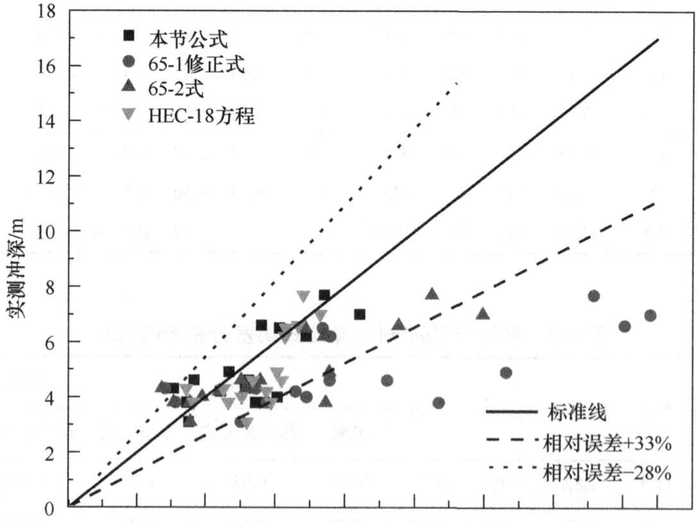

图 4-7　桥梁局部冲刷计算公式误差分析图(组 1)

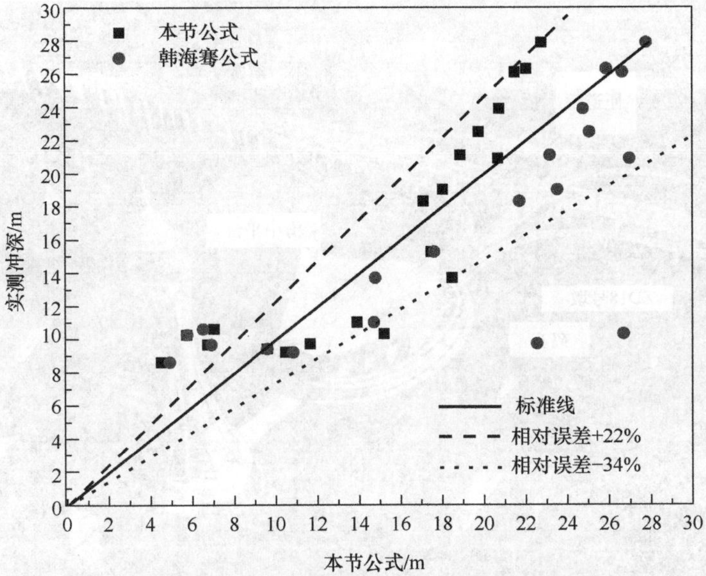

图 4-8　桥梁局部冲刷计算公式误差分析图(组 2)

由图 4-7 可知，对于泥沙粒径为 0.255～0.7mm 的验证数据集组 1，相较于我国规范内 65-1 修正式及 65-2 式，该公式的精度有明显提高，相对误差控制在 –28%～+33%；由图 4-8 可知，对于泥沙粒径为 0.008～0.2mm 的验证数据集组 2，该公式在计算苏通大桥、杭州湾跨海大桥、妈屿跨海大桥、某跨江大桥局部冲刷深度时均展现出良好适用性，相对误差控制在–34%～+22%，与韩海骞公式相似，计算某强潮海湾跨海大桥局部冲刷深度时，相对误差为–47%～–30%，这可能是该公式未能充分考虑强潮影响所致。以上验证结果表明，该公式的适用范围广，且精度较高。

4.5　杭州湾跨海大桥桩基近侧流场分析及冲刷深度预测

杭州湾跨海大桥海中平台桩数多、间距小，平台两侧涨潮流明显加强，一侧与码头夹击水流，对上游相应匝道墩影响较大，运行条件差。匝道桥及海中平台重点观测区如图 4-9 所示，相关单位于 2016 年秋季大潮期间测得匝道桥及海中平台重点观测区地形高程如图 4-10 所示[14]。

受潮流作用影响，海中平台区域流场紊乱复杂，沿着水深各层流速分布不均匀，最大流速可达到 2.94m/s(表 4-4、图 4-11)[14]。

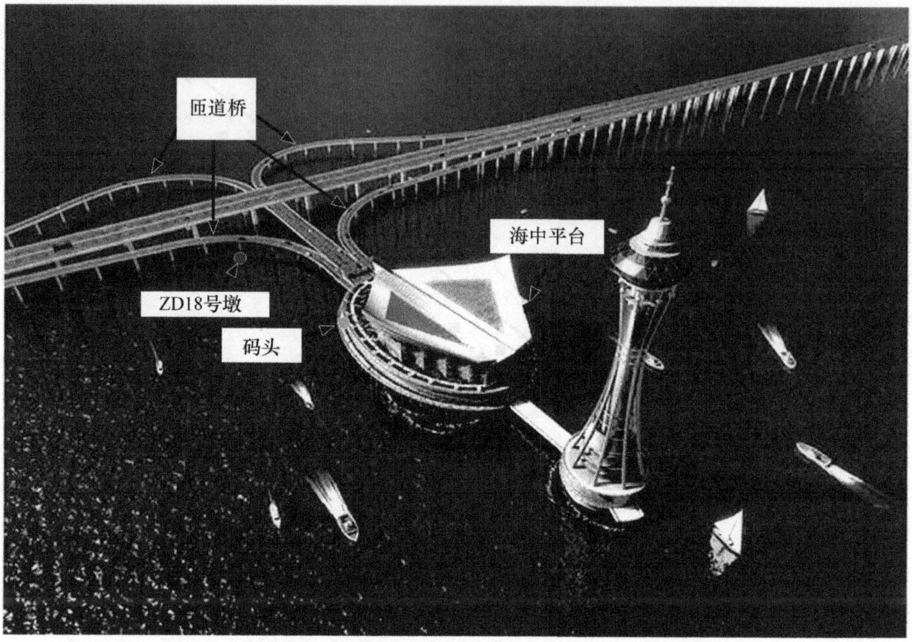

图 4-9　杭州湾跨海大桥匝道桥及海中平台重点观测区

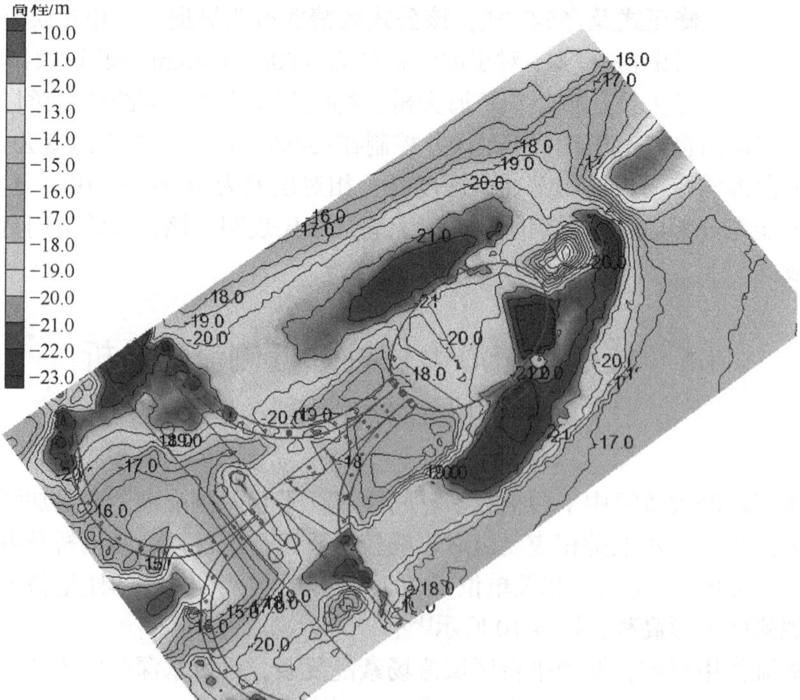

图 4-10　匝道桥及海中平台现场实测地形高程云图

表 4-4　实测各垂线分层最大流速　(单位：m/s)

测区	潮流	表层	0.2*H*	0.4*H*	0.6*H*	0.8*H*	底层
匝道及海中平台区	涨潮	2.8	2.94	2.78	2.63	1.92	1.44
	落潮	2.25	2.34	2.35	2.28	1.74	1.21

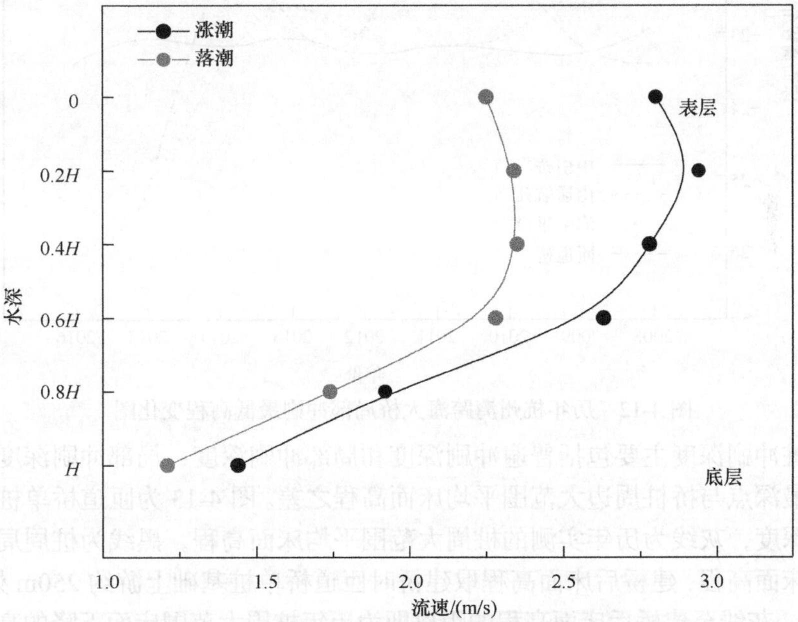

图 4-11　匝道及海中平台区域各垂线分层流速图

2008 年以来，大桥各区域的局部冲刷深度都有不同程度的增幅(表 4-5)。其中，海中平台区域的局部冲刷深度最大，相邻的匝道桥区域的局部冲刷增幅最大(图 4-12)[14]。

表 4-5　历年杭州湾跨海大桥局部冲刷最低高程统计表　(单位：m)

区域	2008 年	2009 年	2010 年	2011 年	2012 年	2013 年	2014 年	2015 年	2016 年	历年最高高程	历年最低高程	历年最大变幅
中引桥	−22.9	−23.4	−23.2	−23.1	23.4	−22.9	−23.3	−22.9	−23.4	−22.9	−23.4	0.5
南通航孔	−23.4	−23.4	−21.9	−21.1	−19.4	−21.5	−21.8	−21.6	−21.7	−19.4	−23.4	4.0
海中平台	−22.2	−22.2	−23.2	−23.1	−23.2	−22.3	−23.3	−25.4	−27.5	−22.2	−27.5	5.3
匝道桥	−21.8	无	−22.6	−20.5	−23.5	−23.1	−21.1	−26.0	−25.8	−20.5	−26.0	5.5

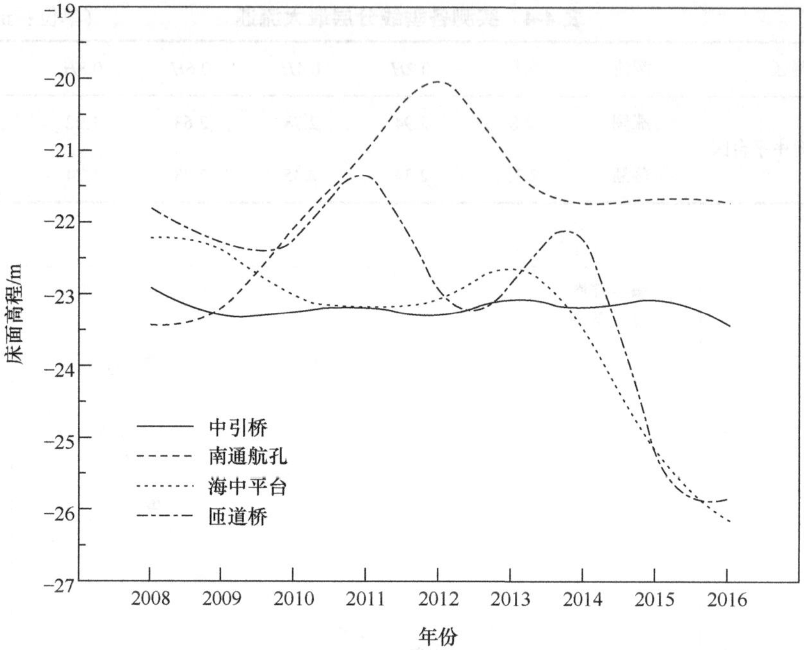

图 4-12　历年杭州湾跨海大桥局部冲刷最低高程变化图

桥桩冲刷深度主要包括普遍冲刷深度和局部冲刷深度，局部冲刷深度相当于冲刷坑最深点与桥桩周边大范围平均床面高程之差。图 4-13 为匝道桥单桩基础实测冲刷深度，灰线为历年实测的桩周大范围平均床面高程，黑线为桩周局部冲刷坑最低床面高程，建桥后床面高程取建桥时匝道桥单桩基础上游约 250m 处高程，为−13m。灰线至建桥后床面高程的距离即为历年桩周大范围床面下降的高度，即普遍冲刷深度；黑线至灰线的距离即为桥桩阻水造成的局部冲刷，即局部冲刷深度。

以下分别利用我国规范内 65-1 修正式、65-2 式和美国联邦公路局(Federal Highway Administration，FHWA)推荐的 HEC-18 方程，计算匝道桥及海中平台区域单桩基础的局部冲刷深度，计算参数及结果见表 4-6 和图 4-14。

表 4-6　ZD18 局部冲刷深度计算参数及结果

b/m	v/(m/s)	h/m	d_{50}/mm	65-1 修正式					
				K_ε	$K_{\eta1}$	v_0/(m/s)	v_0'/(m/s)	n_1	h_b/m
2.2	2.223	13.61	0.049	1.0	4.366	0.808	0.299	0.867	10.668
				65-2 式					
				K_ε	$K_{\eta2}$	v_0/(m/s)	v_0'/(m/s)	n_1	h_b/m
				1.0	1.933	0.2433	0.2433	1.04	40.465
				HEC-18 方程					
				K_1	K_2	K_3	h_b/m		
				1.0	1.08	1.1	4.099		

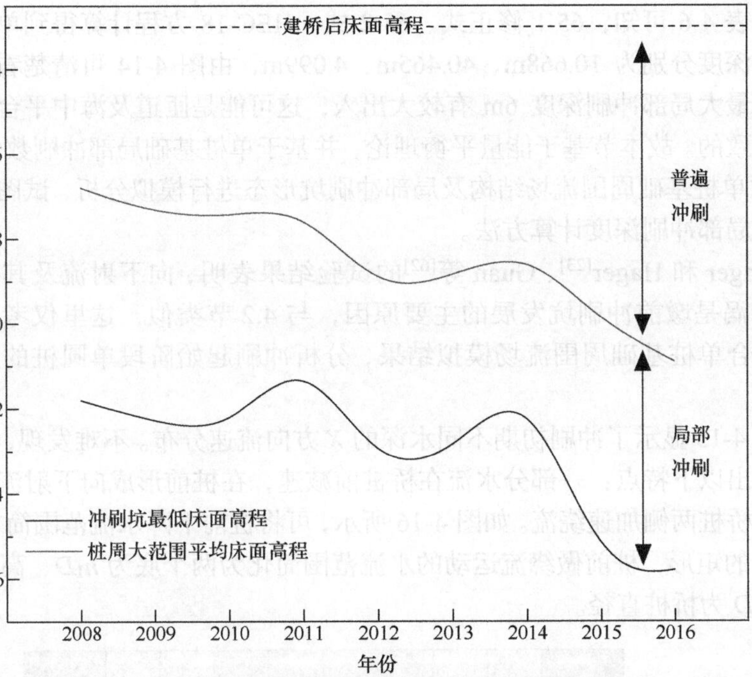

图 4-13　历年杭州湾跨海大桥局部冲刷最低高程变化图

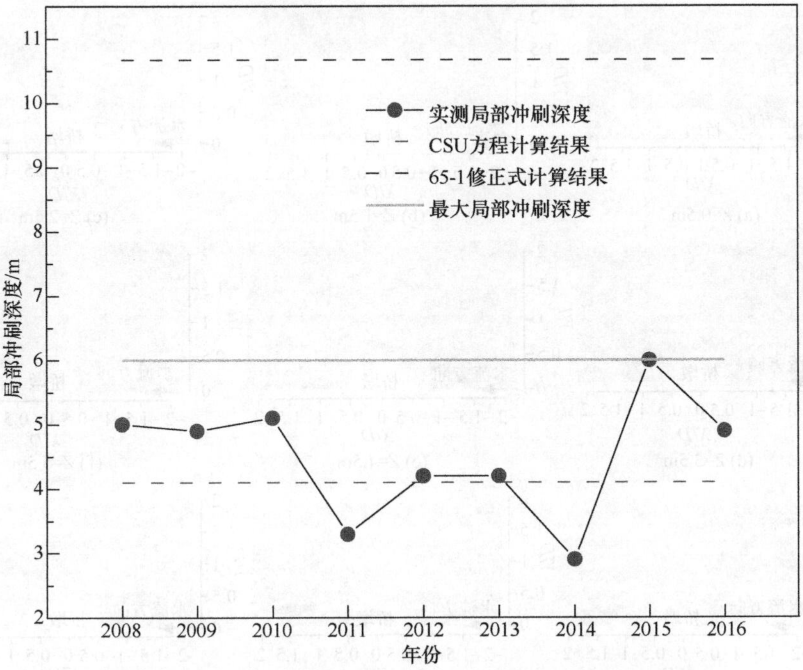

图 4-14　历年杭州湾跨海大桥局部冲刷最低高程变化图

由表 4-6 可知，65-1 修正式、65-2 式、HEC-18 方程计算得到单桩基础的局部冲刷深度分别为 10.668m、40.465m、4.099m，由图 4-14 可清楚看到，均与历年实测最大局部冲刷深度 6m 有较大出入，这可能是匝道及海中平台区流场的复杂性导致的。故本节基于能量平衡理论，并基于单桩基础局部冲刷数值模型(3.3.2 节)，对单桩基础周围流场结构及局部冲刷坑形态进行模拟分析，试图推导出非经验性的局部冲刷深度计算方法。

Unger 和 Hager[23]、Guan 等[62]的试验结果表明，向下射流及其转化成的马蹄形漩涡是墩前冲刷坑发展的主要原因，与 4.2 节类似，这里仅考虑迎水面流场，结合单桩基础周围流场模拟结果，分析冲刷起始阶段单圆桩的迎水面流场结构。

图 4-15 显示了冲刷初期不同水深的 *X* 方向流速分布。不难发现，桥桩前的流场表现出以下特点：一部分水流在桥桩前减速，在桩前形成向下射流；另一部分水流在桥桩两侧加速绕流。如图 4-16 所示，可将桩前下降水流范围简化为长 n_2D、宽 n_3D 的矩形，桩前做绕流运动的水流范围简化为两个底为 n_1D、高为 n_2D 的三角形，*D* 为桥桩直径。

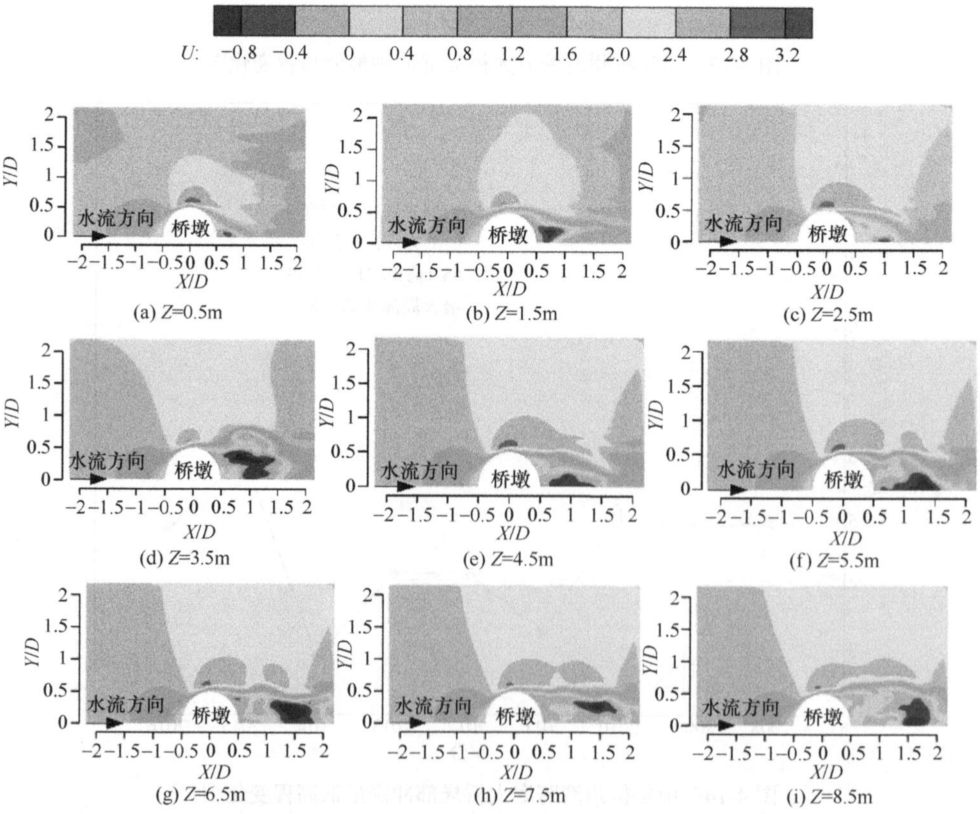

(a) Z=0.5m　(b) Z=1.5m　(c) Z=2.5m

(d) Z=3.5m　(e) Z=4.5m　(f) Z=5.5m

(g) Z=6.5m　(h) Z=7.5m　(i) Z=8.5m

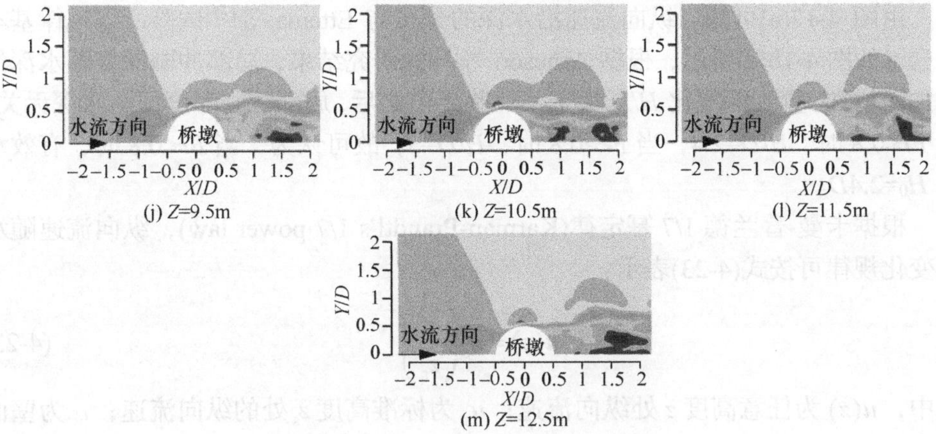

图 4-15　X-Y 剖面 X 方向流速分布图

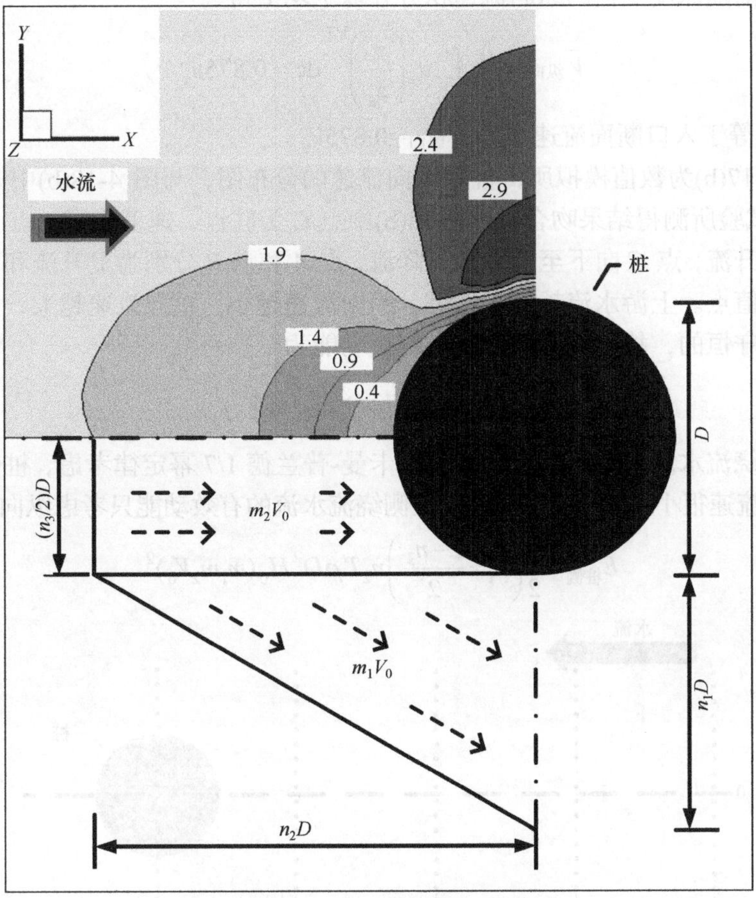

图 4-16　桩前流场简化图

由图 4-17(a)可知，纵向流速沿水深的分布与 Ettema 等[75]试验所得规律基本吻合。如图 4-18(a)所示，根据 Arneson 等[52]的研究结果，局部冲刷深度随水深的增加而增加，直到深宽比 H/D 大于某一临界值之后，局部冲刷深度便与水深无关；当 $Fr\leqslant 0.8$ 时，$H/D=2.4$，当 $Fr>0.8$ 时，$H/D=3$，故可认为，当 $Fr\leqslant 0.8$ 时，有效水深 $H_0=2.4D$。

根据卡曼-普兰德 1/7 幂定律(Karman-Prandtl's 1/7 power law)，纵向流速随水深变化规律可按式(4-23)表示：

$$u(z)=u_{\mathrm{s}}\left(\frac{z}{z_{\mathrm{s}}}\right)^{\alpha} \tag{4-23}$$

式中，$u(z)$ 为任意高度 z 处纵向流速；u_{s} 为标准高度 z_{s} 处的纵向流速；α 为壁面粗糙度系数，海洋水利中取 1/7。

对桩前随深度变化的纵向流速积分并取平均值得

$$\overline{V}_{纵向}=\frac{1}{z_{\mathrm{s}}}\int_{0}^{z_{\mathrm{s}}}u_{\mathrm{s}}\left(\frac{z}{z_{\mathrm{s}}}\right)^{1/7}\mathrm{d}z=0.875u_{\mathrm{s}} \tag{4-24}$$

式中，u_{s} 等于入口断面流速 V_0；$\overline{V}_{纵向}=0.875V_0$。

图 4-17(b)为数值模拟所得桩前垂向流速的分布图，与图 4-18(b)中 Unger 和 Hager[23]试验所测得结果吻合。图 4-18(b)中点 C 为驻点，速度为零，点 C 向上至水面为上升流，点 C 向下至桩底为下降流，点 A 和点 B 分别为上升流和下降流的流速最大值点。上游水流越靠近桥桩，纵向流速越小，垂向流速越大，这个过程中能量是守恒的，故桩前下降水流的有效动能为

$$E_{桩前}=\frac{1}{2}n_2n_3T\rho D^2H_0(m_2V_0)^2 \tag{4-25}$$

桩侧绕流水流的纵向流速同样可按卡曼-普兰德 1/7 幂定律考虑，桩侧绕流水流的垂向流速很小，故忽略不计。则桩侧绕流水流的有效动能只考虑纵向部分，为

$$E_{桩侧}=\frac{1}{2}\left(n_1+\frac{1-n_3}{2}\right)n_2T\rho D^2H_0(m_1m_2V_0)^2 \tag{4-26}$$

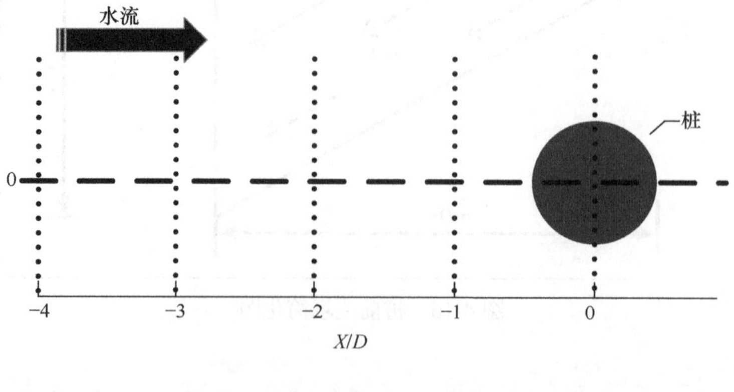

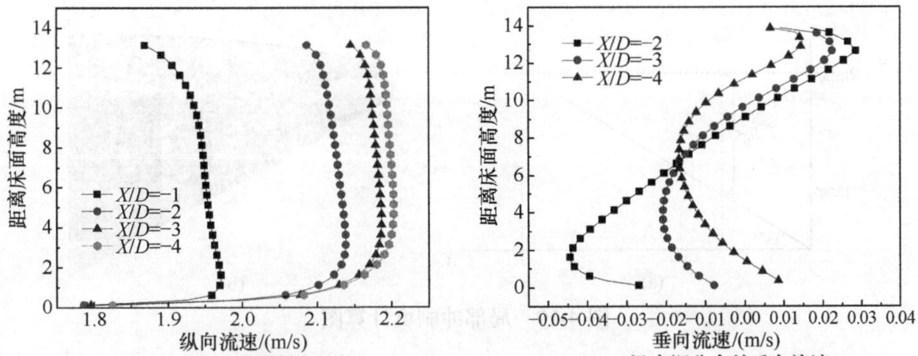

(a) 沿水深分布的纵向流速　　(b) 沿水深分布的垂向流速

图 4-17　桩前流场数值模拟结果

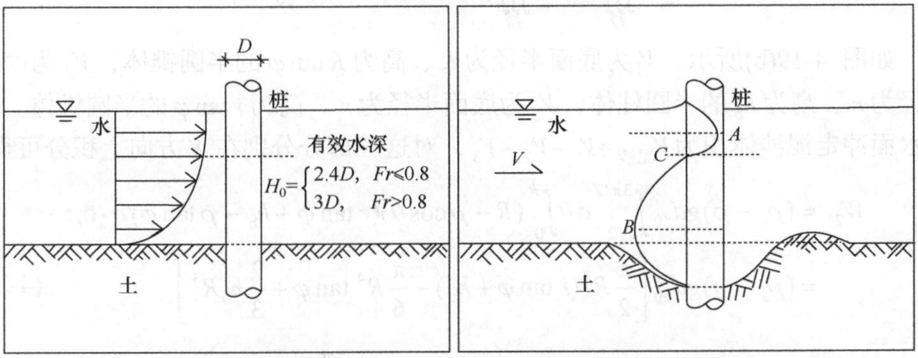

(a) 沿水深分布的纵向流速简化图　　(b) 沿水深分布的垂向流速简化图

图 4-18　ZD18 号桩的桩周流场简化图

基于 4.2 节的 4 点假设，搬运迎水面冲刷坑内泥沙所做的功 W 包括垂向克服重力做功 W_1 与纵向克服泥沙颗粒抗冲阻力所做的功 W_2 两部分。则克服重力做功 W_1 为

$$W_1=(\rho_s-\rho)V_{泥沙}g\cdot\frac{1}{3}h_b \tag{4-27}$$

由于重心 X 方向坐标难以确定，故进行积分。如图 4-19(a)所示，圆锥面是由直线 $z=\tan\varphi\cdot x$ 绕 z 轴旋转而成的，得到圆锥面为 $z=\tan\varphi\cdot\sqrt{x^2+y^2}$ 。

在坑内取一泥沙微元坐标为 (x,y,z) ，则这一小块泥沙受到的抗冲阻力[76,77]为 $(\rho_s-\rho)gd_{50}\cdot\mathrm{d}v$ ；克服泥沙颗粒抗冲阻力搬运这一小块泥沙的路程为 $(R-x)$ ；克服泥沙颗粒抗冲阻力搬运这一小块泥沙的近似功为

$$\mathrm{d}W=(R-x)(\rho_s-\rho)gd_{50}\cdot\mathrm{d}v$$

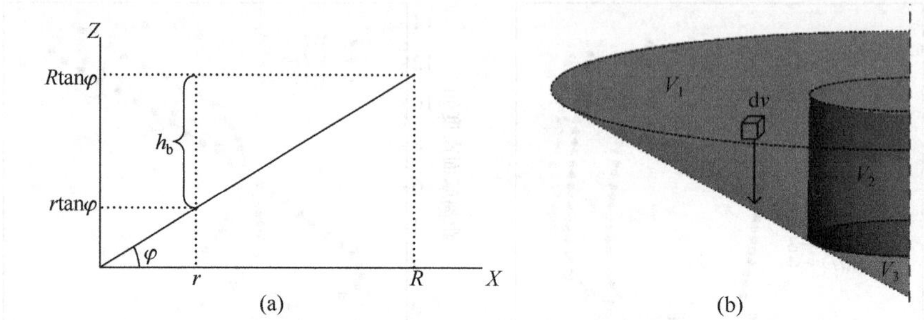

图 4-19　局部冲刷坑计算图

克服泥沙颗粒抗冲阻力搬运全部泥沙做的功为

$$W_2=\iiint_{\Omega}\mathrm{d}W=\iiint_{\Omega}(R-x)(\rho_s-\rho)gd_{50}\cdot\mathrm{d}v$$

如图 4-19(b)所示，V_1为底面半径为R、高为$R\tan\varphi$的半圆锥体，V_2为底面半径为r、高为h_b的半圆柱体，V_3为底面半径为r、高为$r\tan\varphi$的半圆锥体。故迎水面冲走泥沙体积为$V_{泥沙}=V_1-V_2-V_3$，对这三部分分别在X方向上积分可得

$$\begin{aligned}W_{21}&=(\rho_s-\rho)gd_{50}\int_{\pi/2}^{3\pi/2}\mathrm{d}\theta\int_0^R(R-\rho\cos\theta)(r\tan\varphi+h_b-\rho\tan\varphi)\rho\cdot\mathrm{d}\rho\\&=(\rho_s-\rho)gd_{50}\left[\frac{\pi}{2}R^3(r\tan\varphi+h_b)-\frac{\pi}{6}R^4\tan\varphi+\frac{2}{3}h_bR^3\right]\end{aligned}\tag{4-28}$$

$$W_{22}=(\rho_s-\rho)gd_{50}\left(\frac{\pi}{2}R^3r\tan\varphi-\frac{\pi}{6}R^4\tan\varphi\right)\tag{4-29}$$

$$W_{23}=(\rho_s-\rho)gd_{50}\frac{1}{2}\pi r^2h_b\left(\frac{4R}{3\pi}+R\right)\tag{4-30}$$

故克服泥沙颗粒抗冲阻力纵向搬运全部泥沙做的功为

$$W_2=W_{21}-W_{22}-W_{23}=(\rho_s-\rho)gd_{50}\left(\frac{2}{3}+\frac{\pi}{2}\right)h_bR(R^2-r^2)\tag{4-31}$$

搬运迎水面冲刷坑内泥沙所做的功W为

$$W=W_1+W_2=(\rho_s-\rho)gh_b\left[\frac{1}{3}V_{泥沙}+\left(\frac{2}{3}+\frac{\pi}{2}\right)d_{50}R(R^2-r^2)\right]\tag{4-32}$$

桩前流场的有效动能E为

$$E=E_1+E_2=\left[\frac{1}{2}n_2n_3{m_2}^2+\frac{1}{2}\left(n_1+\frac{1-n_3}{2}\right)n_2(m_1m_2)^2\right]T\rho D^2H{V_0}^2\tag{4-33}$$

基于能量平衡理论，搬运迎水面冲刷坑内泥沙所做的功W等于桩前流场的有效动能E，可得

$$k_1 h_b{}^4 + k_2 h_b{}^3 + k_3 h_b{}^2 = \frac{KT\rho D^2 H_0 V_0{}^2}{(\rho_s - \rho)g} \tag{4-34}$$

式中，$k_1 = \dfrac{\pi}{3D\tan^2\varphi} + \dfrac{(4+3\pi)d_{50}}{6\tan^3\varphi}$；$k_2 = \dfrac{\pi D}{12\tan\varphi} + \dfrac{(\pi+2D)d_{50}}{2\tan^2\varphi}$；$k_3 = \dfrac{(4+3\pi)D^2 d_{50}}{12\tan\varphi}$；$K = \dfrac{1}{2}n_2 n_3 m_2{}^2 + \dfrac{1}{2}\left(n_1 + \dfrac{1-n_3}{2}\right)n_2(m_1 m_2)^2$；$T$为时间尺度系数，取$T=100$；$D$为桥桩直径(m)；$d_{50}$为泥沙中值粒径(mm)；$\varphi = 32.5+1.27d_{50}$为泥沙休止角(°)；$\rho$为水密度(kg/m^3)；$\rho_s$为泥沙密度(kg/m^3)；$g$为重力加速度(m/s^2)；$V_0$为来流流速(m/s)；$H_0$为有效水深(m)，$H_0 = \begin{cases} 2.4D, & Fr \leqslant 0.8 \\ 3D, & Fr > 0.8 \end{cases}$，且当$H_0 > H$时取$H_0 =$水深$H$。

利用上述算法，对杭州湾匝道桥单桩基础局部冲刷深度进行验证计算，具体参数见表 4-7。

基于上述利用数值模拟软件得到的匝道桥单桩基础迎水面流场结构，得$n_1=2$，$n_2=2.5$，$n_3=0.75$，$m_1=1.75$，$m_2=1$，代入式(4-34)得$h_b=5.605$m。

表 4-7　试验及现场观测数据

算例	桩宽 b/m	行进流速 V/(m/s)	水深 H/m	泥沙粒径 d/mm	Fr	局部冲刷深度 h_b/m
杭州湾跨海大桥	2.2	2.223	13.61	0.049	0.192	5.9

分别运用 65-1 修正式、HEC-18 方程及上述算法进行误差分析，分析结果如表 4-8 所示。

表 4-8　桥梁局部冲刷计算公式误差分析表

算例	实测局部冲刷深度/m		65-1 修正式	HEC-18 方程	本节公式
杭州湾跨海大桥	5.9	计算值/m	10.668	4.099	5.605
		相对误差/%	+80.81	−30.53	−5.00

上述对比验证结果表明，65-1 修正式的相对误差为+80.81%，HEC-18 方程相对误差为−30.53%，上述算法相对误差为−5.00%，相比较而言，该算法精度较高，具有可靠性。

以表 4-8 的杭州湾匝道桥工况为基础数据，对本节算法中的各项参数(包括桩径 D、流速 V_0、水深 H、泥沙粒径 d)进行敏感度分析。结合实际桥梁、平台等海上建筑物的实际工况，选取各影响参数的范围分别如下：流速 V_0 为 0.2～8m/s；桩径 D 为 0.2～4.4m；泥沙粒径 d 为 0.005～0.1mm；水深为 0.5～10.5m。采取单一变量法，各参数与局部冲刷深度的相关性如图 4-20 所示。

由图 4-20(a)，流速与局部冲刷深度成正相关，随着流速增大，局部冲刷深度增大的速率渐渐放缓；由图 4-20(b)，在取值范围内，桩径与局部冲刷深度近乎正比关系；由图 4-20(c)，泥沙粒径与局部冲刷深度成负相关，泥沙粒径从 0.005mm 增至 0.1mm 时，局部冲刷深度仅下降约 1m，可见相关性并不大；由图 4-20(d)可知，因为有效水深的存在，当水深大于 5.28m 时，与局部冲刷深度表现出无关性。上述参数变化对局部冲刷深度产生的影响趋势，与现场观测和试验研究结果保持一致。

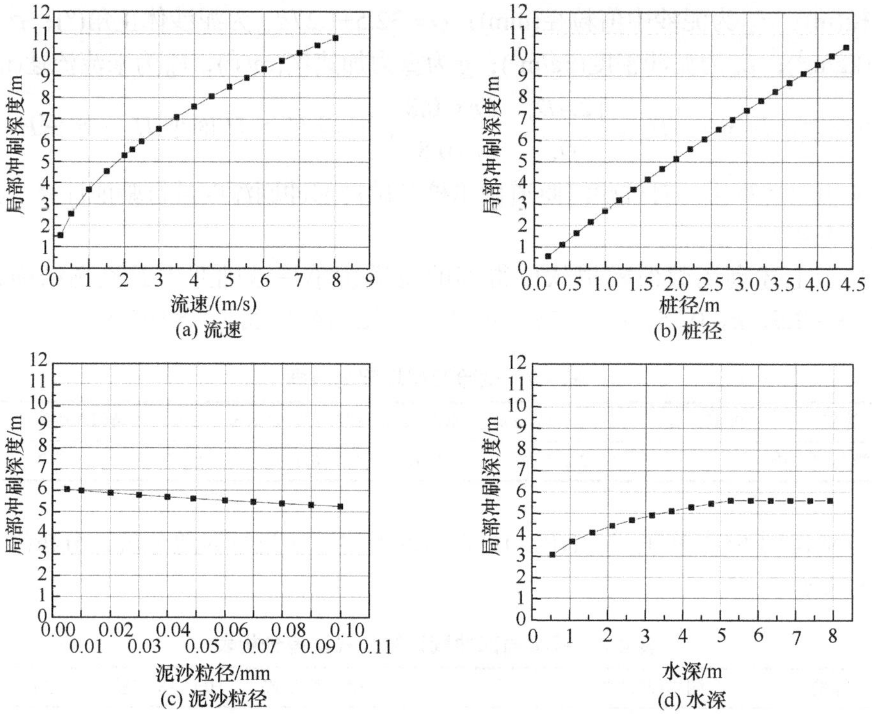

图 4-20　各参数与局部冲刷深度相关性

图 4-21 为各参数敏感性分析图，由图可清楚发现，局部冲刷深度对各参数的敏感性大小为：桩径>流速>水深>泥沙粒径。

表 4-9 为各参数在变化率为−90%、±50%和 100%时，敏感度系数对比。

表 4-9　各参数敏感度系数对比

不确定性因素		局部冲刷深度		敏感度系数
参数	变化率/%	数值/m	变化率/%	
流速	−90	1.54	−72.55	0.8062
	−50	3.69	−34.12	0.6204
	50	7.08	26.51	0.4610
	100	8.06	43.95	0.4309

续表

不确定性因素		局部冲刷深度		敏感度系数
参数	变化率/%	数值/m	变化率/%	
桩径	−90	0.56	−89.99	0.9900
	−50	2.69	−52.01	0.9543
	50	3.19	−42.96	0.9442
	100	3.69	−34.07	0.9371
泥沙粒径	−90	6.03	7.71	−0.0857
	−50	5.98	6.70	−0.0838
	50	5.87	4.81	−0.0801
	100	5.77	3.06	−0.0765
水深	−90	3.06	−45.34	0.5038
	−50	4.68	−16.42	0.3285
	50	5.61	0.00	0.0000
	100	5.61	0.00	0.0000

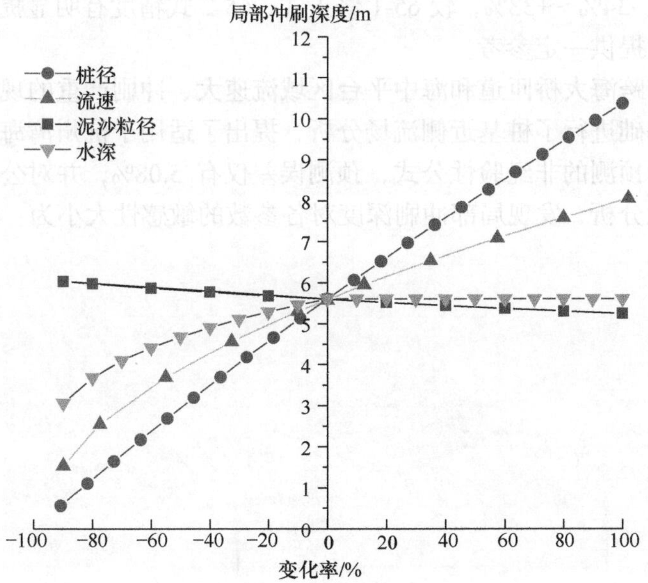

图 4-21　各参数敏感度分析

在实际工程中，桩径、泥沙粒径、水深通常都是确定且不易改变的，对海域建筑来说，水流条件复杂，流速、流向均随时间不断改变。本节算法仅适用于杭州湾匝道桥单桩基础工况。对于不同工况，包括沉井基础、复杂群桩等，可结合数值模拟结果或现场观测数据另行分析桩周流场结构，率定公式相关系数。

4.6 本章小结

结合前人研究成果，认为向下射流及其转化成的马蹄形漩涡是桩前冲刷坑发展的主要原因，并利用 Flow-3D 建立三维数值模型验证了局部冲刷最大值点出现在桩前，且冲刷坑坡度近似等于泥沙水下休止角(30°)的结论。综合我国规范内桥梁基础局部冲刷计算 65-1 修正式、65-2 式，美国规范内 HEC-18 方程以及韩海骞公式，从中筛选出跨海桥梁钢管桩局部冲刷深度的主要影响因素，包括水流行进流速V、重力加速度g、行进水深H、弗劳德数Fr、桥桩宽度b、泥沙粒径d、密度ρ_s。在做出一定合理假设的前提下，考虑桩前冲刷坑内泥沙搬运过程中的能量平衡，建立了概念清晰、精度较高的跨海桥梁钢管桩局部冲刷深度预测公式。公式系数由环杭州湾区域三座跨海桥梁的 55 组试验数据及现场观测数据拟合得到；另行搜集包括苏通大桥、杭州湾跨海大桥、妈屿跨海大桥、瓯江大桥在内的 36 组国内外试验及实测数据，根据泥沙粒径分为两组，对该公式进行验证，并与 65-1 修正式、65-2 式、HEC-18 方程、韩海骞公式对比分析。结果表明，该公式相对误差控制在–34%～+33%，较 65-1 修正式、65-2 式精度有明显提高，能为公路桥梁技术人员提供一定参考。

鉴于杭州湾跨海大桥匝道和海中平台区域流速大、冲刷严重的现状，单独选取匝道桥单桩基础进行了桩基近侧流场分析，提出了适用于杭州湾海域匝道桥基础局部冲刷深度预测的非经验性公式，预测误差仅有 5.08%，并对公式内各影响参数进行敏感性分析，发现局部冲刷深度对各参数的敏感性大小为：桩径>流速>水深>泥沙粒径。

第 5 章 桥梁局部冲刷安全防护对策分析

5.1 概 述

如何有效地对桥梁桩基局部冲刷进行安全防护一直是一个亟须解决的难题。现有的冲刷防护措施可分为主动防护和被动防护两大类。其中，主动防护通过改变水流原有的水力特性，包括降低水流流速，改变流向及流场强度，减弱向下射流和床面漩涡对桩周床面的冲刷效应；被动防护通过提高桩周床面泥沙对来流剪切应力的抵抗能力，来保护桩周泥沙免受冲刷。如图 5-1 所示，主动冲刷防护措施包括护圈、挡板、桥桩开缝、桩前排桩等，可以针对不同工况灵活选择不同的设计，以达到最优的防护效果；被动冲刷防护措施包括铺设防护层、抛石防护、扩大基础等，常用且使用方便，但难以根治冲刷问题，且防护层易损毁，抛石易被冲走，后期维护成本高。

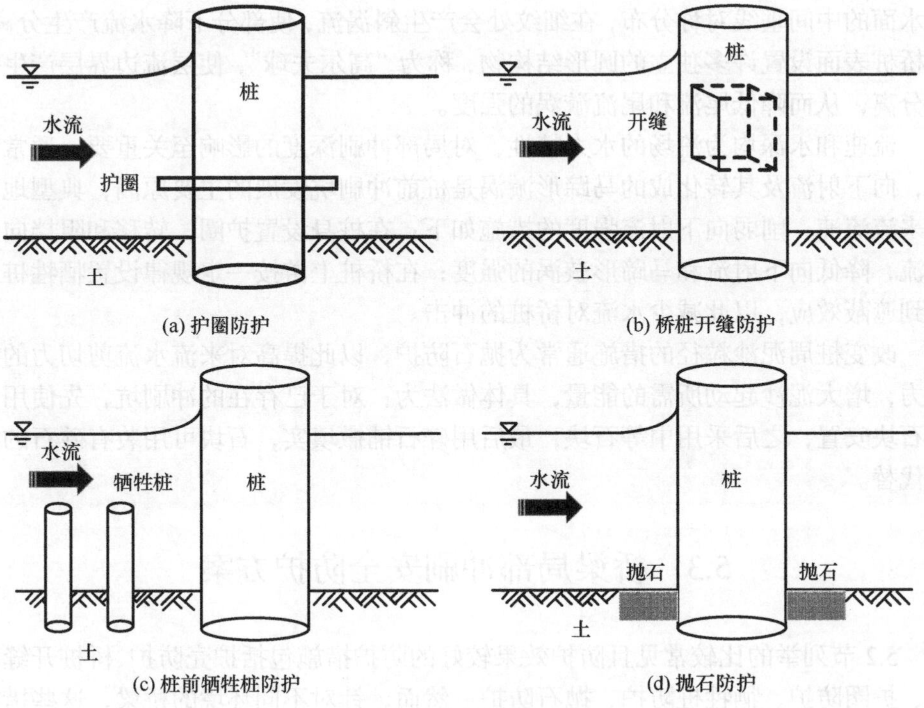

图 5-1 防护措施

水下环境复杂，缺乏相关的防护措施设计规范及标准，使得冲刷防护措施的防护效果不确定，适用范围不统一，在实际工程应用中如果选取不恰当的防护措施，甚至可能适得其反，对桥桩基础的安全稳定造成危害。因此，需要根据桥梁所处水域环境、结构型式、桩基类型，设定多种安全防护方案，通过不同方案的评价分析结果选取合适的防护措施。另外，多种防护措施的结合也是提高桥梁基础防冲刷能力的新思路。

5.2 桥梁局部冲刷安全防护原理

桥桩局部冲刷是桩-土-水三相耦合的复杂问题，局部冲刷深度的影响因素众多[78]，基于第 4 章的分析归纳，筛选出四个最关键的影响因素，且局部冲刷深度对它们的敏感度排序为：桩径>流速>水深>泥沙粒径。显而易见，控制住这四个影响因素的大小，便能将局部冲刷深度控制在安全的范围内。

实际工程中，桩径及桩型一旦确定就难以改变，研究者通常通过间接方法来达到同样的效果，例如，在桥桩中间开缝，使水流在开缝中间穿过，减小了桥桩的阻水面积，变相地减小了桩径；也可以在桥桩表面设置人工粗糙护壳，变相地改变桩型，降低来流强度，称为护壳防护：在桥桩迎水面设置条形粗糙细纹，以迎水面的中间垂线对称分布，在细纹处会产生斜涡流，使部分下降水流产生分离；在桥桩表面设置许多独立的圆形结构物，称为“高尔夫球”，使层流边界层产生扰乱分离，从而降低尾流和尾流漩涡的强度。

流速和水深均为流场的水力特性，对局部冲刷深度的影响至关重要，通常认为，向下射流及其转化成的马蹄形漩涡是桩前冲刷坑发展的主要原因，典型地降低来流流速，削弱向下射流强度的措施如下：在桩身设置护圈，转移和阻挡向下射流，降低向下射流和马蹄形漩涡的强度；在桥桩上游按一定规律设置牺牲桩，起到遮蔽效应，以此减少水流对桥桩的冲击。

改变桩周泥沙粒径的措施通常为抛石防护，以此提高对来流水流剪切力的抵抗力，增大泥沙起动所需的能量，具体做法为：对于已存在的冲刷坑，先使用大型石块安置，之后采用中等石块，最后用碎石铺撒填实，石块可用装有砂石的沙袋代替。

5.3 桥梁局部冲刷安全防护方案

5.2 节列举的比较常见且防护效果较好的防护措施包括护壳防护、桥桩开缝防护、护圈防护、牺牲桩防护、抛石防护。然而，针对不同环境的桥梁，这些措施存在各自的优点和局限性，见表 5-1。

表 5-1　局部冲刷防护措施优缺点对比

措施	优点	缺点
护壳防护	只在桥桩表面处理，不需要考虑其他附属结构物，节约投资，投资效果好，与相同水利、泥沙条件下的光滑桥桩相比，局部冲刷深度减少 20%～30%	“人工细纹”“高尔夫球”的尺寸大小没有统一标准，对于已建成的跨海桥梁，水下安装难度大
桥桩开缝防护	防护效果较好，且不需要后期维护	当开缝与水流夹角较大时，开缝防护会失效，无法应用于已建成的桥梁
护圈防护	防护效果好，成本低，适用于在建、已建的大部分桥梁，后期维护成本低	护圈安装高度需靠近床面，对于水深大的跨海桥梁，安装难度较大
牺牲桩防护	防护效果好，牺牲桩为非承载桩，可同时起到防撞桩的作用	当牺牲桩数量大时，成本相应较高
抛石防护	适用范围广，防护效果十分直接，后期易于修复	是冲刷坑具有一定规模后的被动防治方法，暂时增加防冲能力，抛石易于流失，后期维护频繁，长期运营成本高

由表 5-1 可见，护圈防护、牺牲桩防护、抛石防护是目前跨海桥梁常用的三种防护措施。如图 5-2 所示。

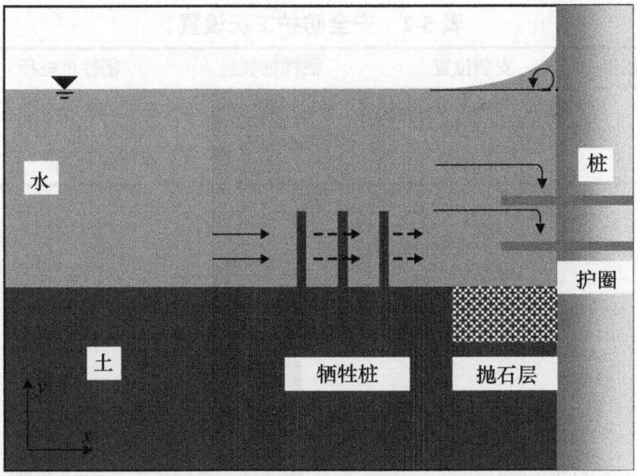

图 5-2　局部冲刷安全防护措施

抛石防护作为被动防护措施，只能暂时增加桩周床面的抗冲能力，随着时间推移，抛石极易流失，需要定期维护修缮，消耗大量人力、物力、财力。相反，主动防护包括设置牺牲桩和护圈，从机理上入手，有效降低局部冲刷深度，维护修缮成本低。故以护圈和牺牲桩作为主要防护措施，具体防护方案如下：

(1) 在桥桩周围适当位置设置护圈，护圈数量为 2 个，安装位置分别为距床面 50%桥桩直径及 1 倍桥桩直径高度处，护圈外径为 2 倍桥桩直径，通过护圈变动下降水流的走向，阻碍桩前向下射流的形成，减弱向下射流对床面的冲击以及马蹄形漩涡的作用。

(2) 在桩前上游 4 倍桥桩直径处设置单根牺牲桩，牺牲桩的桩径为 25%桥桩直径，当上游来流水流进行冲刷时，首先受到牺牲桩的阻挡，消耗了来流水流的动能，降低了水流流速，在牺牲桩尾部形成低速掩护区，削弱了来流水流对桥桩的冲刷强度。

(3) 将护圈防护与牺牲桩防护相结合，一方面降低来流水流能量，另一方面阻碍下降水流的形成。

下面结合数值模拟，针对护圈和牺牲桩的防护效果展开研究。

5.4 桥梁局部冲刷安全防护三维数值模拟

本节对护圈及牺牲桩的防护效果分别进行评估，并研究两种措施组合设置的防护效果。数值验证模型的网格划分方法、边界条件设置、湍流模型选择等与 3.3 节单桩模型保持一致，具体工况及防护措施见表 5-2 及图 5-3。

表 5-2 安全防护工况设置

工况	护圈数量	安装位置	牺牲桩数量	牺牲桩桩径	安装位置
1	2	0.5*D*/*D*	—	—	—
2	—	—	1	*D*/4	4*D*
3	2	0.5*D*/*D*	1	*D*/4	4*D*

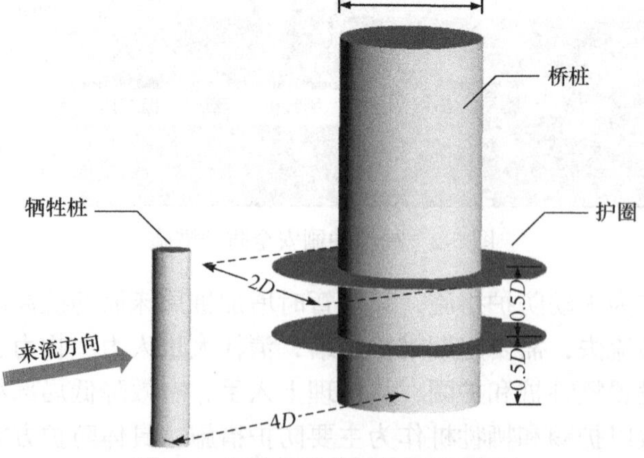

图 5-3 牺牲桩及护圈布置示意图

5.4.1　防护前后流场对比

图 5-4 为工况 1 冲刷起始阶段纵向流速及垂向流速的纵剖面图。由图 5-4(a)可见，桩前 1.5 倍桩径处水流受桩阻作用而出现流速减小的现象；由图 5-4(b)可见，桩前床面至第一个护圈范围内存在马蹄形漩涡，桩后相同位置同样存在马蹄形漩涡，漩涡纵向拉伸至桩后 3 倍桩径。

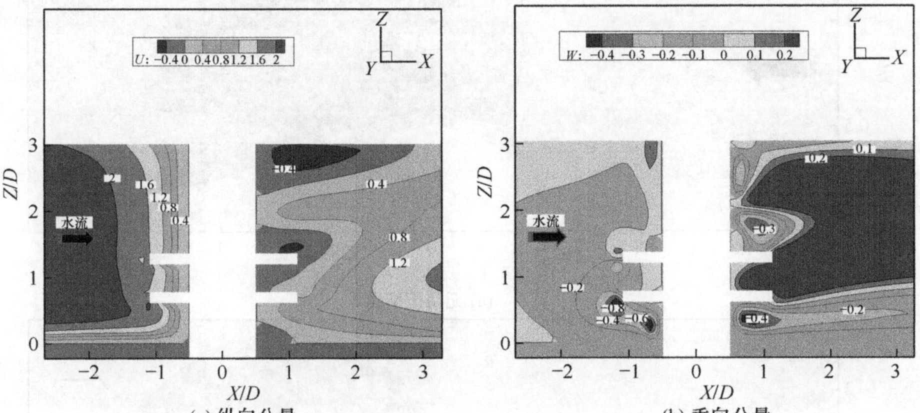

(a) 纵向分量　(b) 垂向分量

图 5-4　冲刷起始阶段桩前流速分布纵剖面图(工况 1)(流速单位：m/s)

图 5-5 为设置护圈前后桩前马蹄形漩涡分布图。可以发现，护圈有效阻断了下降水流的行进路线，耗散削减了大部分下降水流的冲击动能，马蹄形漩涡较防护前范围缩减，流速相应大幅减小，仅形成三个规模十分小的涡系串联在一起，其中两个漩涡位于两个护圈的边缘，靠近床面的漩涡内涡流速达到−0.4m/s，另一个位置较高的漩涡内涡流速仅为−0.2m/s，第三个漩涡位于床面与护圈之间，内涡流速为−0.3m/s。

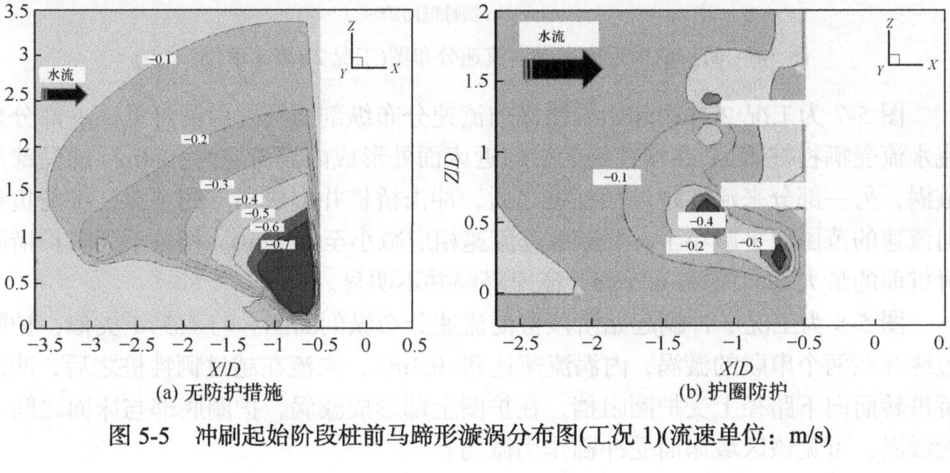

(a) 无防护措施　(b) 护圈防护

图 5-5　冲刷起始阶段桩前马蹄形漩涡分布图(工况 1)(流速单位：m/s)

图 5-6 为工况 2 防护前后冲刷起始阶段近床面纵向流速平面分布图，桥桩受牺牲桩遮挡，来流水流对桥桩的冲击作用降低，桩侧加速区及桩后尾流区均向外侧伸展。

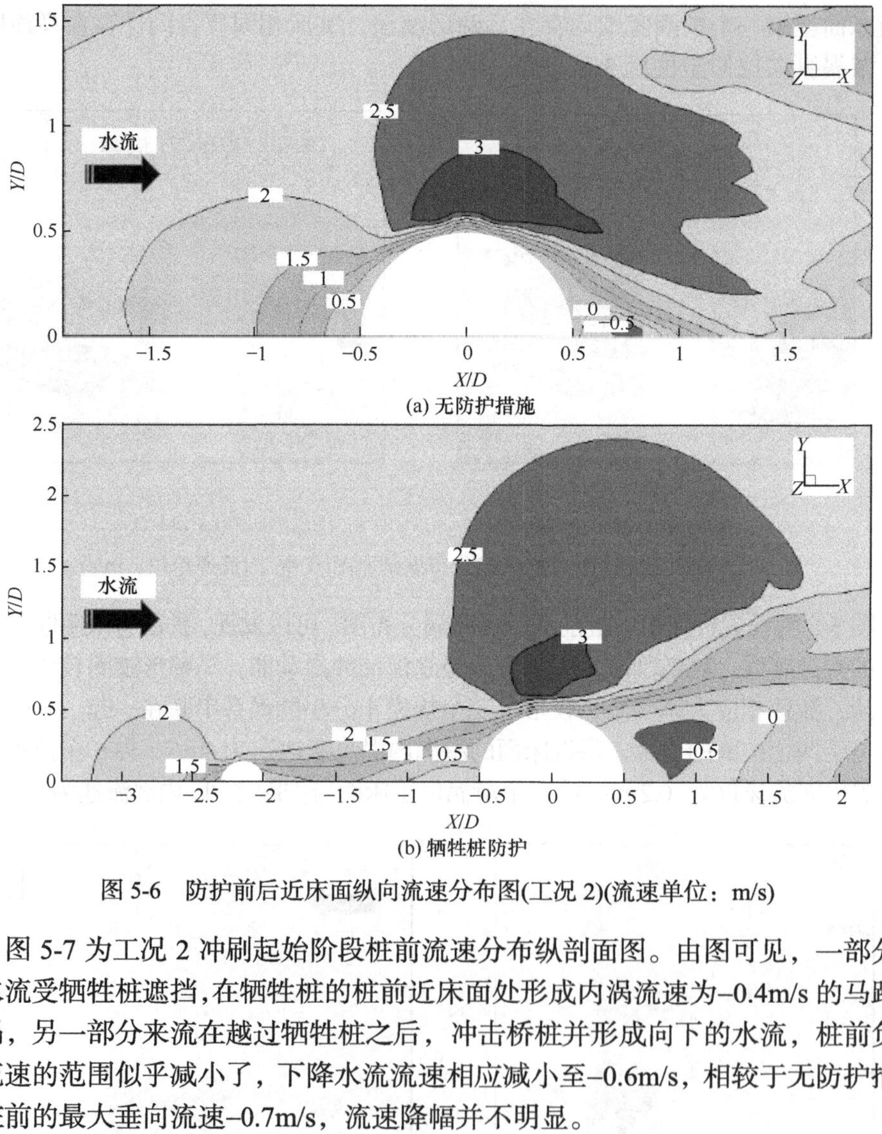

图 5-6　防护前后近床面纵向流速分布图(工况 2)(流速单位：m/s)

图 5-7 为工况 2 冲刷起始阶段桩前流速分布纵剖面图。由图可见，一部分来流水流受牺牲桩遮挡，在牺牲桩的桩前近床面处形成内涡流速为−0.4m/s 的马蹄形漩涡，另一部分来流在越过牺牲桩之后，冲击桥桩并形成向下的水流，桩前负垂向流速的范围似乎减小了，下降水流流速相应减小至−0.6m/s，相较于无防护措施时桩前的最大垂向流速−0.7m/s，流速降幅并不明显。

图 5-8 为工况 3 冲刷起始阶段桩前流速分布纵剖面图。与工况 1 类似，护圈边缘存在两个串联的漩涡，内涡流速达到−0.4m/s，来流在越过牺牲桩之后，冲击桥桩转而向下路径上受护圈阻挡，在护圈上部形成漩涡，护圈底部与床面之间并无漩涡，可见该区域床面受冲刷作用微弱。

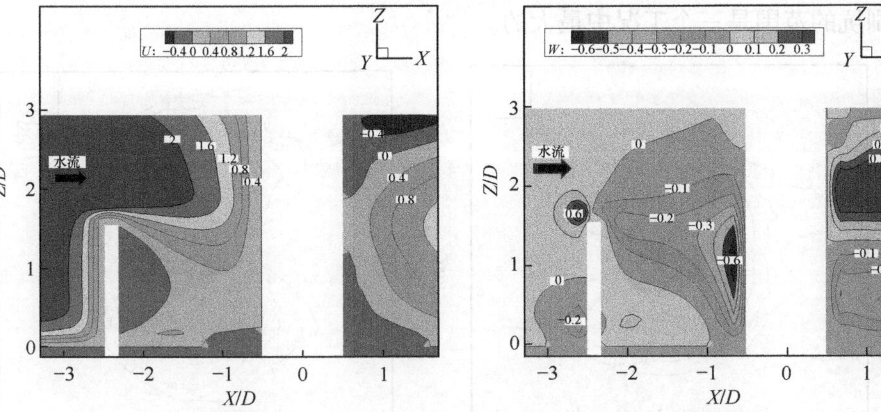

(a) 纵向分量　(b) 垂向分量

图 5-7　冲刷起始阶段桩前流速分布纵剖面图(工况 2)(流速单位：m/s)

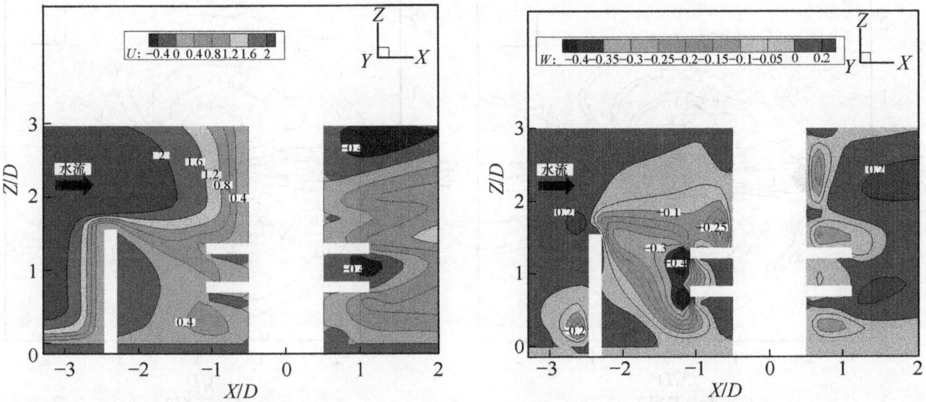

(a) 纵向分量　(b) 垂向分量

图 5-8　冲刷起始阶段桩前流速分布纵剖面图(工况 3)(流速单位：m/s)

5.4.2　防护前后冲刷坑对比

不同的防护工况破坏并重构了不同的桩周流场，相应地冲出了不同形态的局部冲刷坑。如图 5-9 所示，可清晰看到防护前后以及各不同防护工况的局部冲刷坑形态。比较分析图 5-9(a)和(b)，设置护圈防护之后，桩前的冲刷几乎消失了，桩侧的冲刷量也得到一定抑制，最大冲刷深度从无防护措施时的−1.83m 降至−1.34m。比较图 5-9(a)和(c)，牺牲桩的存在扩大了冲刷坑的范围，从牺牲桩前缘扩展成一个“扇形”，牺牲桩与桥桩之间存在一条 0.1m 高程的壅土带，但是桥桩两侧冲刷的抑制效果并不明显。比较图 5-9(a)和(d)，冲刷坑形状同样扩展成“扇形”，桩前及桩侧的冲刷量均得到较好的抑制，桩侧最大冲刷深度为−1.03m，然而冲刷坑的范围是三个工况中最大的。

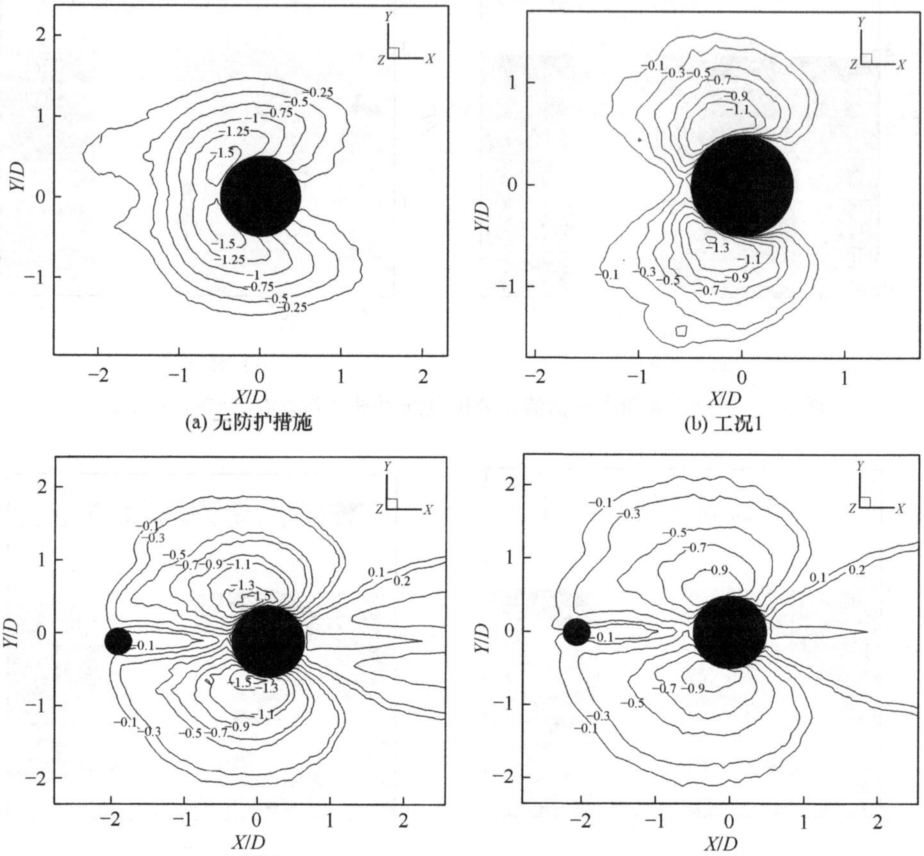

(a) 无防护措施　(b) 工况1　(c) 工况2　(d) 工况3

图 5-9　防护前后河床高程等高线对比图(高程单位：m)

通过上述分析可以发现，三种防护方案的最大冲刷深度位置均出现在桩侧，且桩侧的冲刷范围均有所延展，故通过 *X-Y* 剖面局部冲刷坑高程图比较各防护方案的桩侧冲刷情况。由图 5-10(a)可知，设置护圈之后桩侧床面高程显著上抬，冲刷坑侧壁的坡度仍然保持不变。由图 5-10(b)可知，设置牺牲桩之后，床面高程并无明显波动，冲刷坑侧壁的坡度稍有降低，因此冲刷坑的范围也侧向延伸。由图 5-10(c)可知，护圈与牺牲桩的结合防护效果十分显著，桩侧冲刷深度仅有 50%桩径。由图 5-10(d)可以发现，三种防护方案所得到的局部冲刷深度从小至大排序为：护圈+牺牲桩<护圈<牺牲桩。

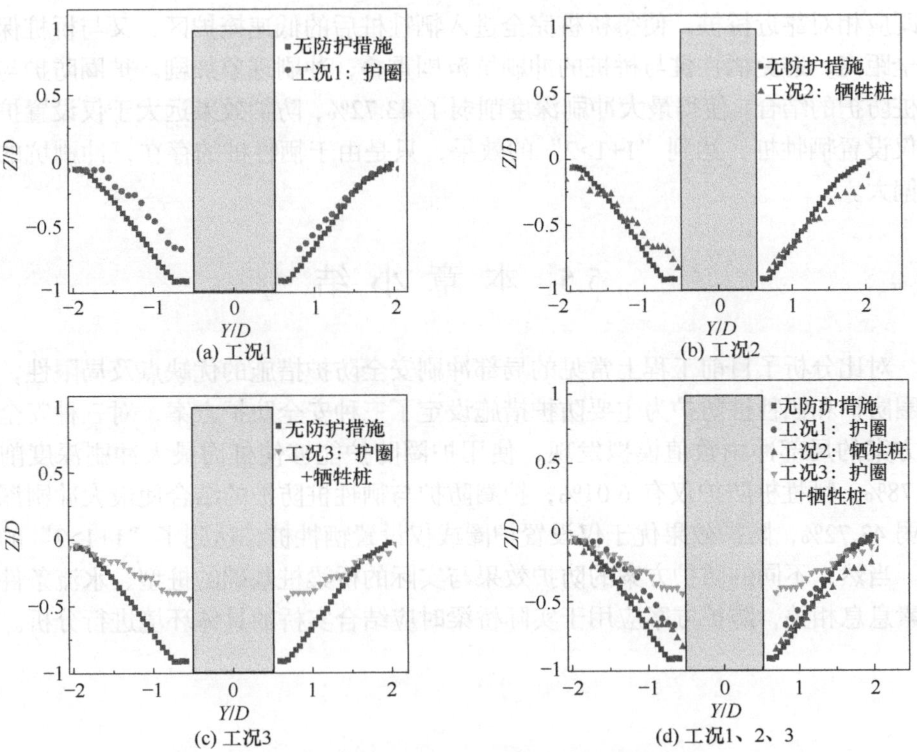

图 5-10　防护前后 *X-Y* 剖面局部冲刷坑对比图

基于上述分析，对三种冲刷防护方案进行评价(表 5-3)。

表 5-3　局部冲刷防护方案评价表

方案	防护措施	冲刷坑范围	最大冲刷深度/m	最大冲刷深度削弱/%
—	无防护措施	小	−1.83	—
1	护圈	中	−1.34	26.78
2	牺牲桩	大	−1.72	6.01
3	护圈+牺牲桩	大	−1.03	43.72

由表 5-3 可知，护圈防护之后的冲刷坑较无防护措施的冲刷坑范围增大了，这可能是由于下降水流受到护圈阻挡后，往护圈外缘扩散，同时部分水流能量被耗散，最大冲刷深度缩减了 26.78%。牺牲桩防护的冲刷坑范围很大，这是来流被牺牲桩阻挡往两侧分流导致的，设置牺牲桩仅使最大冲刷深度缩减了 6.01%，牺牲桩防护效果不理想的原因可能有以下两点：①牺牲桩桩径选取过小，不能对下游桥桩起到很好的遮蔽效果；②牺牲桩与受防护桥桩的桩间距选取不适宜，牺牲

桩既应相对靠近桥桩，使得桥桩完全进入牺牲桩后的低速掩护区，又与桥桩保持安全距离，避免牺牲桩与桥桩的冲刷坑范围重叠，冲刷现象加剧。护圈防护与牺牲桩防护的结合，使得最大冲刷深度削弱了 43.72%，防护效果远大于仅设置护圈或仅设置牺牲桩，达到“1+1>2”的效果，只是由于牺牲桩的存在，冲刷坑的范围偏大。

5.5 本章小结

对比分析了目前工程上常见的局部冲刷安全防护措施的优缺点及局限性，以护圈防护和牺牲桩防护为主要防护措施设定了三种安全防护方案，对三种安全防护方案的局部冲刷数值模拟发现，使用护圈防护能够使桩周最大冲刷深度削弱 26.78%，牺牲桩防护仅有 6.01%，护圈防护与牺牲桩防护的结合使最大冲刷深度削弱 43.72%，防护效果优于仅设置护圈或仅设置牺牲桩，达到了“1+1>2”的效果。当然，不同的防护方案的防护效果与实际的桥梁桩基础的桩型、水流条件等因素息息相关，防护方案应用于实际桥梁时应结合实桥的具体环境进行分析。

第 6 章　桥梁局部冲刷物模试验和现场监测

6.1　概　　述

冲刷是水流在可侵蚀河床上由水动力作用引起的一种自然现象。人们对冲刷演变过程的认识，通常是从现场实际勘探和监测开始的。对河流长期现场监测数据资料进行综合分析，逐步形成了河床冲刷演变的初步规律。冲刷现场监测能够对原型进行研究，形成定性认识，不存在数模(数学模型)参数选择的问题和物模(物理模型)试验因缩尺带来的影响。另外，现场监测结果还起到提供物模试验的设计参数及验证模型结果正确性的作用。随着监测的手段方法日益增多，监测精度也得到提高，对于解决工程实际问题起着十分重要的作用。

物模试验对河床冲刷演变进行预测也是重要的研究手段。物模试验的实际应用可以追溯到 100 多年前，使得物模理论基础的相似准则已经趋于成熟。物模试验分为定床试验和动床试验两种。定床试验早已达到成熟的阶段，其试验结果相当可靠。近年来，动床试验在模型设计及运行等方面积累了足够丰富的经验，试验结果的可靠性也明显提高。在工程实际问题的设计研究阶段，为了深入了解冲刷深度等特定问题，需要进一步使用物模试验方法[79]。

6.2　物 模 试 验

桥梁的基础冲刷是一个十分复杂的过程，涉及桩-土-水的三项耦合，特别是跨海大型桥梁，所处海域洋流大、潮差大、海底暗流复杂、水动力条件恶劣，难以通过计算公式及数值模拟揭示其内在冲刷机理，开展物模试验仍是主流且较为有效的研究方法。近年来，国内外学者开发了不同的试验模型研究复杂的桥梁基础局部冲刷。

1. 单桩试验

针对单桩冲刷的物理模型试验研究较多，较为经典的有 Melville[1]试验(见 3.3 节)、Ettema[2]试验、Roulund 等[34]试验。Ettema 通过物模试验研究了在流速相同条件下，直径不同的桩体尾流漩涡(即尾流漩涡脱落的频率和涡量大小)对冲刷深度的影响。结果表明，桩的直径越大，脱落频率和涡量越小，对河床泥沙的运输能力随之减小，冲刷深度也相应地减小。Roulund 重点观测了单圆桩的桩前及桩后冲刷坑侧壁随时间的发展变化，以及平衡冲刷坑的具体形态，如图 6-1 和图 6-2 所示。

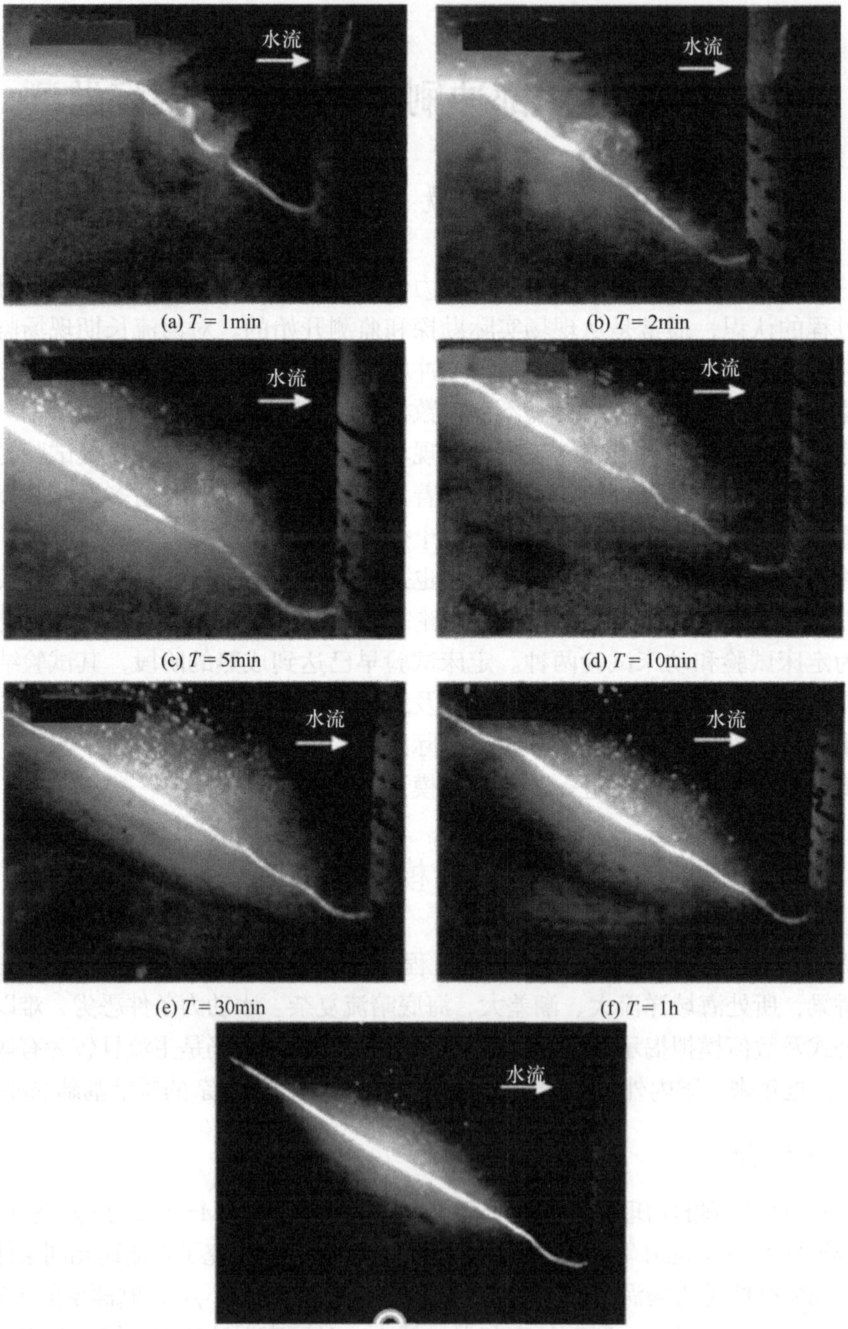

(a) $T = 1\text{min}$　(b) $T = 2\text{min}$

(c) $T = 5\text{min}$　(d) $T = 10\text{min}$

(e) $T = 30\text{min}$　(f) $T = 1\text{h}$

(g) $T = 2\text{h}$

图 6-1　恒定流作用下圆形桩前冲刷的可视化[34]

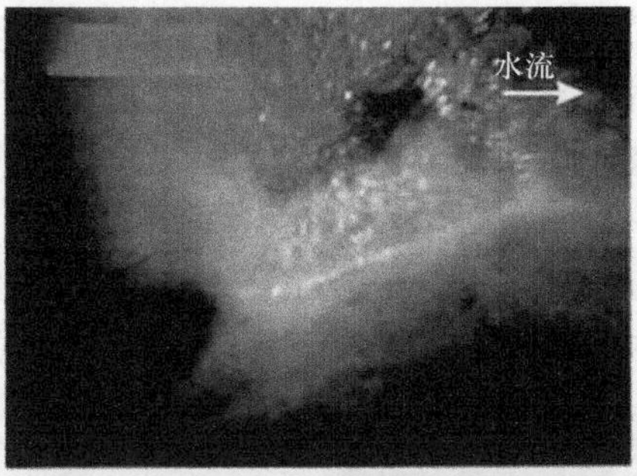

(a) $T = 1$min

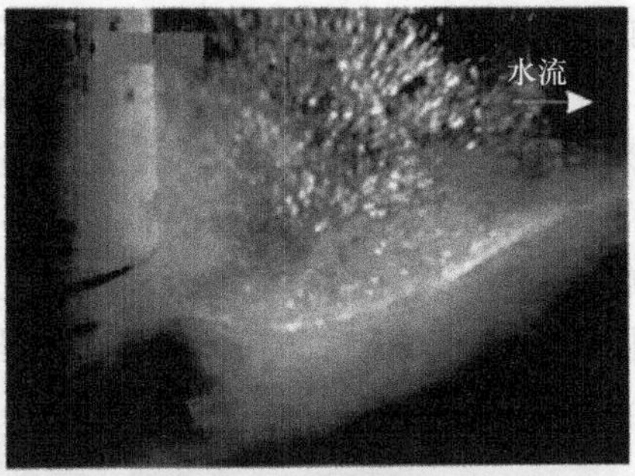

(b) $T = 2$min

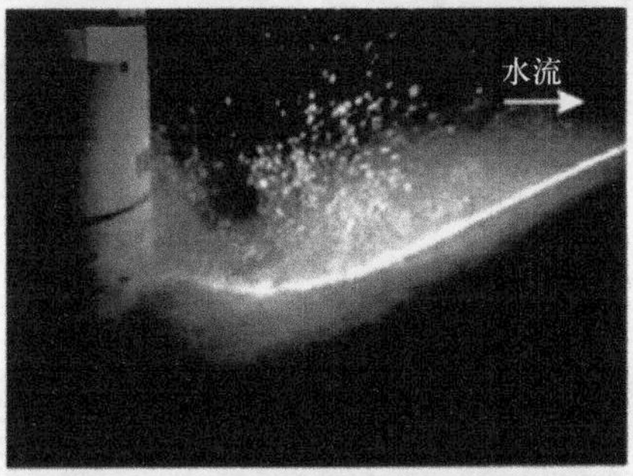

(c) $T = 5$min

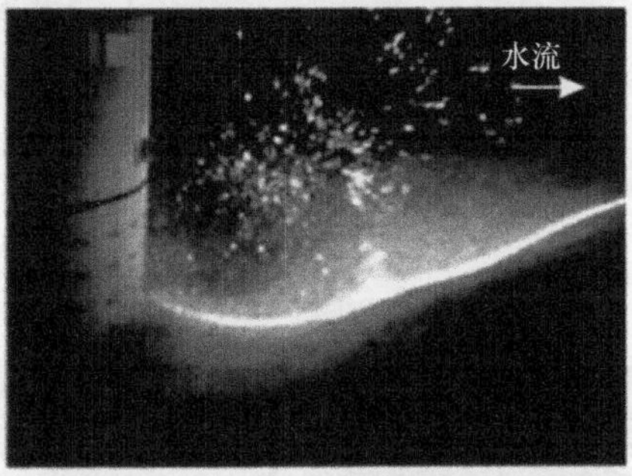

(d) $T = 10$min

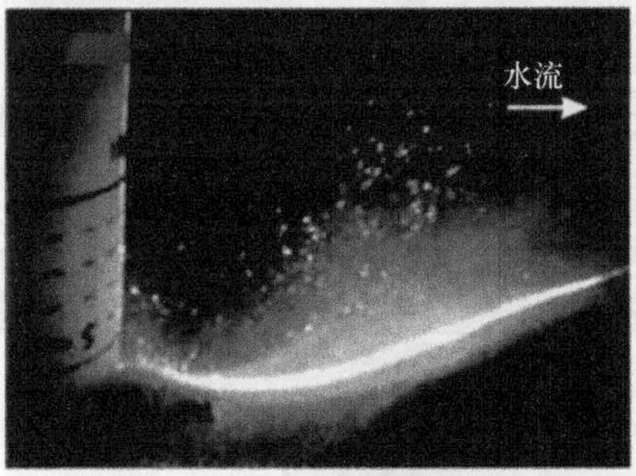

(e) $T = 30$min

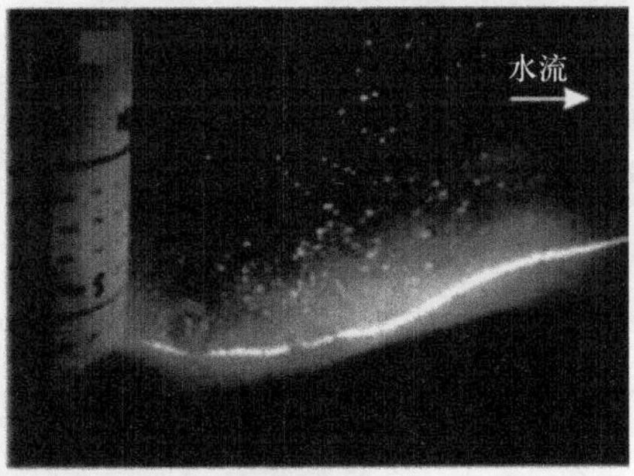

(f) $T = 1$h

(g) $T = 2$h

图 6-2　恒定流作用下圆形桩后冲刷的可视化[34]

如图 6-3 所示，Khosronejad 等[80]比较了圆桩及方桩达到平衡冲刷的床面形态。如图 6-4 所示，Hassanzadeh 等[81]增加探讨了流线型桥桩的冲刷坑分布。另有 Yu 等[82]对复合桶形基础的局部冲刷情况进行了研究(图 6-5)。综合比较发现，局部冲刷坑的最大冲刷深度均出现在桩前。

赵威和呼和敖德[83]采用粒子图像测速(particle image velocimetry，PIV)技术研究了圆柱形单桩冲刷坑的动态演变过程中尾流特征的变化，发现在尾流区域中，

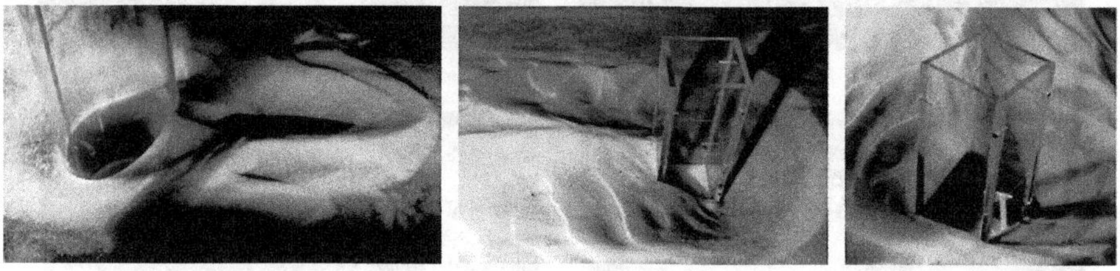

(a) 圆柱体　(b) 方形　(c) 菱形

图 6-3　不同桩型达到平衡冲刷的床面形态[80]

图 6-4　流线型桥桩的冲刷分布[81]

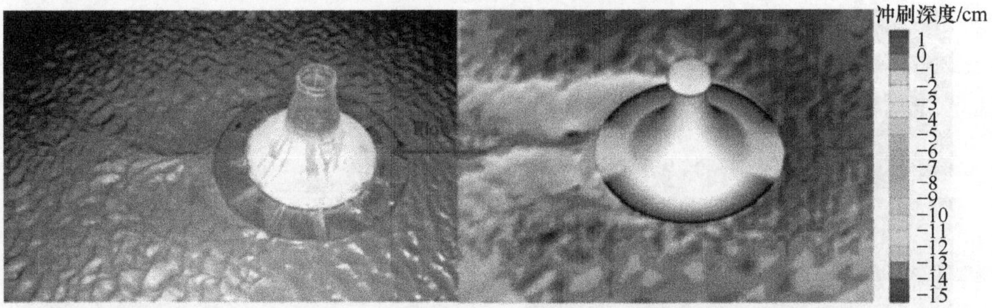

(a) 实际照片　　(b) 地形图

图 6-5　复合桶形基础的冲刷分布[82]

平均剪应力相对较低，而垂向涡量和湍流强度相对较高，认为圆柱单桩尾部产生的冲刷坑主要是由于尾流漩涡和湍流的存在。Dey 和 Raikar[84]采用声学多普勒流速仪(acoustic Doppler velocimeter，ADV)观测了单桩在定床冲刷过程中的流场特征(主要包括流速、湍流动能、雷诺应力)，重点讨论了马蹄形漩涡的发展特征，并分析了河床切应力的变化。结果发现，随着冲刷坑的发展，马蹄形漩涡的尺度变大，而下游的马蹄形漩涡越来越弱；在整个冲刷坑发展的过程中，单桩桩前的剪应力一直大于临界剪应力，而在达到冲刷平衡状态时，桩前剪应力减小到小于临界剪应力。

严建科等[85]研究了单向流作用下桥墩绕流试验。水槽的设计尺寸为长 15m、宽 1.5m、高 0.7m，配置有独立的水循环系统及超声波流速仪测量圆柱不同方位角度的桩周流速(图 6-6、图 6-7)。试验过程中发现，随着断面的流速增大，水流在圆柱处发生挤压绕流现象，边界层相分离，出现方向相反的 2 个对称旋转的漩涡，然后漩涡拉长波动，最后交替脱落，形成著名的卡门涡街现象(图 6-8)。

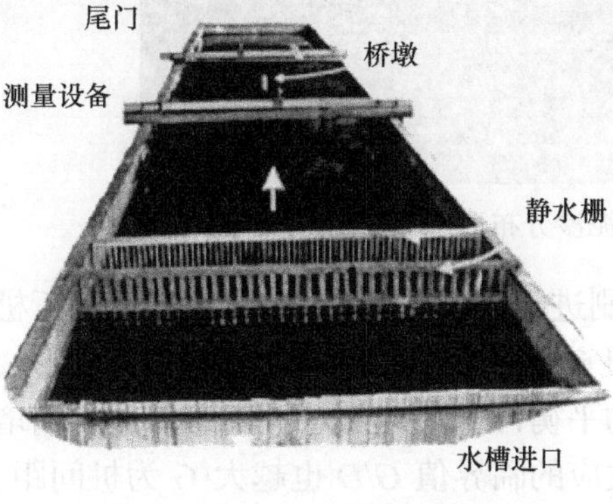

图 6-6　试验水槽立体图[85]

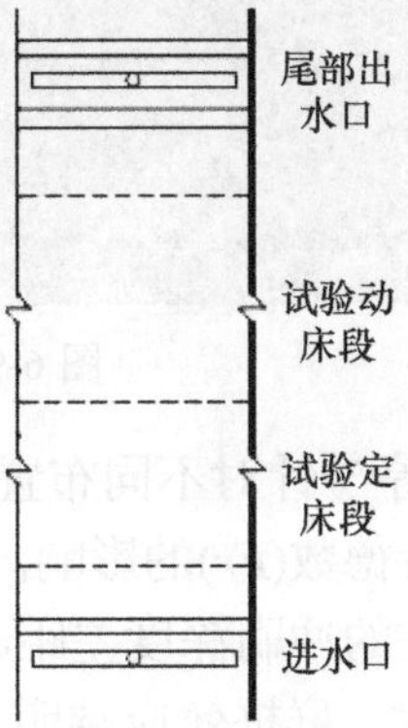

图 6-7　试验水槽平面布置图[85]

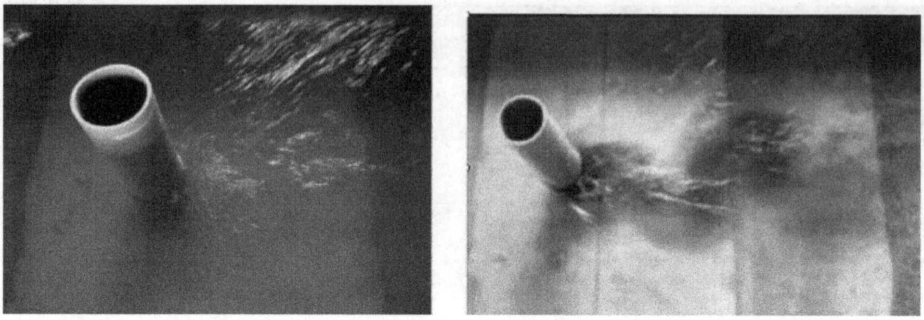

图 6-8　试验中的圆柱绕流流态(卡门涡街)[85]

2. 群桩试验

Ataie-Ashtiani 等[86]开展了床面与承台面平齐的局部冲刷试验，得到承台周围的床面泥沙分布形态(图 6-9)。

图 6-9　承台周围床面泥沙分布形态[86]

Yang 等[87]针对不同布置形式的群桩冲刷进行了试验研究，主要目的是分析桩间距和弗劳德数(*Fr*)的影响。如图 6-10 和图 6-11 所示：*Fr* 越小，随着时间变化，前桩与后桩的冲刷深度差距越明显，桩群的平衡冲刷深度随着桩间距的减小而增大；*Fr* 越大，群桩效应越明显，代表群桩效应的临界值 *G*/*D* 也越大(*G* 为桩间距；*D* 为桩径)。

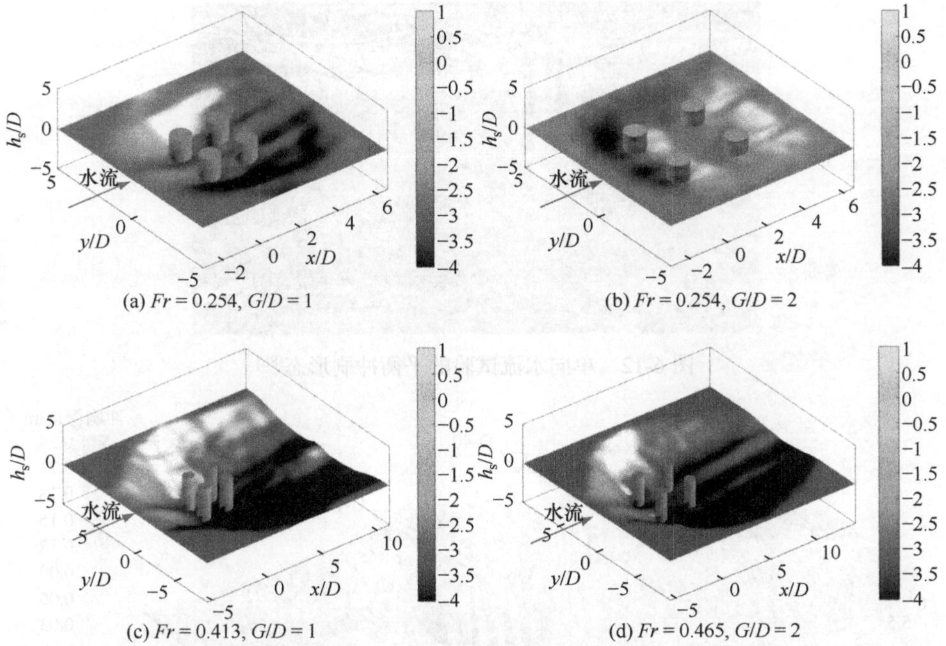

(a) $Fr = 0.254$, $G/D = 1$　(b) $Fr = 0.254$, $G/D = 2$

(c) $Fr = 0.413$, $G/D = 1$　(d) $Fr = 0.465$, $G/D = 2$

图 6-10　2×2 群桩冲刷坑形态[87]

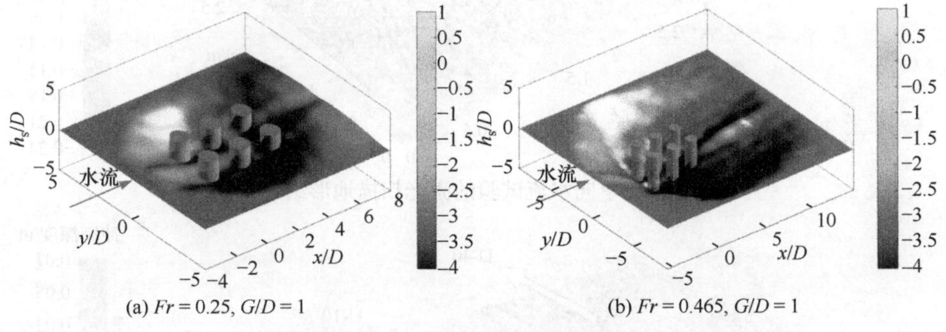

(a) $Fr = 0.25$, $G/D = 1$　(b) $Fr = 0.465$, $G/D = 1$

图 6-11　2×3 群桩冲刷坑形态[87]

Ma 等[88]根据实桥工程背景，设置 49 根呈哑铃型分布的桩群，分别进行了单向水流及潮流冲刷试验，得出结论认为：单向水流试验中，冲刷坑呈勺形，最大冲刷深度出现在上游群桩中部(图 6-12、图 6-13)；潮流试验中，上下游桩群存在两个类似的浅冲刷坑，潮汐往复流的循环往复次数对冲刷深度发展有明显影响，潮汐作用下充分循环后的最大冲刷深度可达单向最大冲刷深度的 77.71%(图 6-14)。

图 6-12　单向水流试验的平衡冲刷形态[88]

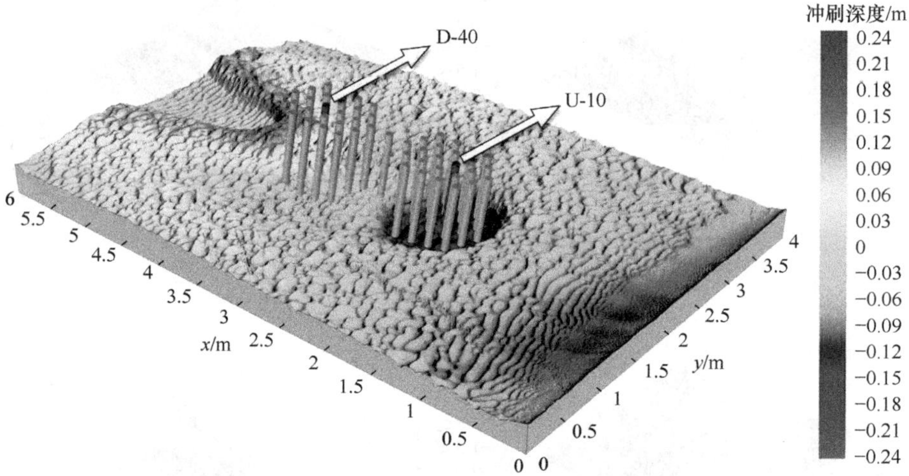

图 6-13　单向水流试验的激光扫描地形结果[88]

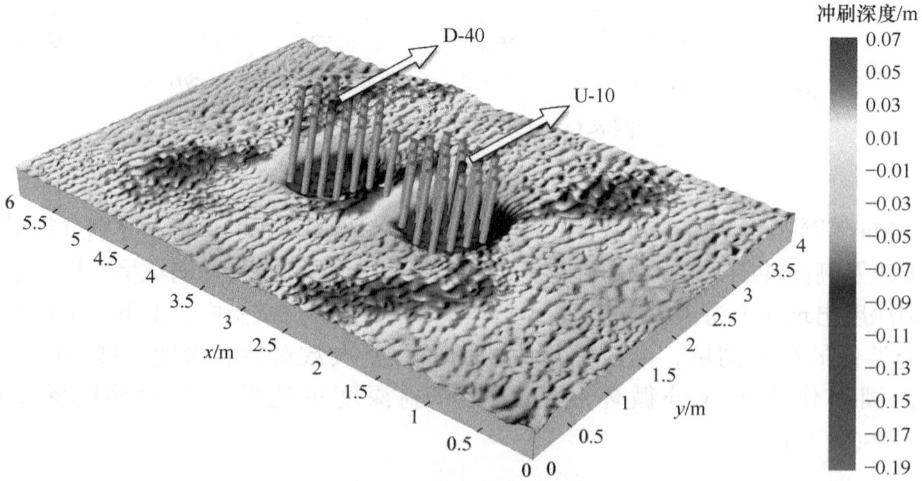

图 6-14　潮流试验的激光扫描地形结果[88]

3. 安全防护试验

为了降低局部冲刷导致的运营桥梁桩基础的安全隐患，研究者通过试验探讨了现有常用的安全防护措施的防护效果，并在此基础上，改进或提出新的防护方案，与传统防护措施比较，分析其利弊和适用范围。

Rahimi 等[89]在桥桩前缘设置半翼挡板，分析其对桩周流态的改变，并发现随着挡板与水面距离的增加，冲刷坑深度先增大后减小，挡板的相对淹没深度为 0.46 时得到临界值(图 6-15 和图 6-16)。

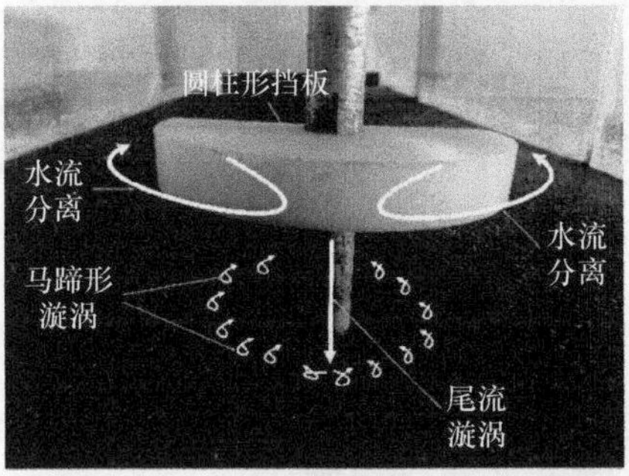

图 6-15　设置挡板的桩周流态结构[89]

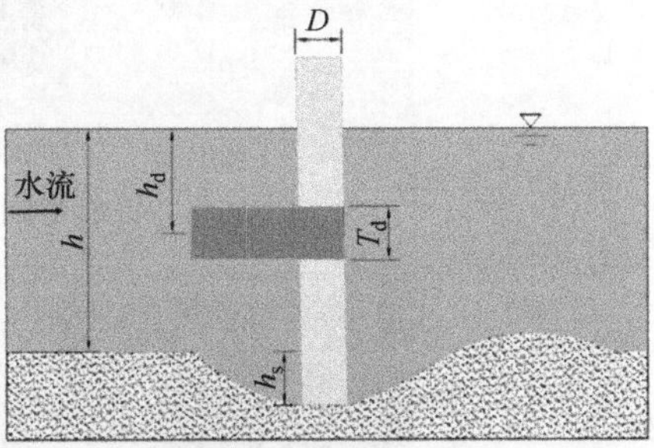

图 6-16　设置挡板的桥墩冲刷示意图[89]

另有王炎等[90]在桩前安装导流板，并在板上设置半球凸起以增强导流，结果表明，该改进方式能有效减小桩周冲刷量(图 6-17)。

图 6-17　桩前设置导流板的防护效果流态结构[90]

Tipireddy 等[91]在桥桩上游前半部分设置半圆形空气扩散器(图 6-18)，通过与床面水平位置注入空气来改变气水比，减小桥桩周围的冲刷量，经过多组试验，确定了扩散器的最佳位置、数量和扩散孔的尺寸，当气水比为 0.571 时，防护效果最好，冲刷量减少了 35%(图 6-19)。

图 6-18　桩前半圆形空气扩散器流态结构[91]

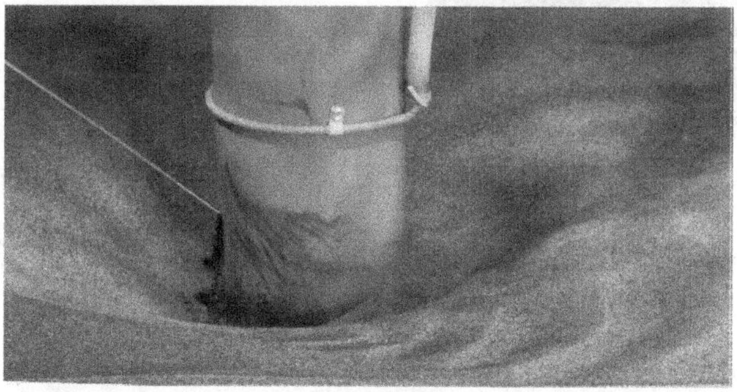

(a) 无空气注射

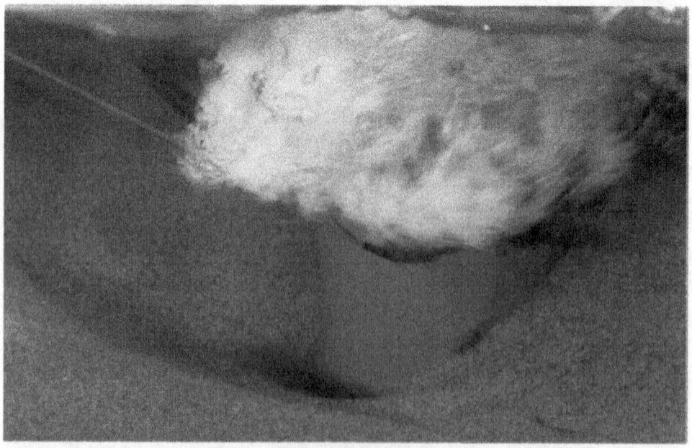

(b) 有空气注射

图 6-19　试验过程中染色剂注射[91]

4. 非常规水槽

某些桥梁所处河口海湾由于水道蜿蜒曲折,冲刷表现出不同程度的加剧恶化。Vaghefi 等[92]在清水条件下，在弯道 60°、90°和 120°处设置一组三轴圆柱桥桩，并分别考虑三桩并列及串列的布置形式，分析其桩周水流结构及冲刷情况。试验结果表明，最大冲刷深度出现在弯道 90°处并列布置的最外侧桩位置(图 6-20～图 6-22)。

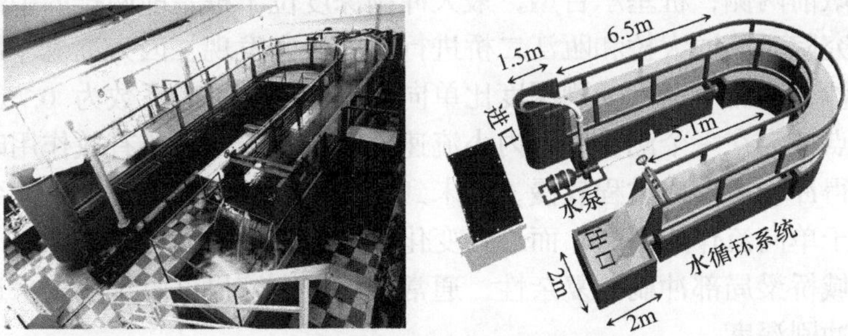

图 6-20　弯道试验水槽[92]

图 6-21　桩周床面高程图[92]

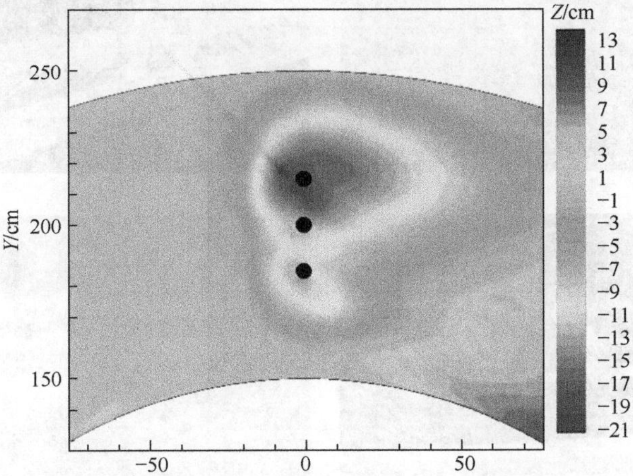

图 6-22　弯道 90°位置的桩周地形图[92]

5. 实桥缩尺试验

潮流作用下的桥梁基础冲刷研究存在以下两种观点[55]。一种观点认为在反向流作用下，冲刷坑内的泥沙反复冲淤，最终导致最大冲刷深度小于单向流作用。如中国铁道科学研究院对汕头妈屿跨海大桥和钱塘江二桥进行研究，认为粉砂质河床的桥墩冲刷深度与桥墩宽度、水流速度的 1.4 次方成正比，与水深成反比；方头墩的冲刷深度最大部位发生在墩前的迎流侧；圆头、流线型桥墩，最大冲刷深度发生在墩前两侧；桩基承台型，最大冲刷深度位于桩基前两排的中部。南京水利科学研究院对苏通大桥和瓯江二桥进行试验研究发现，因为潮流作用，反向流补给了泥沙，潮流下最大冲刷深度比单向水流的小，折减系数为 0.75～0.90。另外一种观点认为在一个潮流周期内小流速的时段较长，水流有效作用时间和流速减小，使得冲刷坑形成过程较慢，在未到冲刷坑平衡状态之前，观测到的最大冲刷深度小于单向流作用下的，而最终变化规律是相同的。

鉴于海域桥梁局部冲刷的复杂性，通常开展室内缩尺试验预测未来运营期间的最大局部冲刷深度。

浙江省水利河口研究院[54,93-95]对处于复杂海域条件下的钱塘江河口、杭州湾的嘉绍大桥、杭州湾跨海大桥、金塘大桥以及飞云江特大桥梁在潮流作用下的桥墩局部冲刷开展水槽试验。采用桥墩局部冲刷建立大比尺正态物理模型(图 6-23)，研究了潮流作用下的桥梁基础的冲刷坑发展过程及形态变化，为桥梁设计及安全运营提供技术支持。

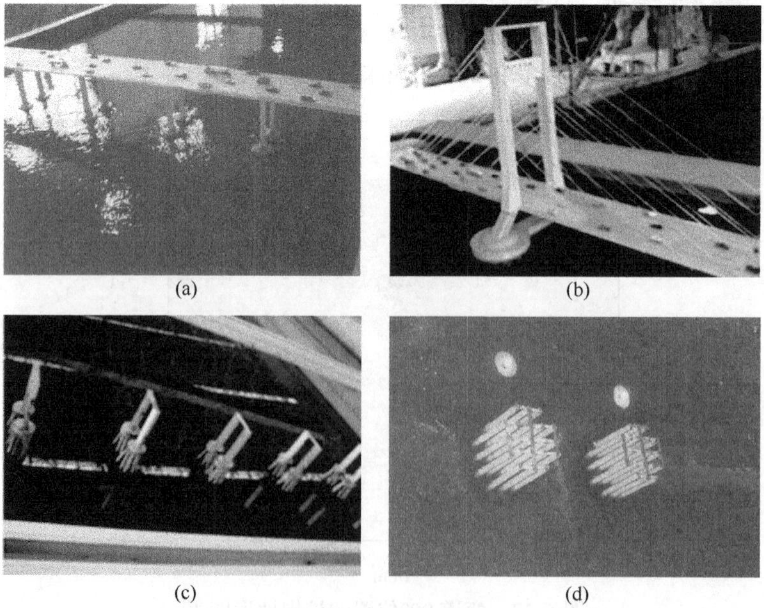

(a)　(b)　(c)　(d)

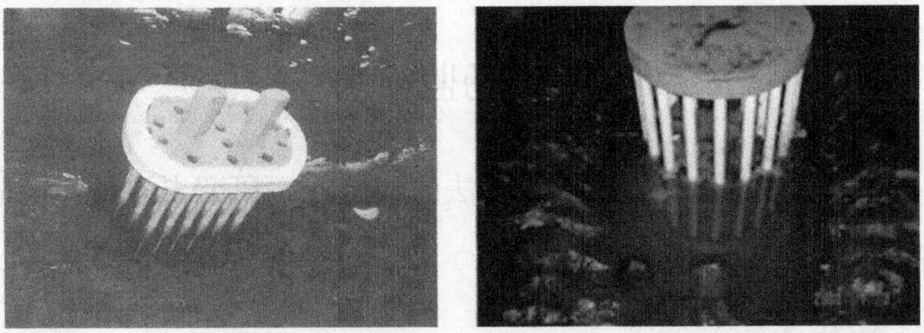

(e)　　　(f)

图 6-23　实桥缩尺模型[30]

珠江水利科学研究院[96]对桥墩局部冲刷在潮流作用下做了长时间序列试验。对试验水流条件如全日潮、不规则半日潮、基础潮型进行了条件概化。试验采用长 35m、宽 2m 的水槽，取相似比 1∶100，满足重力、几何、水流运动及泥沙运动相似原则，采用多台变频调速水泵进行水位调节(图 6-24)。测试了不同参数特征下的桥墩局部冲刷坑的发展历程及最深点的位置，得出潮流速度较大或者历时较优的状况下，局部最大冲刷深度和恒定流作用下相同(图 6-25)。

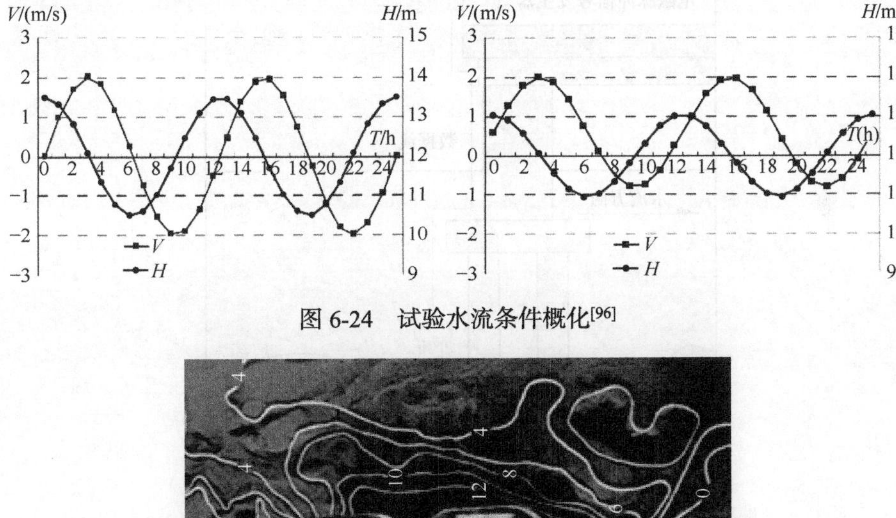

图 6-24　试验水流条件概化[96]

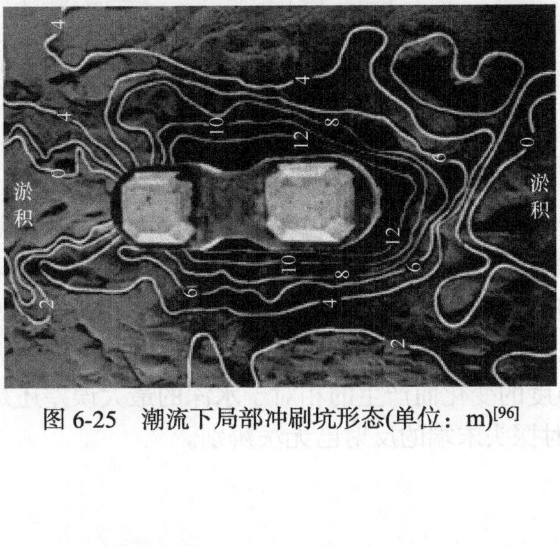

图 6-25　潮流下局部冲刷坑形态(单位：m)[96]

6.3 现场监测方法

国内外学者[97-105]针对传统监测方法的局限性，研究出多种冲刷监测的新方法。

1. 时域反射计冲刷监测技术

时域反射计由电磁脉冲信号发生器、圆管探头和采样示波器三部分构成。如图 6-26 所示，进行冲刷监测时，电磁脉冲信号发生器向竖直埋置在冲刷监测位置处河床内的圆管探头发射一个电磁脉冲，沿圆管探头传播的一部分电磁脉冲能量被水沙交界面反射后通过另一个平行的圆管探头返回发射源，另一部分电磁脉冲能量继续传播至下一个不同材料交界面后同样被反射回发射源，根据电磁脉冲的传播速度和双程走时就能够确定水沙交界面的位置，时域反射计监测桥梁基础局部冲刷能够实现自动化的远程实时监测，也能够对河床面完整的冲淤交替发展过程进行监测。

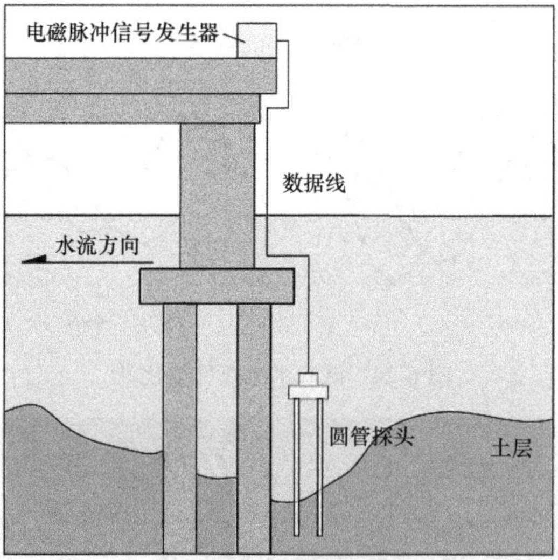

图 6-26 时域反射计冲刷监测

但时域反射计只能监测到其所在位置处的河床面冲刷和淤积，而且每次监测都需要重新安装和调试，尤其是不可预期的电磁干扰和实时变化的温度、盐度、悬移质含沙量等河流环境要素对监测精度的影响非常大。虽然为了避免这些外在环境因素的影响已经对监测装置自身进行了尝试性的改进，但进一步的研究表明时域反射计由于温度的变化而产生的相对于水深的最大误差还是达到了 5.3%，而且盐度超过 0.5‰时探头末端的反射已无法辨别。

2. 探地雷达冲刷监测技术

探地雷达冲刷监测系统由电磁脉冲发生器、信号采集处理器和发射与接收天线三部分组成，主要是利用脉冲电磁波在穿过存在电性差异的两种材料时能够用其交界面反射的特性来跟踪水沙交界面的位置和确定监测位置处河床面的冲刷信息。如图 6-27 所示，虽然与时域反射计的工作原理较为类似，但是探地雷达监测冲刷时不需要将脉冲电磁波发射和接收探头埋置于河床内，而只需要将发射天线固定在水面以上的桥墩或测量船上并以规则的时间间隔向冲刷监测地点发射脉冲电磁信号，接收天线接收被河床面反射回来的脉冲电磁信号就能够完成整个检测过程。

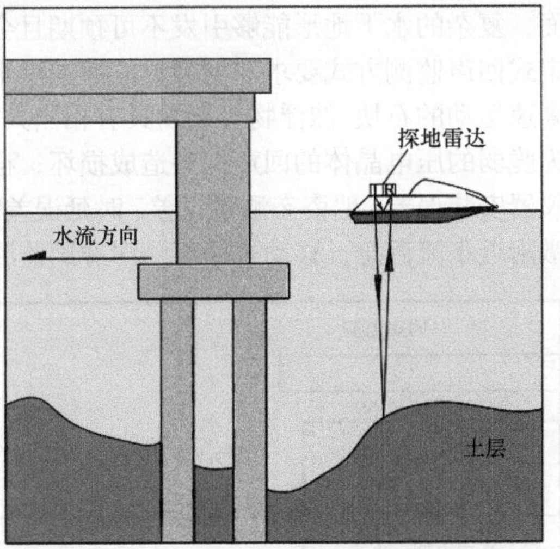

图 6-27　探地雷达冲刷监测

探地雷达受水下基础和河床面多次反射形成的噪声影响较大，而且水深大于 10m 的水域内河床面的冲刷监测效果也不好。特别是不能穿透导电材料的特点使其不仅不能完成黏性土河床和盐度较大水域的冲刷监测，也很难监测到与河床面泥沙电学特性相似的回淤泥沙。

3. 回声测深冲刷监测技术

回声测深一直是桥梁基础局部冲刷监测最常采用的一类技术(图 6-28)。虽然为满足不同的监测要求而开发了反射地震波、无线遥控船、水下地形成像、单波束、多波束和摆动式等多种类型的回声测深冲刷监测装置，但这些装置共同的工作原理都是利用放置于水面以下的声波发射换能器发射某一频率的声波，声波经过水体的传播到达桥梁基础附近冲刷监测位置处时会被水沙交界面反射，反射声波被接收换能器接收后可以根据声波在水体中的传播速度和时间来确定发射换能器到水沙交界面的距离进而确定监测位置处的冲刷深度。按照具体实施方式的不同可以将回声测深冲刷监测分为固定式和移动式两类。固定式冲刷监测方式是利用固定在桥墩上的回声测深装置对其附近的局部冲刷实施监测，而移动式冲刷监测方式则主要是通过水上运载设备拖动回声测深装置实现对局部冲刷的监测。

但无论是固定式还是移动式冲刷监测方式，回声测深冲刷监测的精度都容易受水深、水温、盐度、含水量和水下地形复杂程度的影响。已有研究成果表明，回声测深冲刷监测的测量误差与声波在水体中的传播距离成正比，温度变化能够使回声冲刷监测产生最大为 6%水深的误差，换能器距离监测位置大于 1.31m 后由盐度引起的最大误差可达 3%水深，浑水浓度超过 100NTU 后声波不能到达监测位置的水沙交界面，复杂的水下地形能够引发不可预期且会带来很大监测误差的噪声。另外，固定式回声监测方式要求监测装置能够在洪水期间工作，而洪水中夹杂的随着水流高速运动的石块、漂浮物等杂物具有相当大的冲击力和破坏力，经常会对核心部分为脆弱的压电晶体的回声探头造成损坏；移动式回声测深冲刷监测方式还容易受仪器安装误差、船姿态测量误差、时延误差等多种因素的影响，尤其是洪水期间桥墩附近水流湍急，移动式回声测深冲刷监测常有翻船的危险。

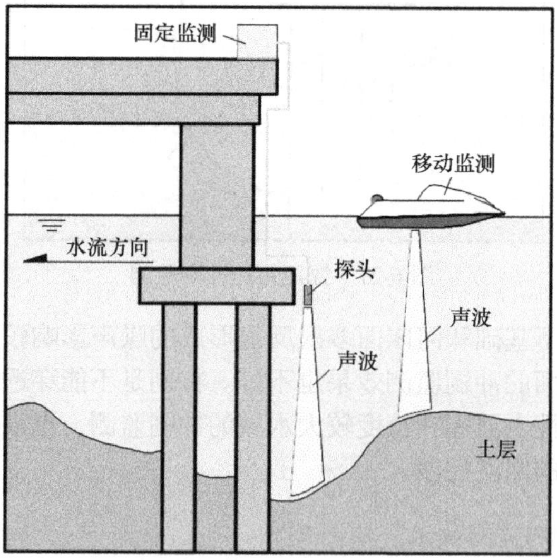

图 6-28　回声测深冲刷监测

4. *光纤光栅冲刷监测技术*

利用光栅的轴向应变特性和温度特性研制的非均匀应变场中的布拉格光纤光栅光谱(fiber Bragg grating，FBG)传感器，可以实现外界压力、位移、弯曲、形变、振动、液位、温度等多个物理量的直接测量(图 6-29)。

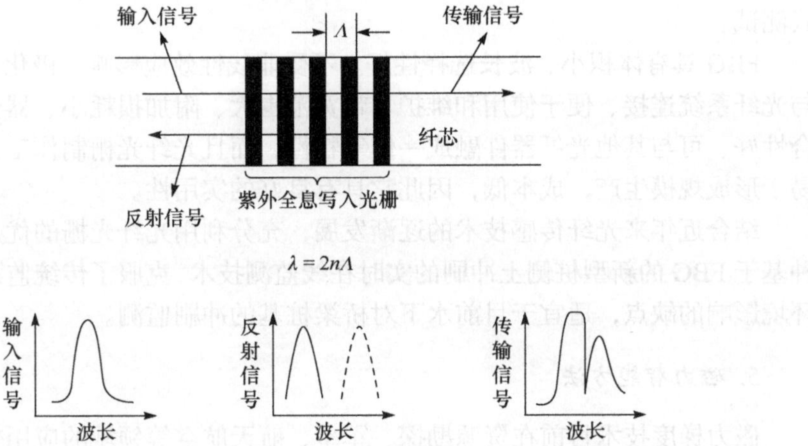

图 6-29　FBG 传感器

这里介绍 FBG 传感器的工作原理。FBG 传感器是利用紫外激光在光纤纤芯上刻写一段光栅，当光源发出的连续宽带光 Li 通过传输光纤射入时，在光栅处有选择地反射回一个窄带光 Lr，其余宽带光 Lt 继续透射过去，在下一个具有不同中心波长的光栅处进行反射，多个光栅阵列形成 FBG 传感网络。各 FBG 反射光的中心波长为 λ，$\lambda=2n\Lambda$，式中 n 为纤芯的有效折射率，Λ 为纤芯折射率的调制周期。

作用在 FBG 传感器结构上有入射光谱、反射光谱及透射光谱等 3 种光谱。而反射回来的窄带光的中心波长随着作用于 FBG 的温度和应变呈线性变化，中心波长的变化量为 $\Delta\lambda$。

对于光纤光栅反射中心波长(短周期光纤光栅)或透射中心波长(长周期光纤光栅)与介质折射率有关，在温度、应变、压强、磁场等一些参数变化时，中心波长也会随之变化。通过光谱分析仪检测反射或透射中心波长的变化，就可以间接检测外界环境参数的变化。

基于 FBG 传感网络的分析仪可根据 $\lambda=2n\Lambda$，在反射光中寻址到每一个光栅传感器。根据变化量 $\Delta\lambda$ 并利用参考的光信息可以解调出被测量的温度和应变值。将 FBG 附着于材料性能和几何尺寸确定的机械结构上还可以制造基于应变的力传感器、位移传感器和振动传感器等。

采用 FBG 作为温度和应变测量的敏感元件最显而易见的优势就是实现全光测量，监测现场可以没有电气设备，不受电磁干扰。另一个最主要的优势是被测量用波长这种绝对量编码，不易受外部因素干扰，因而稳定性和可靠性极好。FBG 传感器可以经受几十万次循环应变而不会劣化，测量应变十分精确。同时由于单路光纤上可以制作上百个光栅传感器，特别适合组建大范围测试网络，实现分布式测试。

FBG 具有体积小、波长选择性好、不受非线性效应影响、极化不敏感、易于与光纤系统连接、便于使用和维护、带宽范围大、附加损耗小、器件微型化、耦合性好、可与其他光纤器件融成一体等特性，而且光纤光栅制作工艺比较成熟，易于形成规模生产，成本低，因此它具有良好的实用性。

结合近年来光纤传感技术的逐渐发展，充分利用光纤光栅的优点，研发了一种基于 FBG 的新型桩侧土冲刷的实时在线监测技术，克服了传统监测容易受监测环境影响的缺点，适宜于目前水下对桥梁桩基的冲刷监测。

5. *磁力智能方法*

磁力梯度技术目前在资源勘探、军事、航天航空等领域的应用较多。由于磁测技术具有抗干扰能力强、适应性好等优点，逐渐应用到桥梁桩基冲刷监测方向。江胜华等[106]基于磁场理论，使用磁性标签石块跟随冲刷坑变化，通过磁力梯度仪监测到的磁场变化来确定标签石块的三维位置(图 6-30)，实现桥梁基础局部冲刷实时监测，能够在恶劣的海域环境下使用，具有维护简单等特点。磁性智能石块技术应用了磁力梯度技术，由磁性标签石块和磁力梯度仪组成。磁性标签石块采用磁性标签浇筑成混凝土石块，通过运动自由度缩减的方式，避免了基于优化搜索的磁场梯度反演中的非线性和不适定性的问题，采用磁场梯度反演磁性标签石块的三维运动，实现桥梁基础局部冲刷的动态监测。磁场梯度、磁场梯度张量不变量及张量的模量均与冲刷位移场高度相关，可直接用于冲刷监测的早期预警。所研发的监测装置将可用来测量桩基冲刷反应的关键物理量，适合用于海域桥梁桩基冲刷的长期实时监测。但其容易受地球背景磁场影响，监测时应对桥梁基础局部流场和磁性石块受力做简化。

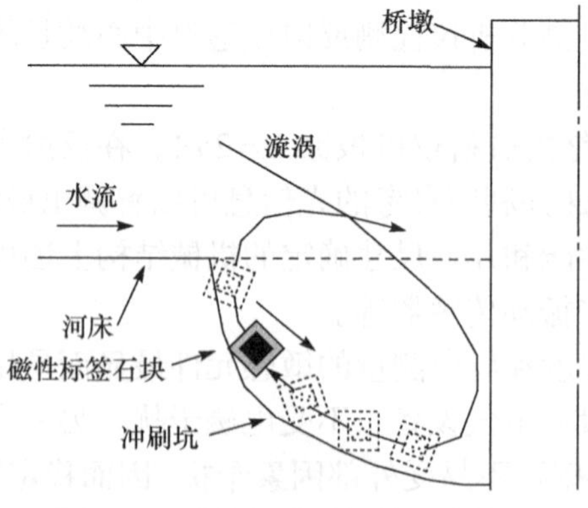

图 6-30　磁性标签石块的运动情况

6. 基于动力的桥梁冲刷监测方法

冲刷的存在导致桥梁构件动力特性发生变化，因此基于动力的桥梁冲刷快速识别技术也是水下基础检测的发展方向之一。基于振动的损伤检测新方法近年来受到越来越多的关注。利用这种创新方法，通过研究桥梁或桥梁构件的固有频谱，可以很容易地解决传统的冲刷监测方法中仪器的安装和操作等困难[107-110]。基于冲刷对桥梁或桥梁构件的固有频谱有影响这一假设，该方法能够避免仪器水下安装，具有简单便捷、能够识别冲刷过程等优点，具有很好的发展前景。基于动力监测主要有以下两种激励方法。

强迫振动是由任意的动力载荷引起的。人工振动源包括铁球、振动器、槌子等(图 6-31)。由于人工操作的原因，输入力的大小和频率通常是预先确定的。高期望频率与非期望频率的比值(DF/UF)可以在测试前得到。利用这一优点可以很容易地识别结构的动态特性。另一个优点是在信号处理时不测量力的电平和频率，这就消除了大量的外部噪声。由于这些优点，强迫振动，如使用橡胶槌，已成功地用于获得桥梁/桥梁构件的动态响应。强迫振动是产生所需数据的一种有效方法，可以更好地识别系统参数。然而，强迫振动可能不适合老桥，因为没有设置预先为设备安装。

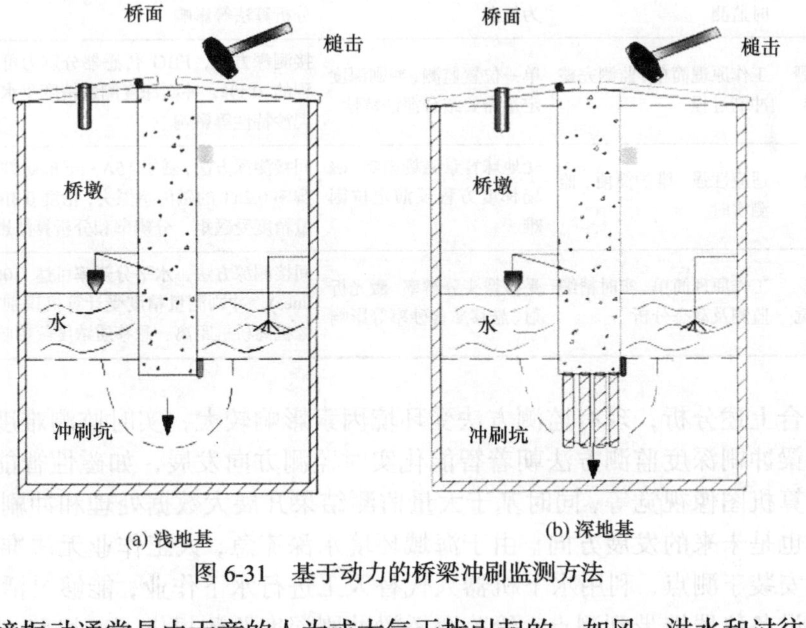

图 6-31　基于动力的桥梁冲刷监测方法

环境振动通常是由无意的人为或大气干扰引起的，如风、洪水和过往车辆。与强迫振动不同，环境振动包含许多不受控制的负载功能。低 DF/UF，如车辆频率(非期望频率)，出现在信号中，因为环境振动包含来自激励器的高非期望噪声。

此外，输入是未知的，这使得很难估计动态信号。相比之下，这种振动的优点是它包含了方便的测量实时监控，不造成任何交通中断。同样，在度量中几乎不需要做什么工作。此外，环境振动法可以提供一个更安全的测量环境，因为不需要操作者来激励被测部件。环境振动的优点在结构的动力特性识别中得到了广泛关注，因此环境振动是识别桥梁/桥梁构件动态特性的另一种方法。它特别适用于测量难以用强迫振动仪工作的旧桥的动力响应。

7. 几种桥梁冲刷监测方法对比

针对目前众多的冲刷监测方法，应该充分考虑现场测试的条件、精度，监测方法的优缺点、局限性及技术特点等因素，选择合适的冲刷监测技术，保证监测数据的可靠性。几种冲刷监测方法对比见表 6-1。

表 6-1　几种冲刷监测方法对比

监测方法	优点	缺点	测试精度影响因素
多波束测深	分辨率高、工作稳定、范围测量大、适用于非连续监测	信号易受干扰、不能实时监测泥沙回淤过程	直接获得冲刷深度方法，理论深度分辨率最高可达毫米级，水深测量精度受系统校正精度和水中悬浮泥影响较大
动力识别	构造简单、安装便利、实时监测	维护费用高、分析算法较为复杂	间接测深方法，冲刷测量精度受结构敏感度与分析算法等影响
光纤光栅传感器	工作原理简单、监测完整冲刷过程	单一位置监测、冲刷深度定量需要结合泥沙特性	接测深方法，FBG 传感器分辨力可达到满量程的 0.1%，冲刷深度测量精度受水下温度、泥沙特性等影响
磁力智能方法	适应性强、维护简便、监测实时	受地球背景磁场影响、磁场梯度方程反演定位困难	间接测深方法，磁矩 15A · m^2 的磁性目标和分辨率 0.2nT 的磁传感探头，精度 0.3m，冲刷测量精度受磁矩、分辨率和分析算法影响
计算机图像视觉	工作原理简单、实时精细监测及动态分析	受摄像头分辨率、激光折射、悬移质含砂率等影响	间接测深方法，水平分辨率可达 1000 线(TV lines)，冲刷测量精度受计算机识别算法、摄像机离桥桩距离、悬移质浓度等影响

综合上述分析，现有监测方法受环境因素影响较大，实时监测难度较大。跨海桥梁冲刷深度监测方法朝着智能化实时监测方向发展，如磁性智能石块、基于计算机图像视觉等，同时基于大量监测结果开展大数据处理和冲刷趋势预测分析也是未来的发展方向。由于海域环境水深流急，人工作业无法准确将监测装置安装于测点，利用水下机器人代替人工进行水下作业，能够灵活智能地将监测设备仪器携带到测点，给跨海桥梁冲刷深度监测提供了新思路。但针对上述目标，当前还需要完善硬件和软件的开发，扩大监测方法的适用范围并提高其监测精度。

6.4　现场实时监测系统

6.4.1　实时监测传感器

冲刷监测设备由冲刷监测传感器及监测装置构成。实时的监测传感器是整个实时监测系统的第一环，也是最重要的一环。这里介绍一种基于布拉格光纤光栅可安装式结构的新型传感器，首先阐述包括准分布式与分布式布拉格光纤光栅的传感机理。

1. 准分布式布拉格光纤光栅传感机理

当布拉格光纤光栅长度远小于被测物时，可以认为沿布拉格光纤光栅轴向施压的外界场是常量，这样布拉格光纤光栅的光谱在外界场的作用下就没有变形，而只是整个光谱的偏移，这样布拉格光纤光栅的峰值反射率对应的布拉格波长的偏移就可以反映这种随外界场调制的光谱偏移，通过检测这种布拉格波长的偏移就可以实现对外界场的传感。为了测量被测物体整体受外界场的影响，一般在被测物里埋设很多个布拉格光纤光栅，由于布拉格光纤光栅长度远小于被测物，所以每个布拉格光纤光栅就可以看成一个测量点，通过同样测量所有测量点的外界场，就可以实现准分布式传感。

布拉格光纤光栅的布拉格波长表达式：

$$\lambda_B = 2n_{eff}\Lambda \tag{6-1}$$

式中，Λ 为布拉格光纤光栅的折射率调制周期；n_{eff} 为布拉格光纤光栅的纤芯基模的有效折射率。对式(6-1)求导，再结合式(6-1)可以得到

$$\frac{\Delta\lambda_B}{\lambda_B} = \frac{\Delta n_{eff}}{n_{eff}} + \frac{\Delta\Lambda}{\Lambda} \tag{6-2}$$

其中，Δn_{eff} 和 $\Delta\Lambda$ 分别为布拉格光纤光栅受到外界作用导致的有效折射率变化量和折射率调制周期量。由式(6-2)可知，布拉格光纤光栅受外界调制从而导致布拉格波长的偏移，即整个反射光谱的偏移。

在两种基本的外界因素(温度和应变)作用下，布拉格光纤光栅的 n_{eff} 和 Λ 都会发生变化，从而引起布拉格中心波长 λ_B 偏移。当布拉格光纤光栅受到应力作用时，产生应变。光纤材料的光弹效应，使有效折射率 n_{eff} 发生变化，同时应变产生的物理伸长使光纤布拉格光栅的周期 Λ 发生变化，从而使布拉格光纤光栅的中心波长发生变化，以上两种变化就是布拉格光纤光栅的应变响应。当光栅的温度变化时，光纤材料的热胀冷缩使布拉格光纤光栅的周期 Λ 变化，同时光纤材料的

热光效应，也会使有效折射率 n_{eff} 发生变化，这两种效应就是布拉格光纤光栅的温度响应。

综合温度和应变效应，布拉格光纤光栅波长受温度和应变的影响可以用式 (6-3)表示：

$$\lambda_{\mathrm{B}} = 2n_{\mathrm{eff}}\Lambda\left\{\left\{1-\left(\frac{n^2}{2}\right)\left[P_{12}-\nu\left(P_{11}+P_{12}\right)\right]\right\}\varepsilon+\left[\alpha+\frac{\left(\frac{\mathrm{d}n}{\mathrm{d}T}\right)}{n}\right]\Delta T\right\} \tag{6-3}$$

式中，P_{11}、P_{12} 分别为光纤材料的泡克耳斯(Pockels)系数；ε 为布拉格光纤光栅受到的应变量；ν 为光纤材料的泊松比；α 为光纤材料的热胀冷缩系数；ΔT 为布拉格光纤光栅的温度变化量(℃)。

由式(6-3)可以看出，通过检测布拉格光纤光栅的布拉格波长的偏移量，就可以实现对外界因素(如应变、温度)进行传感，通过对埋设在被测物体内的很多布拉格光纤光栅同时监测其中心波长偏移量，就可以对被测物进行准分布式传感。

2. 分布式布拉格光纤光栅传感机理

当布拉格光纤光栅长度远小于被测物时，被测物作用在布拉格光纤光栅上的作用(如应变、温度)可以认为是一个常量，布拉格光纤光谱只发生偏移，但光谱形状不变，此时的布拉格光纤光栅是作为准分布式传感器应用的。但当布拉格光纤光栅长度与被测物尺寸相当，且被测物体内存在一个非均匀的作用场(如应变场、温度场)时，那么布拉格光纤光栅实际上就是一个非均匀的光栅结构，其光谱形状会发生变化，所以此时不能仅通过检测布拉格中心波长的偏移量来进行传感，而应该根据变化的光谱信息来反推出作用场，因为此时布拉格光纤光栅的光谱形状受到外界非均匀场的调制，这就是分布式传感器应用。为了与准分布布拉格光纤光栅传感器比较，分别对准分布式布拉格光纤光栅应变传感和分布式光纤光栅应变场传感的机理进行对比，这样的分析同样可用于温度等其他参量的传感分析。

图 6-32 表示了布拉格光纤光栅作为准分布式应变传感器时，受均匀应变前后的布拉格光纤光栅的折射率调制周期变化。可以看出，受均匀应变前后虽然周期变化，但还是均匀周期，所以布拉格光纤光栅光谱只发生整体波长偏移，光谱形状不发生改变，如图 6-33 所示。

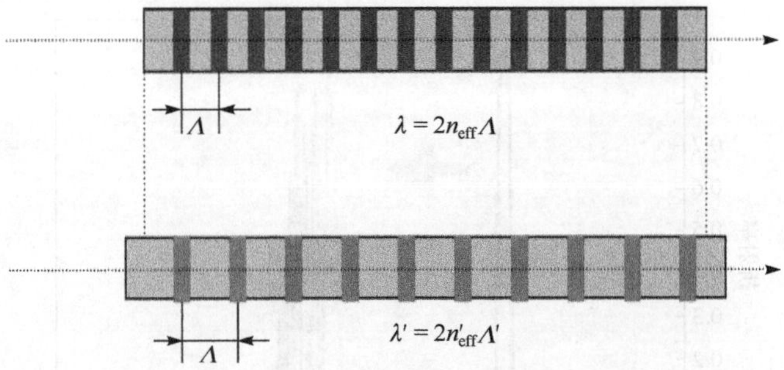

图 6-32　受均匀应变的布拉格光纤光栅周期结构图

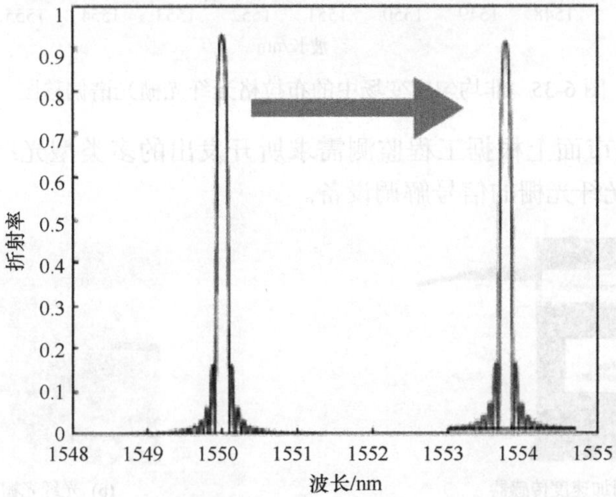

图 6-33　受均匀应变的布拉格光纤光栅光谱偏移图

当布拉格光纤光栅作为分布式应变传感器应用时，其折射率调制周期由均匀变成非均匀，如图 6-34 所示；相应地，其光谱不但发生整体偏移，而且光谱形状发生变化，如图 6-35 所示。这里就不能仅检测中心波长的偏移来判断传感量信息，而应该从变形的光谱中得到传感量信息。

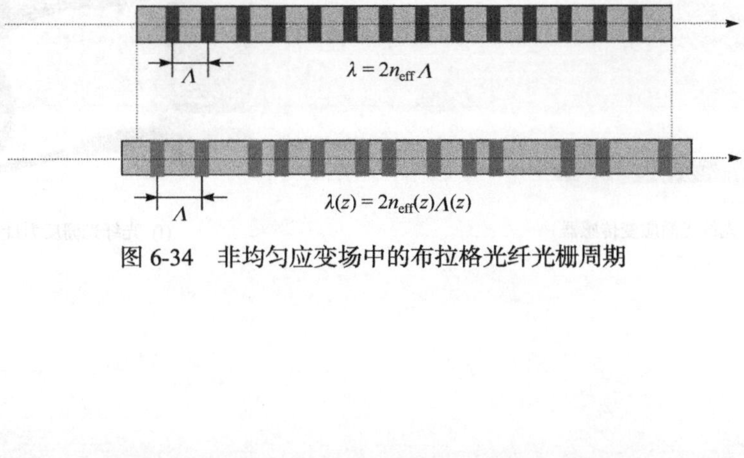

图 6-34　非均匀应变场中的布拉格光纤光栅周期

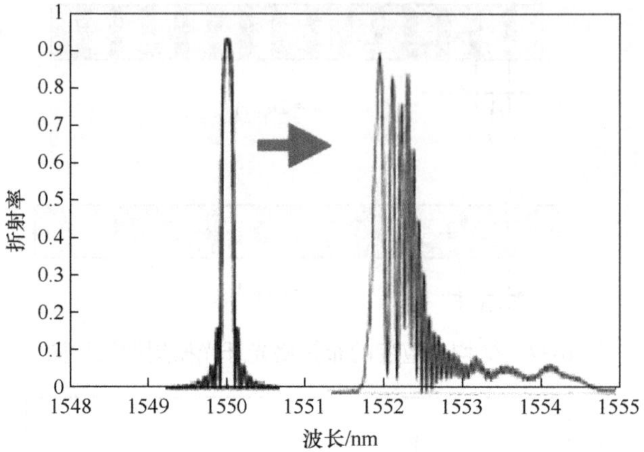

图 6-35　非均匀应变场中的布拉格光纤光栅光谱偏移图

图 6-36 为市面上根据工程监测需求所开发出的多类型光纤光栅传感器。图 6-37 为两种光纤光栅的信号解调设备。

(a) 光纤光栅加速度传感器

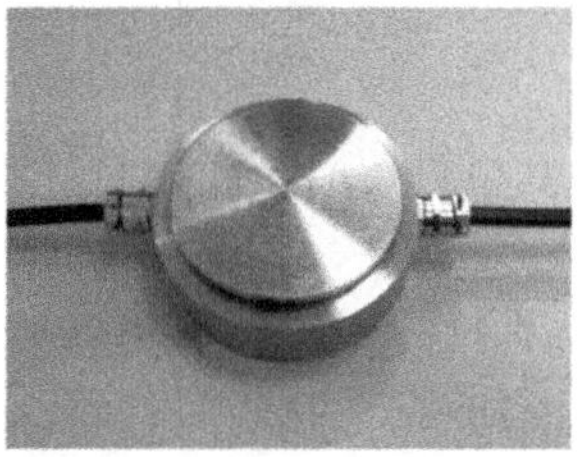

(b) 光纤光栅土压力计

(c) 串联式压力传感器

(d) 高温温度传感器

(e) 光纤光栅应变传感器

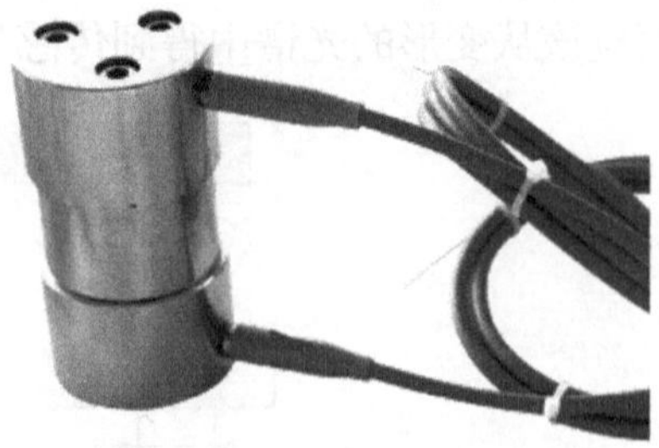

(f) 光纤光栅反力计

(g) 光纤光栅贴片式应变计

(h) 光纤光栅角度计

(i) 光纤光栅倾斜仪

(j) 光纤光栅渗压计(高压型)

图 6-36　市面上根据工程监测需求所开发出的多类型光纤光栅传感器

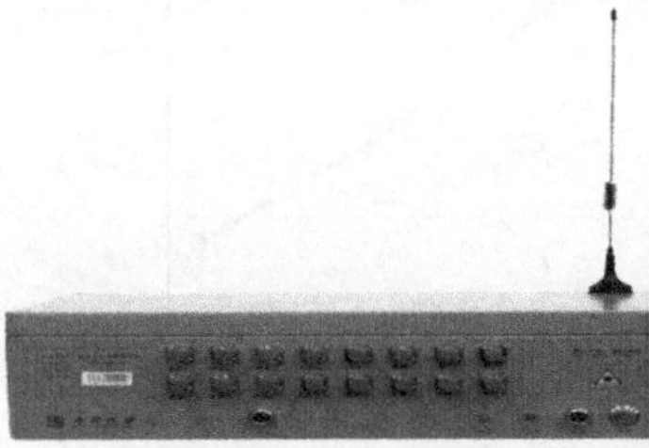

(a) 无线传输光纤光栅解调仪

(b) 光纤光栅动态解调仪

图 6-37　两种光纤光栅的信号解调设备

选定传感器之后，需要根据监测环境特点以及现场监测需求对传感器的外壳及受力面的布置进行优化设计，并在实验室对传感器进行试验标定。

光纤光栅传感器的试验测试采用多个量程的光纤光栅传感器，经试验测试，精度可达量程的 1/1000。

图 6-38 为几个传感器的试验测试结果。

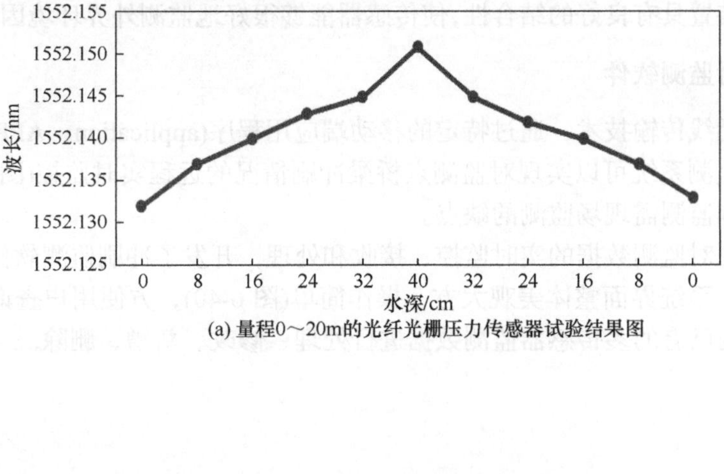

(a) 量程0～20m的光纤光栅压力传感器试验结果图

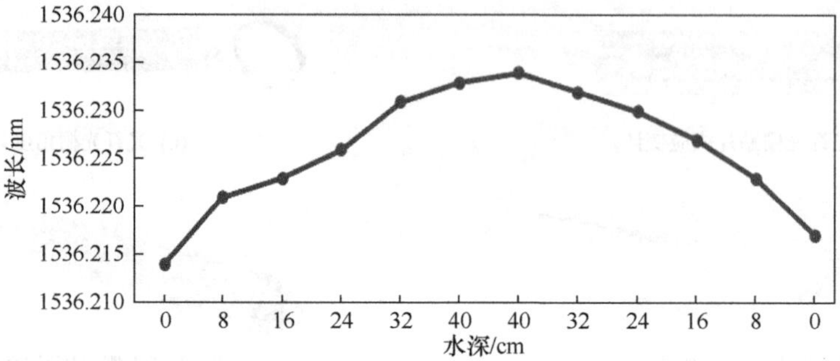

(b) 量程0～30m的光纤光栅压力传感器试验结果图

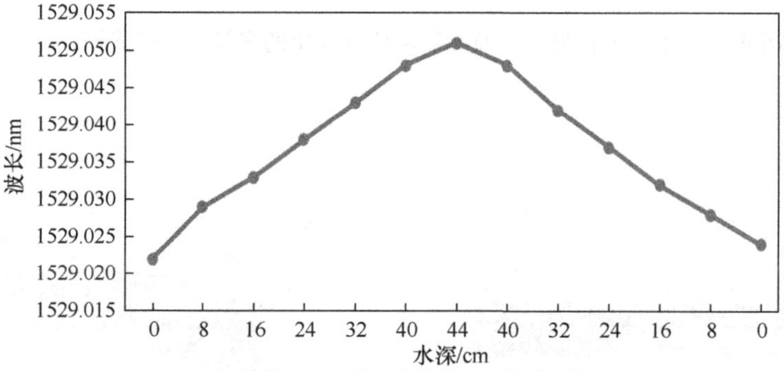

(c) 量程0～40m的光纤光栅压力传感器试验结果图

图 6-38　几个传感器试验测得的波长随水深变化趋势

对于跨海桥梁冲刷监测装置的设计研发主要需要从以下三点出发：

(1) 监测装置的耐久性。跨海桥梁所处水质含盐量较高，需要着重考虑装置的耐腐蚀能力。海域环境台风多、水流急，监测装置在水下难免会发生频繁的滚动和碰撞，需考虑装置外壳的牢固度。

(2) 监测装置的密封性。装置内部搭载众多传感器，需着重考虑装置在水下的密封性。

(3) 监测装置与传感器的结合性。想充分正确发挥传感器的作用需要使传感器与监测装置具有良好的结合性,使传感器能够很好地监测外界环境因素的变化。

6.4.2　实时监测软件

应用无线传输技术，通过特定的移动端应用程序(application，APP)与计算机软件，该监测系统可以实现对监测点桥梁冲刷情况的远程实时监控(图 6-39)，克服传统冲刷监测需现场监测的缺点。

为方便对监测数据的实时监控、接收和处理，开发了冲刷监测软件，实现数据可视化。系统界面整体美观大方，操作简单(图 6-40)，方便用户查询及浏览。可对系统内已有的多传感器监测数据进行处理、修改、新增、删除。

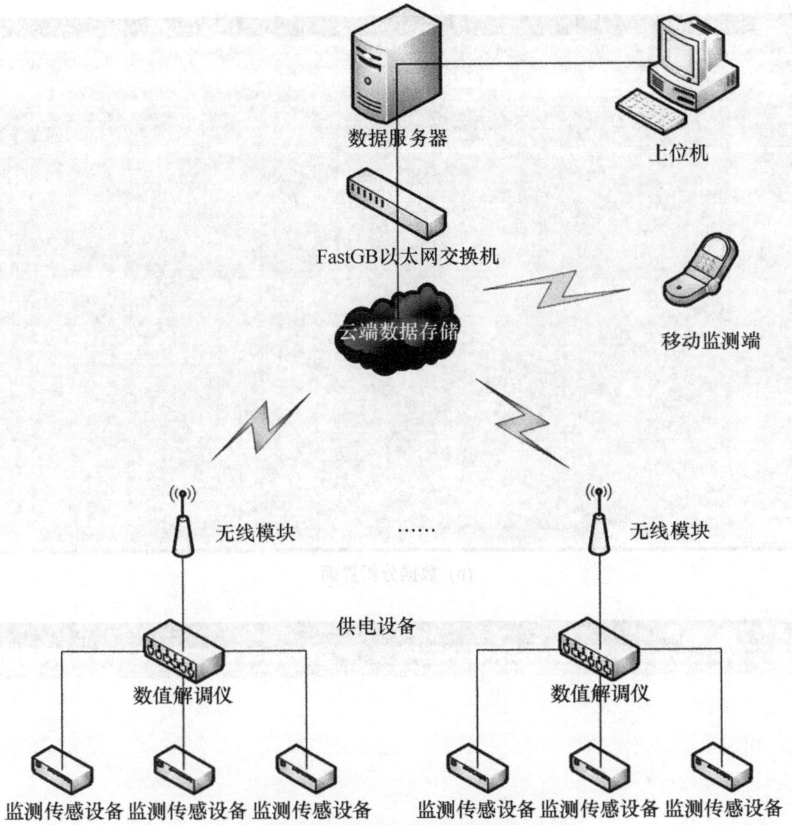

图 6-39 监测系统工作原理图

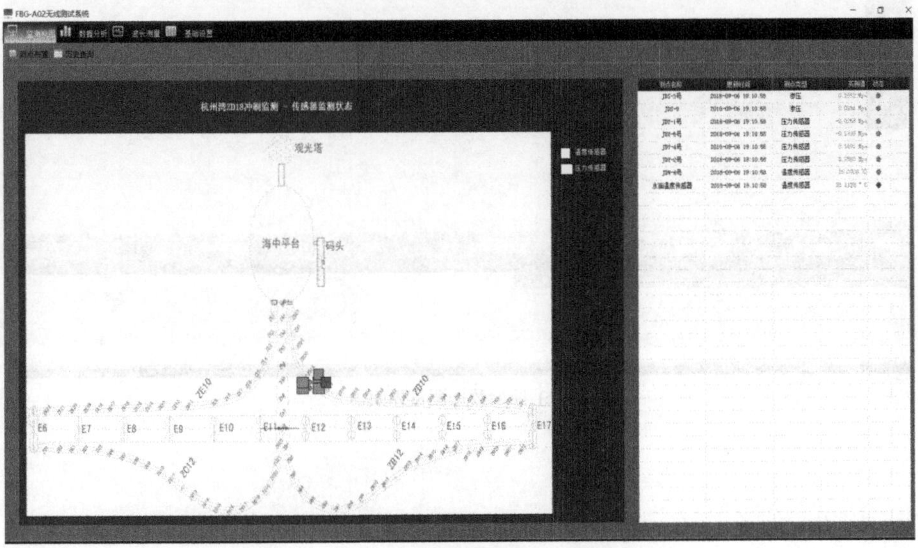

(a) 监测视图界面

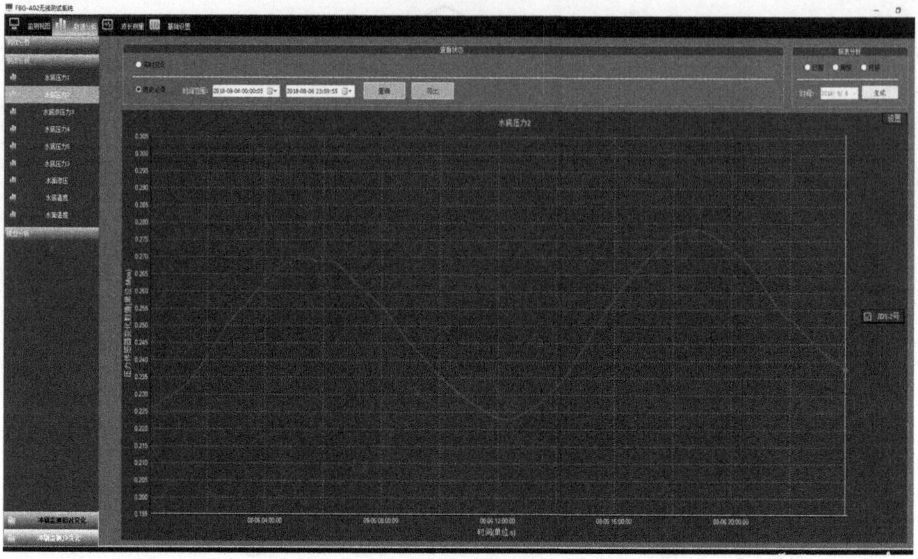

(b) 数据分析界面

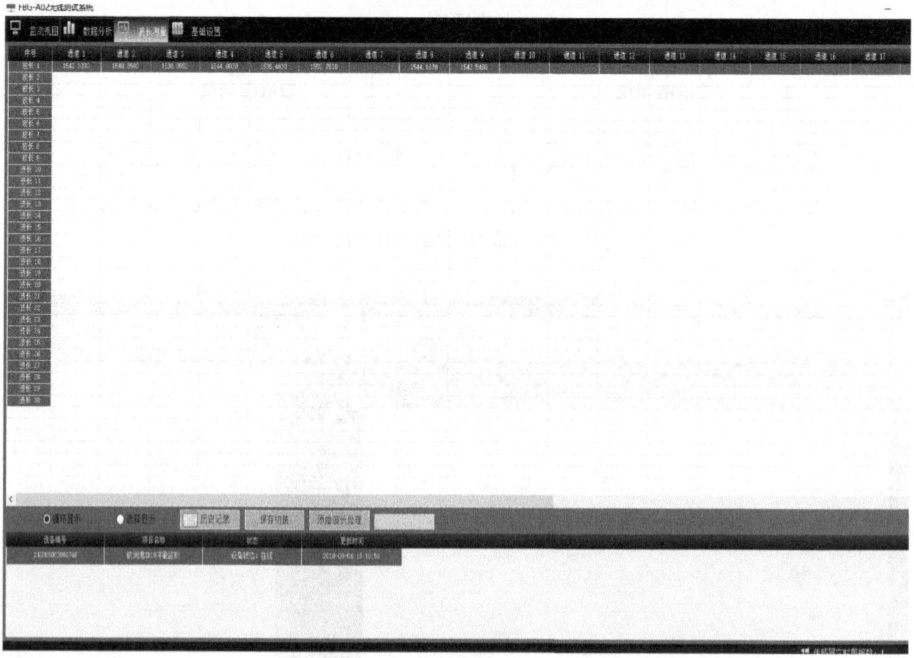

(c) 原始数据测量界面

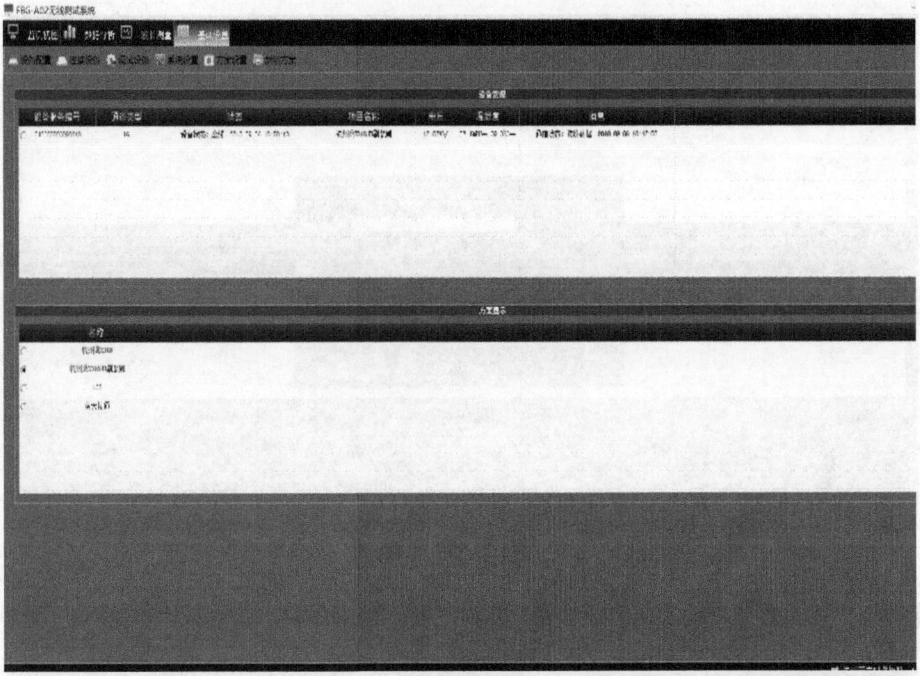

(d) 基础设置界面

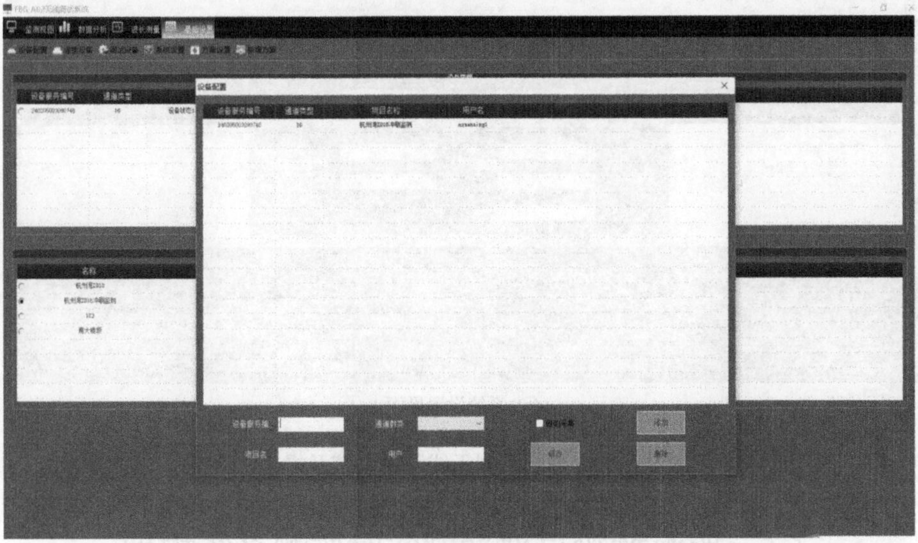

(e) 设备配置界面

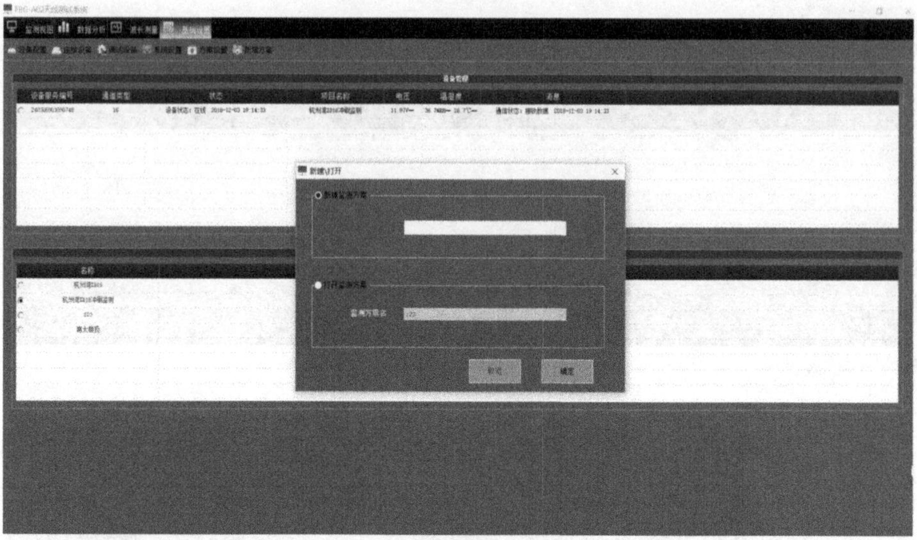

(f) 新建/打开界面

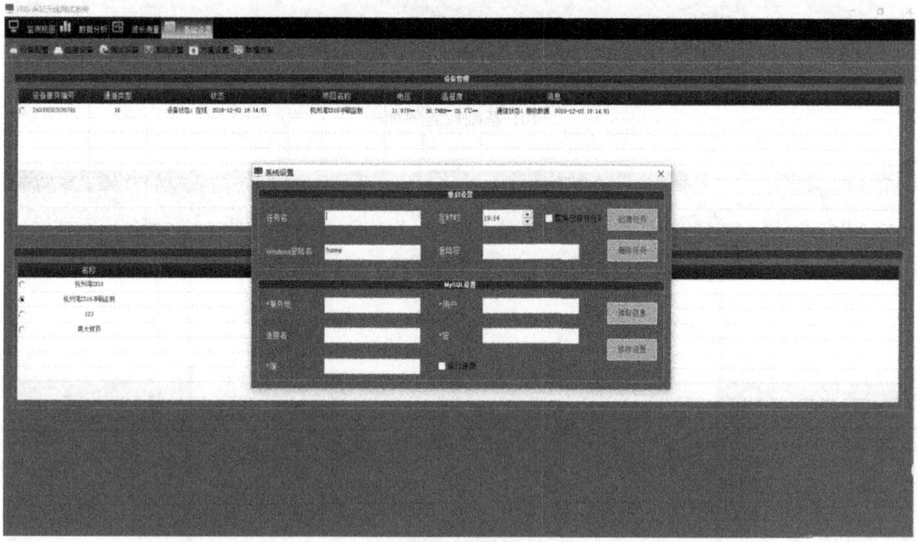

(g) 系统设置界面

图 6-40　冲刷监测无线测试系统及操作

6.5　跨海桥梁局部冲刷实时监测系统构件

作者研究团队考虑海域桥梁桩基冲刷监测环境复杂性，设计选用专用冲刷监测传感器，并在此基础上研发专用冲刷监测装置，自 2018 年 4 月起应用于杭州湾跨海大桥，实时动态监测海中平台 ZD18 号单桩基础的冲淤变化；同时，搭建了专用冲刷监测系统，可以实时接收数据并对数据进行处理，实现数据可视化。

图 6-41 为现场监测设备的安装与监测系统的搭建。

(a) 无线传输光纤光栅解调仪　(b) 控制机箱　(c) 安装位置

图 6-41　专用冲刷监测装置的安装

对于实时监测数据的处理，主要分为对潮汐数据和冲刷量数据的处理。

1. 潮汐变化分析

图 6-42 为 2018 年 5 月 15 日监测设备监测到的水深实时变化曲线，监测设备所处位置至水面的水深随着潮汐发生变化。

图 6-43 为中国海事网公布的 2018 年 5 月 15 日浙江省乍浦港潮汐表和潮汐曲线。

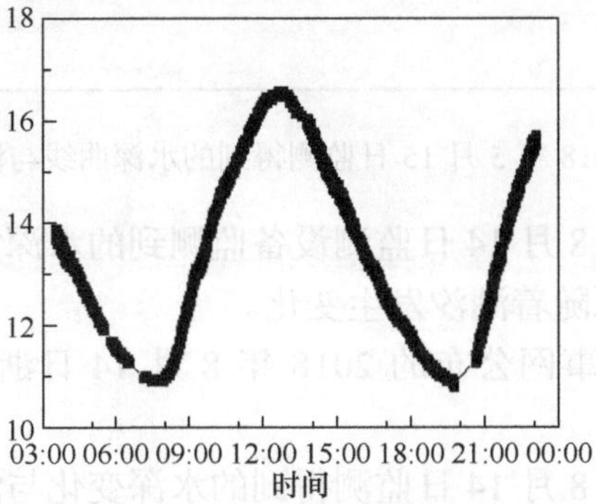

图 6-42　2018 年 5 月 15 日监测设备监测到的水深实时变化曲线

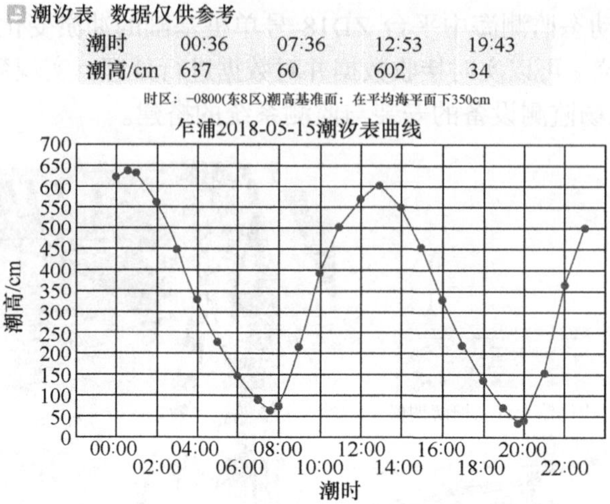

图 6-43 中国海事网公布的 2018 年 5 月 15 日潮汐表和潮汐曲线

图 6-44 为 2018 年 5 月 15 日监测得到的水深变化与潮位变化对比图。

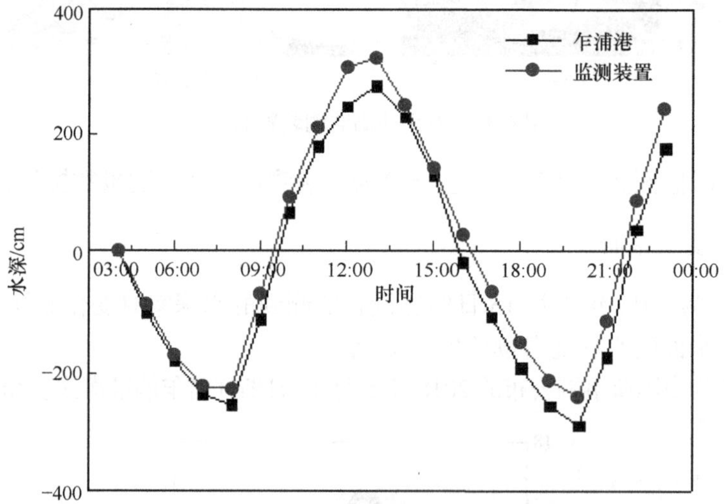

图 6-44 2018 年 5 月 15 日监测得到的水深曲线与潮位曲线对比

图 6-45 为 2018 年 8 月 14 日监测设备监测到的水深实时变化曲线，监测设备所处位置至水面的水深随着潮汐发生变化。

图 6-46 为中国海事网公布的 2018 年 8 月 14 日浙江省乍浦港潮汐表和潮汐曲线。

图 6-47 为 2018 年 8 月 14 日监测得到的水深变化与潮位变化对比图。

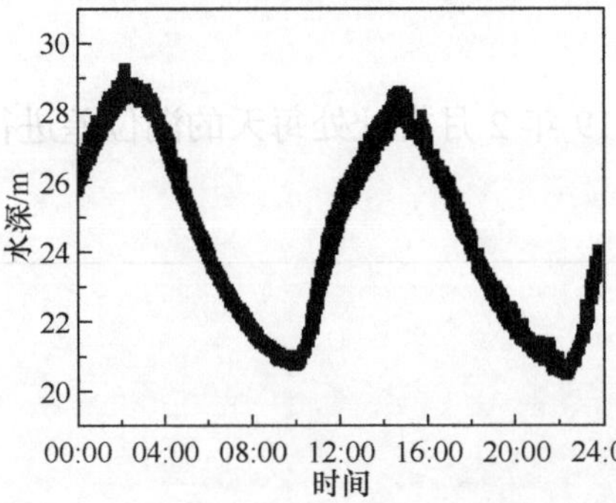

图 6-45 2018 年 8 月 14 日监测设备监测到的水深变化曲线

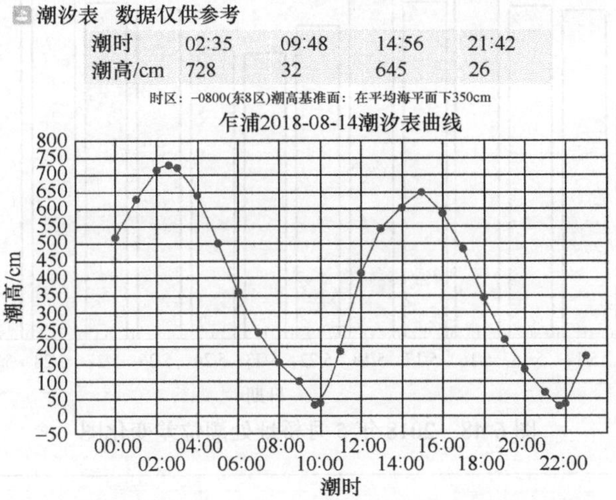

图 6-46 中国海事网公布的 2018 年 8 月 14 日潮汐表和潮汐曲线

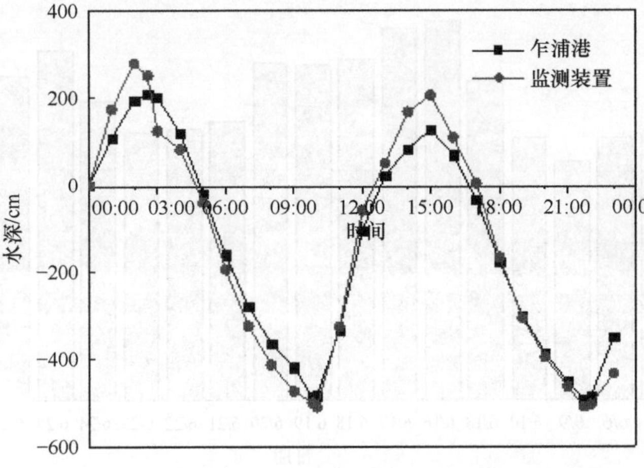

图 6-47 2018 年 8 月 14 日监测得到的水深曲线与潮汐曲线对比

2. 潮位差变化分析

对 2018 年 5 月～2019 年 2 月桥址处每天的潮位差进行分析，得到图 6-48～图 6-59。

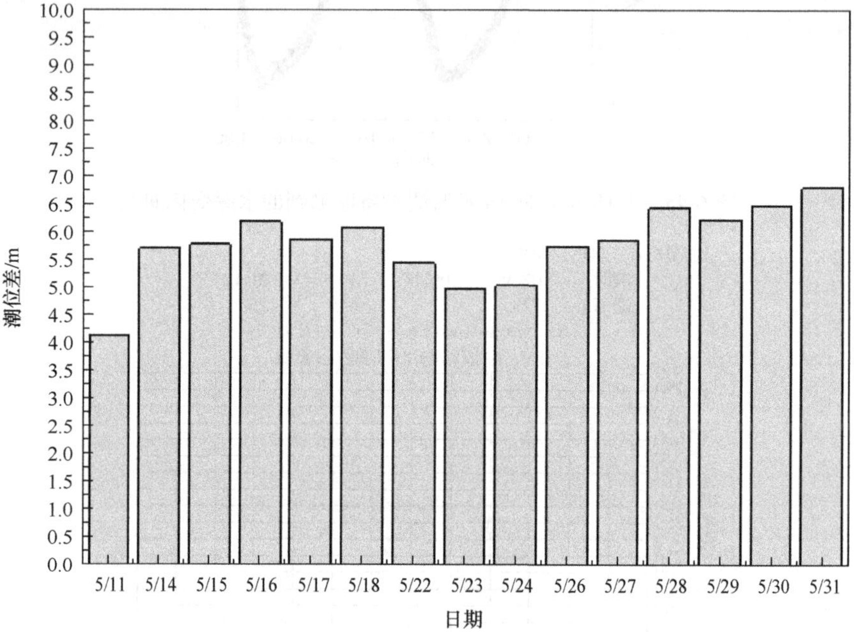

图 6-48　2018 年 5 月桥址处潮位差变化图

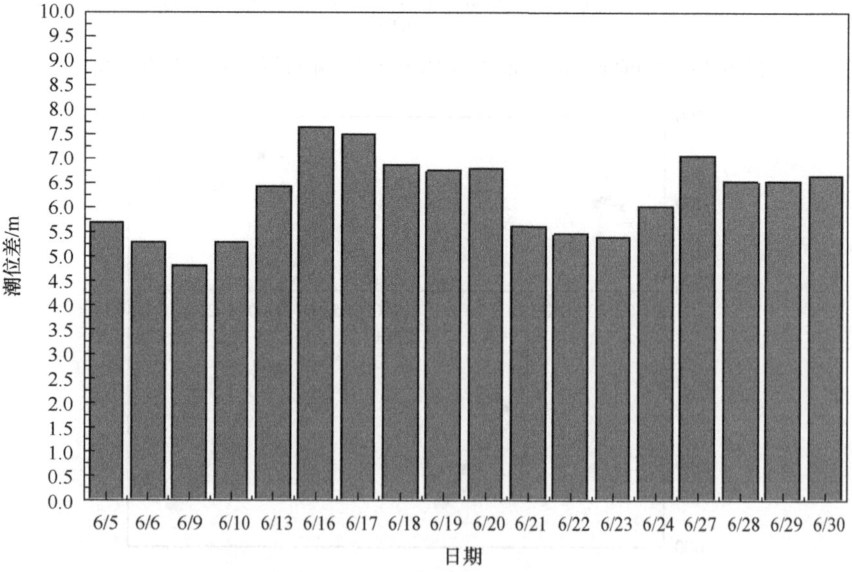

图 6-49　2018 年 6 月桥址处潮位差变化图

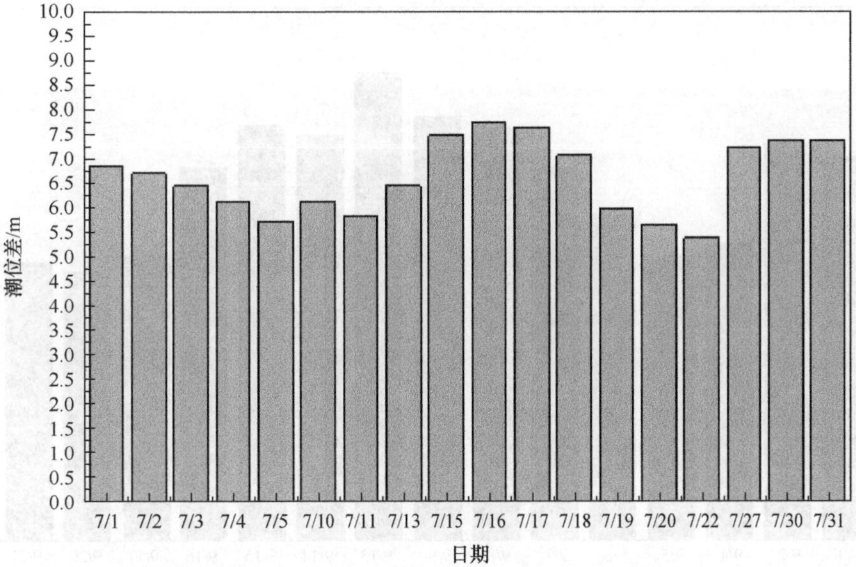

图 6-50　2018 年 7 月桥址处潮位差变化图

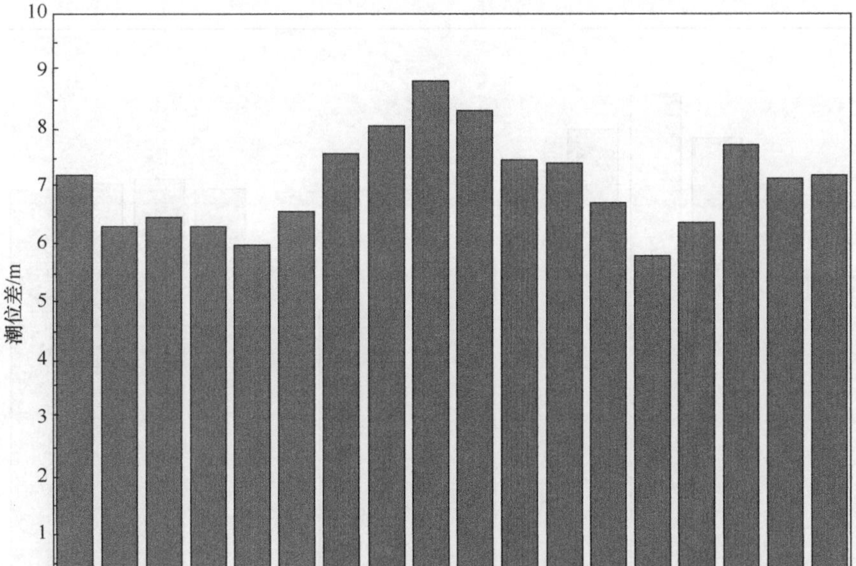

图 6-51　2018 年 8 月桥址处潮位差变化图

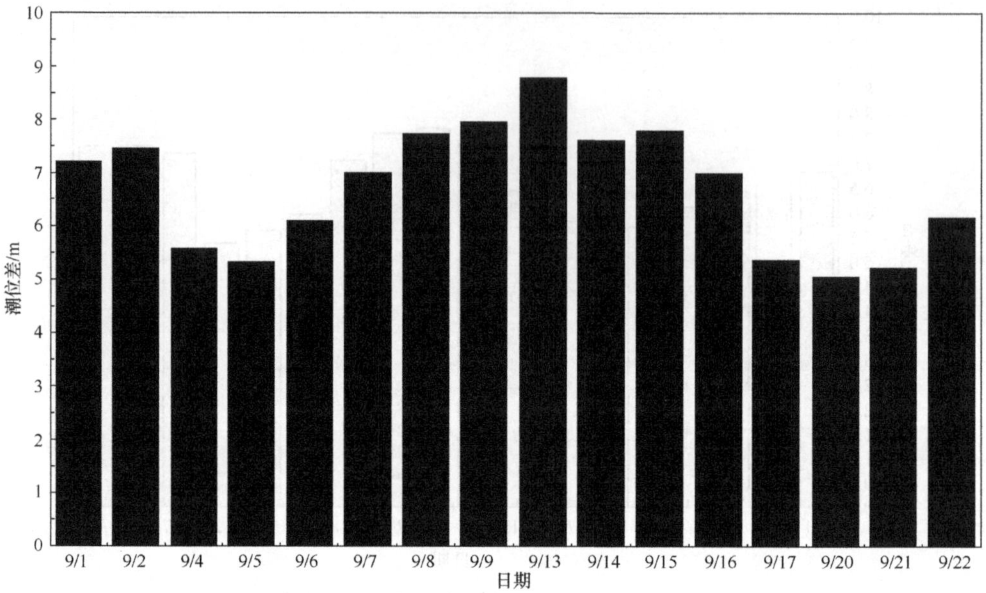

图 6-52　2018 年 9 月桥址处潮位差变化图

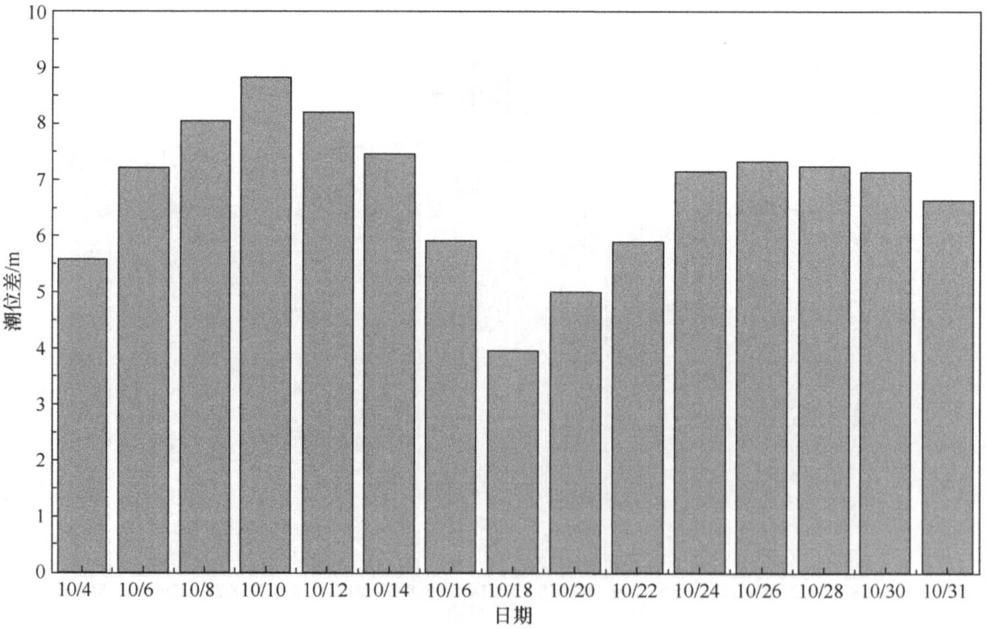

图 6-53　2018 年 10 月桥址处潮位差变化图

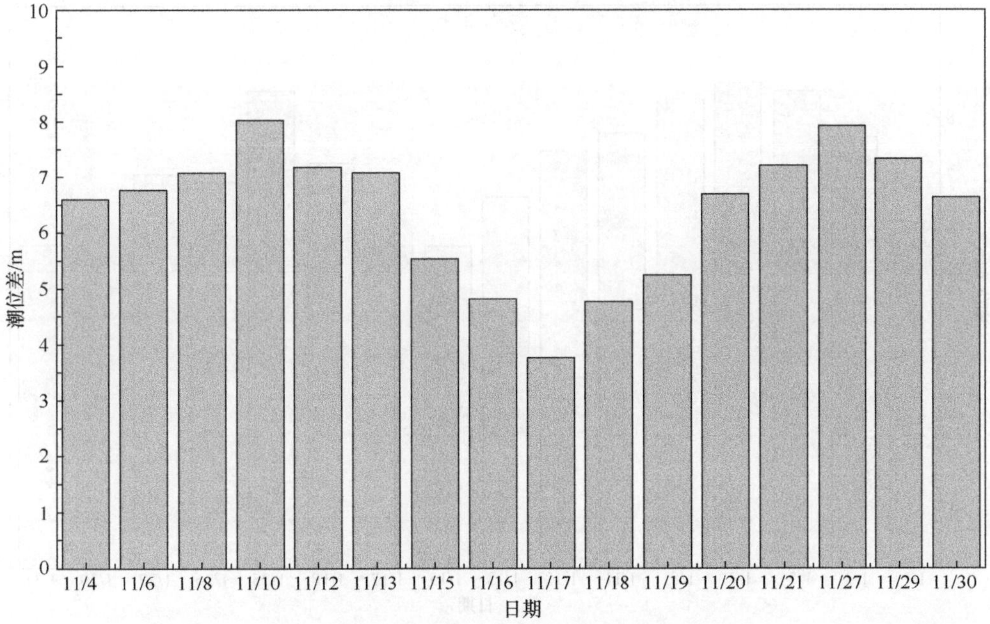

图 6-54　2018 年 11 月桥址处潮位差变化图

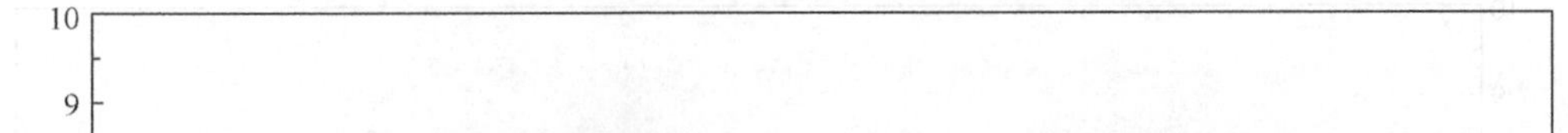

图 6-55　2018 年 12 月桥址处潮位差变化图

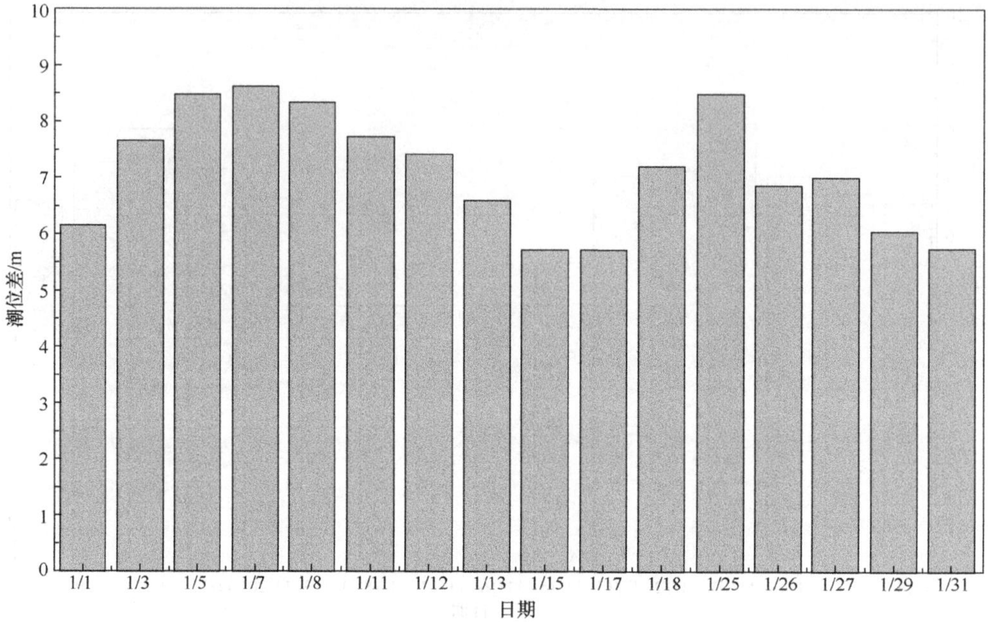

图 6-56　2019 年 1 月桥址处潮位差变化图

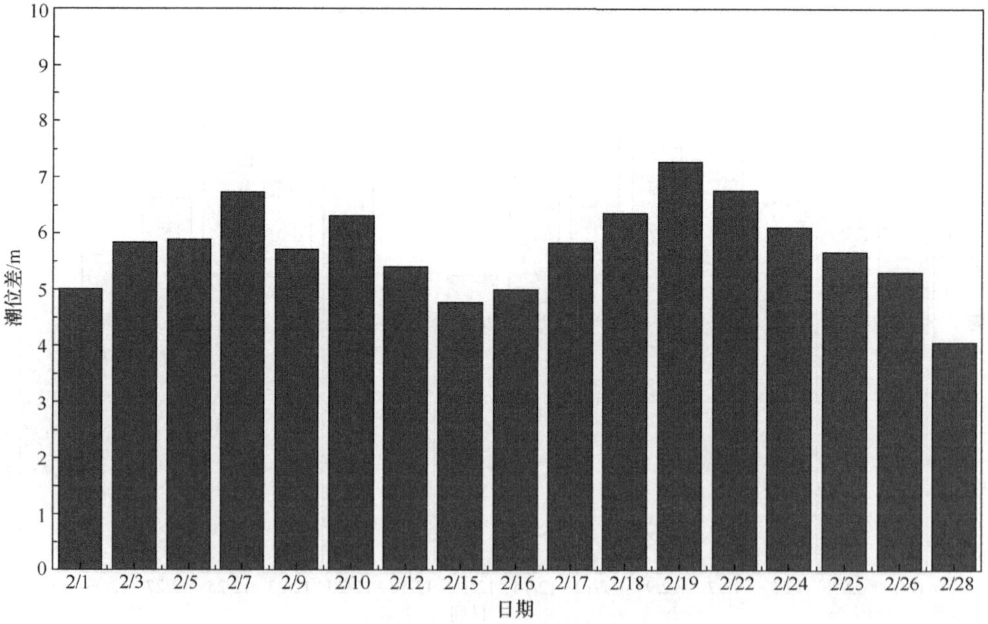

图 6-57　2019 年 2 月桥址处潮位差变化图

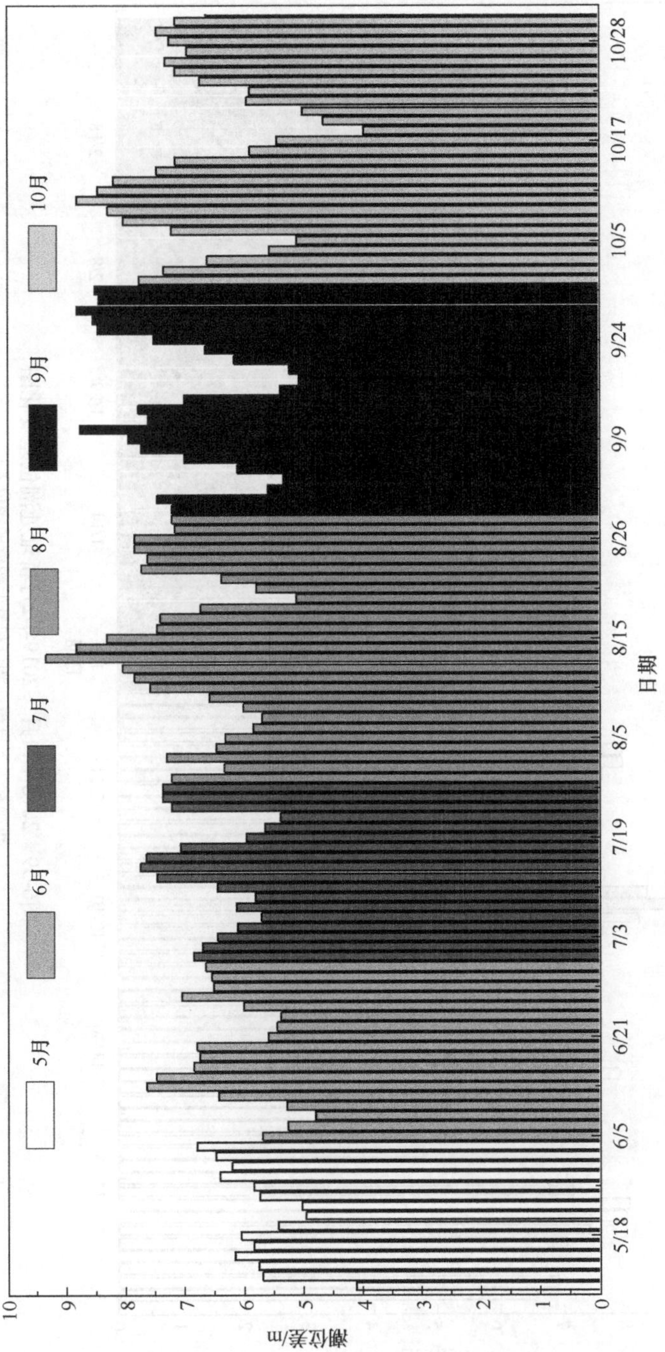

图6-58　2018年5～10月桥址处潮位差变化图

纵坐标为当日最高潮位和最低潮位的潮位差值

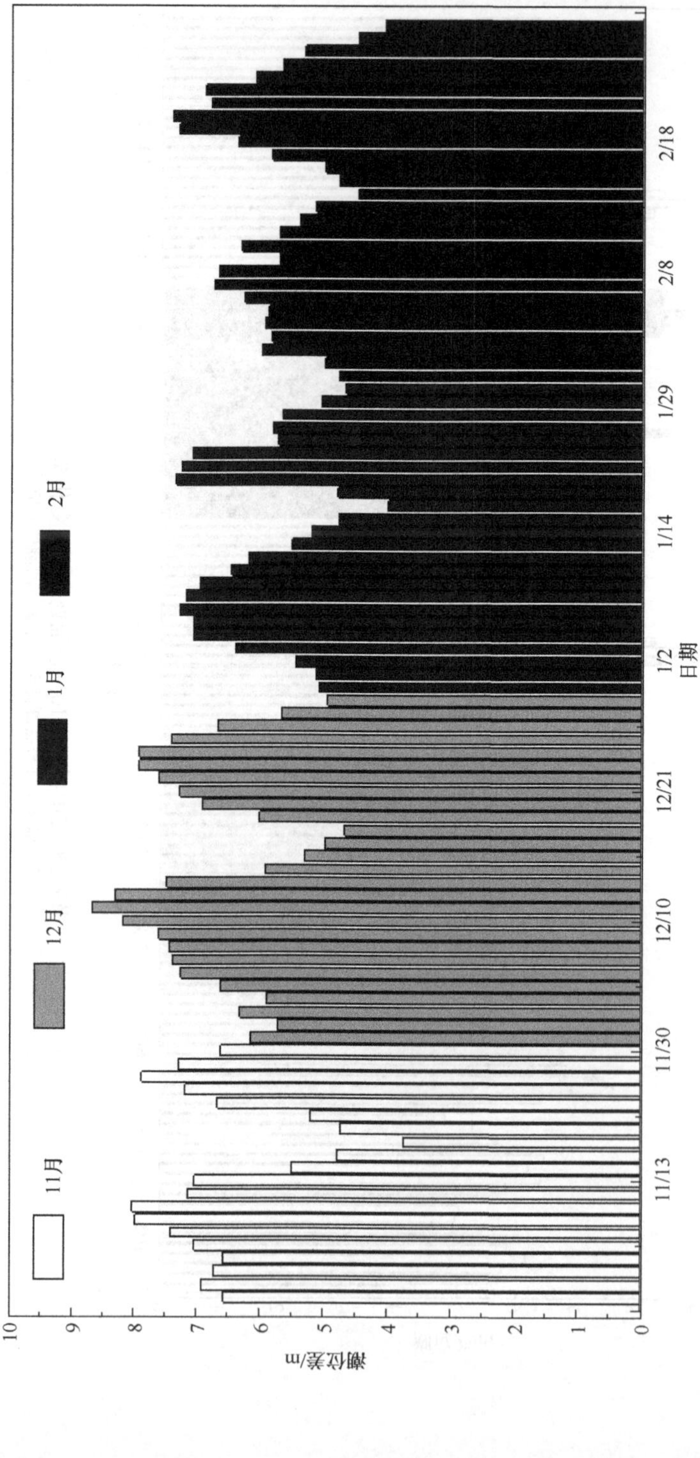

图6-59　2018年11月～2019年2月桥址处潮位差变化图

纵坐标为当日最高潮位和最低潮位的潮位差值

对以上监测数据进行分析可得出以下结论：

(1) 监测设备可以准确地监测到最高潮位与最低潮位发生的时间。

(2) 由监测曲线与海事网公布的潮汐曲线对比图可见，监测所得水深变化与潮汐表给出的潮位变化趋势一致，监测设备可以实时监测监测点的水头变化，具有较高的准确度。

(3) 从监测的水深变化可以看出监测设备具有很好的测试精度，可以实时观测冲刷误差。

3. 冲刷量初步分析

测试阶段数据分析：对 2018 年某大潮期间的监测数据进行相对土压力分析和处理，所得监测曲线如图 6-60 所示。

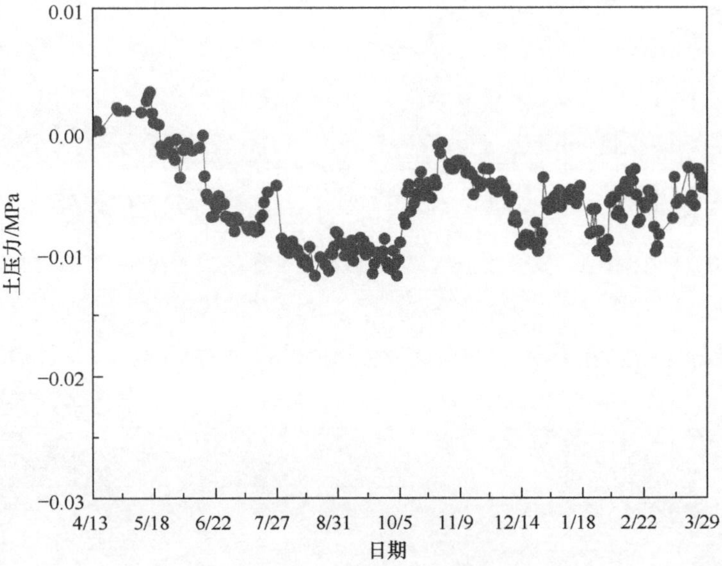

图 6-60　传感器土压力变化图

对以上监测数据进行分析可得出以下结论：

(1) 由桥梁工程的桩基安全性出发，本监测设备主要用于监测分析桥梁桩侧土压力变化对桩基安全性的影响。

(2) 图 6-60 反映了桩侧土的冲刷趋势，冲刷过程中伴随有回淤现象。

6.6　本章小结

本章介绍了近年来国内外学者开发的不同试验模型，包括单桩试验、群桩试验、安全防护试验、非常规水槽试验、实桥缩尺试验，概述了多种冲刷监测的新方法，包括时域反射计冲刷监测技术、探地雷达冲刷监测技术、回声测深冲刷监测技术、光纤光栅冲刷监测技术、磁力智能方法、基于动力的桥梁冲刷监测方法，并对比分析了各自的优缺点。另介绍了一种基于布拉格光纤光栅的可安装式结构的新型传感器，开发了配套的实时监测软件，搭建了适用于跨海桥梁局部冲刷的实时监测系统。

由桥梁工程的桩基安全性出发，作者研究团队所研发的监测设备主要用于监测分析桥梁桩侧土压力变化对桩基安全性的影响，在工程中开发的监测系统显示可以准确地监测到最高潮位与最低潮位发生的时间及潮差变化，同时可以剔除海床浮泥对冲淤变化监测的影响。

第7章　桥梁局部冲刷安全评估

7.1　概　述

桥梁评估就是利用特定信息，分析既有桥梁可靠性并为使桥梁保持一定水平的可靠性而做出相应工程决策的过程，包括安全性评估、耐久性评估、承载能力评估和可靠性评估等内容。在实际评估中，中小型桥梁一般以承载能力评估为重点；大型桥梁则侧重于安全性评估，即基于结构健康监测(structure health monitoring，SHM)系统的监测信息，结合理论分析模型、结构自身特点、专家经验及相关的规范文件，采用有效的评估手段和方法，对桥梁结构当前的健康状态、使用性能及安全等级进行评价，并在此基础上做出养护维修决策。主要的安全评估方法有常规综合评估、模糊综合评估、灰色关联度评估、基于神经网络和遗传算法的安全评估以及修正模型评估法等。

目前常用的评估方法如下。

(1) 模糊综合评估法：该方法是以模糊数学为基础，应用模糊关系合成的原理，将一些边界不清楚、不易定量的因素定量化，进行评估的方法。如果客观事物对象本身不明确，事物的分类没有明显的界限，即事物既可以属于这类也可以不属于这类，则可以考虑采用这种方法。该方法把一般的集合概念加以拓广，引入模糊集合的概念，为描述事物的状态，引入隶属度-隶属函数这一概念。

(2) 神经网络法：该方法采用神经网络的结构和模糊逻辑的推理机制，将神经网络和模糊系统有机结合在一起，可有效发挥各自的优势并弥补其不足。神经网络是一种模拟生物神经系统结构、有大量处理单元组成的非线性自适应动态系统，具有学习能力、记忆能力、计算能力及智能处理能力，能在不同程度和层次上模仿大脑的信息处理机制，具有非线性、非局域性、非定常性和非凸性等特点。

(3) 灰色关联度评估法：灰色理论认为，部分信息已知而部分信息未知，其外延是明确的，内涵不清楚，故具有灰色性，需要补充有关信息方可求解。灰色系统理论认为，人们对客观事物的认识具有广泛的灰色性，以及信息的不完全性和不确定性，因而由客观事物形成的是一种灰色系统，即部分信息已知、部分信息未知的系统。同时人们对被评价事物的认识也具有灰色性，故可以借助灰色系统的相关理论进行综合评价。

(4) 层次分析法：该方法基本原理是将要评价或识别的复杂问题分解成若干层次，由专家或决策者对所列指标根据重要程度两两比较逐层进行判断评分，利用计算判断矩阵的特征向量确定下层指标对上层指标的贡献程度或权重，从而得到最基层指标对总体目标的重要性排序。

本章针对跨海桥梁桩基冲刷安全性使用的评估方法为 FAHP 评价法。FAHP 评价法是一种将模糊综合评价法(fuzzy comprehensive evaluation，FCE)和层次分析法(analytic hierarchy process，AHP)相结合的评价方法，在体系评价、效能评估、系统优化等方面有广泛的应用，是一种定性与定量相结合的评价模型，一般是先用层析分析法确定因素集，然后用模糊综合评判确定评判效果。FAHP 评价法将模糊法和层次分析法相互融合，对评价有很好的可靠性。

7.2 基于 FAHP 评价法的冲刷安全评估方法

基于 FAHP 评价法的冲刷安全评估方法共分为四步，具体如下。

第一步：原始冲刷实时监测数据的获取。实时读取安装分布于水上墩顶支座的位移计及压力传感器、水中桩侧流速仪、水下冲刷坑深度监测设备获取的原始冲刷实时监测数据，包括墩顶位移、支座处竖向荷载和弯矩、桩侧水流流速、桩基冲刷坑深度等数据，并以数组形式存储，定义为 unprodata $\{\{u_1, N_1, M_1, V_1, H_1, \text{time}\}, \{u_2, N_2, M_2, V_2, H_2, \text{time}\}, \cdots, \{u_n, N_n, M_n, V_n, H_n, \text{time}\}\}$。

当获取原始冲刷实时监测数据时，由于监测设备为电子设备，难免出现系统误差，故对监测数据进行过滤。设定监测数据的正常值阈值，包括取值上限与取值下限，从而确定监测数据的正常值范围，将 unprodata 数组中正常值范围以外的监测数据过滤。

第二步：冲刷实时监测数据的简化处理。由于冲刷实时监测获取的数据量庞大冗杂，故对数组 unprodata 做简化处理。可定义一定的时间周期，如小时、天、周、月为监测的基本时间单位，此处取天数即 24h 为基本时间单位，对 24h 内监测设备及传感器获得的数据进行简化处理，得到数据 u_{a}，代表 24h 内墩顶位移；得到数据 N_{a} 及 M_{a}，代表 24h 内支座处竖向荷载及弯矩；得到数据 V_{a}，代表 24h 内桩侧水流流速；得到数据 H_{a}，代表 24h 内桩基冲刷坑深度。同一天的冲刷实时监测数据以数组形式存储于数组中，将简化处理后的 i 个数组按时间先后顺序排列形成一个序列定义为 prodata $\{\{u_1, N_1, M_1, V_1, H_1, \text{day}\}, \{u_2, N_2, M_2, V_2, H_2, \text{day}\}, \cdots, \{u_n, N_n, M_n, V_n, H_n, \text{day}\}\}$；

冲刷实时监测数据的简化处理，计算方法如下：

$$u_a = \frac{u_1 + u_2 + \cdots + u_n}{n} \tag{7-1}$$

$$N_a = \frac{N_1 + N_2 + \cdots + N_n}{n} \tag{7-2}$$

$$M_a = \frac{M_1 + M_2 + \cdots + M_n}{n} \tag{7-3}$$

$$V_a = \frac{V_1 + V_2 + \cdots + V_n}{n} \tag{7-4}$$

$$H_a = \frac{H_1 + H_2 + \cdots + H_n}{n} \tag{7-5}$$

式中，u_a 为 24h 内墩顶平均位移(m)；N_a 为 24h 内墩顶支座处平均竖向荷载(kN/m^2)；M_a 为 24h 内墩顶支座处平均弯矩(kN·m)；V_a 为 24h 内桩侧水流平均流速(m/s)；H_a 为 24h 内桩基冲刷坑平均深度(m)。

第三步：建立实时的桩基冲刷有限元评估模型。根据现有的桥涵基础资料，包括桥墩桥桩形状、桩基土层分布等，可建立初始的水下地形及桥梁桩基模型，随着桩基土层的冲淤变化，结合简化处理后的冲刷实时监测数据，即水上、水中、水下三个空间的桥梁桩基实时参数，具体包括墩顶支座处反力 N 和弯矩 M、墩顶位移 u、桩侧水流均布荷载 F、冲刷坑深度 H，可模拟在冲刷作用下，桥梁桩基边界条件的实时变化，建立实时的桥梁桩基冲刷有限元评估模型。其中，监测获取的桥梁桩基参数与时间相关，具有跟踪性、动态性和可更新性，可随时间调整桩基冲刷有限元评估模型。

第四步：评估桥梁桩基健康状态。此处选用《铁路桥涵设计规范》(TB 10002—2017)中规定的墩顶位移容许值作为安全指标，借助桩基冲刷有限元评估模型，对桥梁桩基进行数值分析。对有限元评估模型输入一个设计横向荷载作为外激励，该设计横向荷载作用在桩基顶部，有限元评估模型运行分析后输出墩顶位移，该墩顶位移即冲刷及外激励耦合作用下的墩顶位移，与规范规定的墩顶位移容许值进行差值对比，得出桥梁桩基健康状态并分级评估。

《铁路桥涵设计规范》(TB 10002—2017)中规定简支梁桥的墩台顶面水平容许位移 $\Delta \leqslant 0.5\sqrt{L}$ (mm)，其中 L 为桥梁跨度，当 L<24m 时，L 按 24m 计算；当为不等跨时，L 采用相邻的较小跨的跨度。

定义桥梁桩基健康状况评分为 F，其计算方法如下：

$$F = \frac{[U] - U}{[U]} \times 100\% \tag{7-6}$$

式中，F 为桩基健康状况评分，总分值 100 分；$[U]$ 为墩顶位移容许值；U 为数值分析所得墩顶位移。

为了更加形象地展示桥梁桩基的健康状况，此处可根据交通部《公路桥涵养护规范》(JTG H11—2004)对桥梁桩基健康状况评分 F 进行分档，具体见表 7-1。

表 7-1 桥梁桩基健康状况评分表

健康状况评分 F	$0 \leqslant F < 20$	$20 \leqslant F < 40$	$40 \leqslant F < 60$	$60 \leqslant F < 80$	$80 \leqslant F < 100$
桥梁桩基健康状况分档	五类	四类	三类	二类	一类

一类(80～100 分)：墩台各部分完好；基础及地基状况良好。

二类(60～80 分)：墩台基本完好；3%以内的表面有风化、麻面、短细裂缝，缝宽小于限值，砌体灰缝脱落；表面长有青苔、杂草；基础无冲蚀现象。

三类(40～60 分)：墩台 3%～10%的表面有各种缺损，裂缝宽超限值，有风化、剥落、露筋、锈蚀现象，砌体灰缝脱落、局部变形等；出现轻微的下沉、倾斜、滑动等现象，发展缓慢或趋向稳定；基础有局部冲蚀现象，桩基顶段被磨损。

四类(20～40 分)：墩台 10%～20%的表面有各种缺损，裂缝宽而密，剥落、露筋、锈蚀严重，砌体大面积松动、变形；墩台出现下沉、倾斜、滑动、冻拔现象，变形小于或等于规范值，台背填土有沉降裂缝或挤压隆起，变形发展较快；基础冲刷大于设计值，基底冲空面在 10%～20%以内，桩基顶段被侵蚀、露筋、缩颈，或有环状冻裂，木桩腐蚀、蛀蚀严重。

五类(0～20 分)：墩台不稳定，下沉、倾斜、滑动、冻拔现象严重，变形大于规范值，造成上部结构和桥面变形过大，不能正常行车；墩台、桩基出现结构性裂缝，裂缝宽度超过限值；基底冲刷深度大于设计值，冲空面达 20%以上，地基承载力降低，桥台岸坡滑移。

7.3 桥梁基础冲刷有限元试验评估模型

依据典型桥梁单桩材料参数以及结构尺寸，并综合考虑典型海床工程地质情况，采用 ANSYS 软件建立桩基冲刷有限元评估模型。评估模型(图 7-1)将墩顶位移容许值作为安全指标，依据最不利情况布置荷载，荷载主要有桥梁上部结构对桥墩的压力 N、车辆荷载对桥墩造成的偏心弯矩 M、船撞击力 F、流水荷载 P。

如何较好地模拟桩土的相互作用以及水流对桩基的压力是建立本模型的难点。

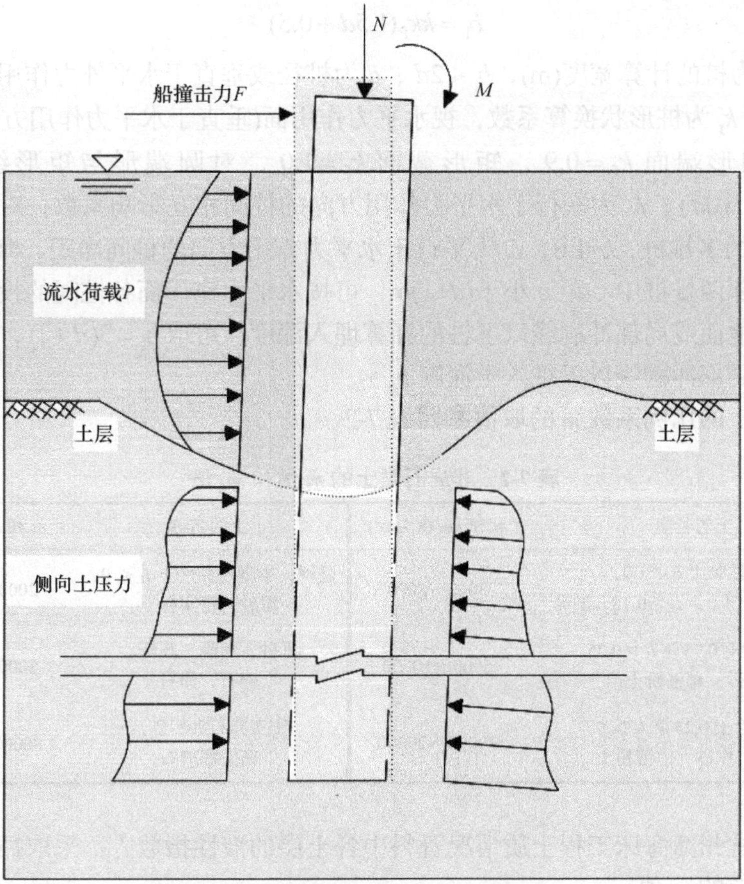

图 7-1　被冲刷桩基的受力示意图

7.3.1　*m* 法计算桩基土弹簧刚度

根据《公路桥涵地基与基础设计规范》(JTG 3363—2019)附录 L 中 *m* 法计算桩基土弹簧的刚度 K。

m 法桩基土弹簧刚度计算基本公式：

$$K = ab_1mz \tag{7-7}$$

式中，a 为各土层厚度(m)；b_1 为桩的计算宽度(m)；m 为地基土的比例系数(kN/m^4)；z 为各土层中点距地面的距离(m)。

桩的计算宽度 b_1 可按下式计算：

当 $d \geqslant 1.0$m 时，有

$$b_1 = kk_{\mathrm{f}}(d+1) \tag{7-8}$$

当 $d < 1.0$m 时，有

$$b_1 = kk_f(1.5d + 0.5) \tag{7-9}$$

式中，b_1 为桩的计算宽度(m)，$b_1 \leqslant 2d$；d 为桩径或垂直于水平外力作用方向桩的宽度(m)；k_f 为桩形状换算系数，视水平力作用面(垂直于水平力作用方向)而定，圆形或圆形端面 $k_f = 0.9$，矩形截面 $k_f = 1.0$，对圆端形与矩形组合截面 $k_f = 1 - a/(10d)$；k 为平行于水平力作用方向的桩间相互影响系数，对单排桩或 $L_1 \geqslant 0.6h_1$ 的多排桩，k=1.0，L_1 为平行于水平力作用方向的桩间净距，梅花形布桩时，若相邻两排桩中心距 c 小于(d+1)m，可按水平力作用面各桩间的投影距离计算，h_1 为地面或局部冲刷线以下桩的计算埋入深度，可取 $h_1 = 3(d+1)$，但不得大于地面或局部冲刷线以下桩入土深度 h。

地基土的比例系数 m 的取值参照表 7-2。

表 7-2　非岩石类土的 m 值和 m_0 值

土的名称	m 和 m_0/ (kN/m^4)	土的名称	m 和 m_0/(kN/m^4)
流塑性黏土 I_L＞1.0，软塑黏性土 1.0 ≥ I_L＞0.75，淤泥	3000～5000	坚硬，半坚硬黏性土 I_L ≤ 0，粗砂，密实粉土	20000～30000
可塑黏性土 0.75 ≥ I_L＞0.25，粉砂，稍密粉土	5000～10000	砾砂，角砾，圆砾，碎石，卵石	30000～80000
硬塑黏性土 0.25 ≥ I_L ≥ 0，细砂，中砂，中密粉土	10000～20000	密实卵石夹粗砂，密实漂卵石	80000～120000

依据杭州湾海床工程土质情况资料中各土层的液性指数 I_L，采取插线法取得各土层相应的 m 值。

计算所得各土层计算节点分布及土弹簧刚度具体见表 7-3。

表 7-3　土弹簧刚度计算表

冲刷深度/m	计算节点	计算参数				
		a/m	b_1/m	z/m	m/(kN/m^4)	K/(kN/m)
−11.000	1.000	1.000	2.700	11.000	1500.000	44550.000
−12.000	2.000	1.000	2.700	12.000	1500.000	48600.000
−13.000	3.000	1.000	2.700	13.000	1500.000	52650.000
−14.000	4.000	1.000	2.700	14.000	1500.000	56700.000
−15.000	5.000	1.000	2.700	15.000	1500.000	60750.000
−16.000	6.000	1.000	2.700	16.000	1500.000	64800.000
−17.000	7.000	1.000	2.700	17.000	1500.000	68850.000

续表

冲刷深度/m	计算节点	计算参数				
		a/m	b_1/m	z/m	m/(kN/m^4)	K/(kN/m)
−18.000	8.000	4.000	2.700	18.000	1800.000	349920.000
−22.000	9.000	4.000	2.700	22.000	1800.000	427680.000
−26.000	10.000	4.000	2.700	26.000	1800.000	505440.000
−30.000	11.000	4.000	2.700	30.000	1800.000	583200.000
−34.000	12.000	4.000	2.700	34.000	1800.000	660960.000
−38.000	13.000	4.000	2.700	38.000	1800.000	738720.000
−42.000	14.000	5.000	2.700	42.000	2100.000	1190700.000
−47.000	15.000	5.000	2.700	47.000	2100.000	1332450.000
−52.000	16.000	6.000	2.700	52.000	2140.000	1802736.000
−58.000	17.000	10.000	2.700	58.000	3560.000	5574960.000
−68.000	18.000	10.000	2.700	68.000	3560.000	6536160.000
−78.000	19.000	10.000	2.700	78.000	3560.000	7497360.000

注：a 为各土层厚度(m)；b_1 为桩的计算宽度(m)；m 为地基土的比例系数(kN/m^4)；z 为各土层计算节点至地面的距离(m)。

依据土弹簧刚度，将土层等效为弹簧单元建立 ANSYS 有限元模型。

7.3.2　流水荷载计算方法

依据美国国家公路与运输协会 LRFD 桥梁设计规范(AASHTO LRFD SI-2007)提出的建议来估算流水荷载。

作用在下部结构纵向的水流压力应取为

$$p = 5.14\times10^{-4} C_D V^2 \tag{7-10}$$

作用在下部结构侧向的水流压力应取为

$$p = 5.14\times10^{-4} C_L V^2 \tag{7-11}$$

式中，p 为流水压力(MPa)；C_D 为桥墩的阻力系数(见表 7-4 的规定)；C_L 为桥墩的侧向阻力系数(见表 7-5 的规定)；V 为在强度和使用极限状态下，桥梁的设计水速。

表 7-4 阻力系数 C_D

桥墩形状	C_D
半圆形墩	0.7
方形墩	1.4
积留在桥墩上的漂浮物	1.4
楔形墩(楔尖夹角为 90°或小于 90°)	0.8

表 7-5 侧向阻力系数 C_L

水流方向与桥墩纵轴的夹角 θ /(°)	C_L
0	0.0
5	0.5
10	0.7
20	0.9
≥30	1.0

注：本评估模型采用的桩基截面形状为圆形，故取 C_D 为 0.7， C_L 为 0。

7.3.3 ANSYS 试验评估模型建立

采用 ANSYS 软件建立桩基冲刷有限元评估模型，模型具体设置如下：整个计算模型为直径 2m、桩长 104m 的圆柱体长桩，采用 solid95 实体单元，六面体结构划分单元，进行精细化网格划分，网格总数约为 50000 个，网格划分质量较好。采用 combin39 弹簧单元模拟桩土的相互作用，根据表 7-3，在土下桩基部分共布置 19 个弹簧单元；对桩底施加固定约束。

本有限元模型考虑水流荷载、船撞击力、车辆荷载产生的弯矩、上部结构自重、冲刷坑深度等多因素影响。根据 7.3.2 节流水荷载计算方法中式(7-10)及式 (7-11)计算水流荷载，取典型重现期 100 年的垂线平均最大水流流速 3.02m/s 代入式(7-10)中计算，得到水流荷载为 $3.28\times10^{-3}\text{MPa}$ ，以面荷载施加于桩侧；根据《公路桥涵设计通用规范》(JTG D60—2015)取船撞击力为 62.5kN，以集中荷载作用于距水面以上 2m 处，取车辆荷载产生的弯矩为 $220\text{kN}\cdot\text{m}$ ，作用于桩顶；根据典型桥上部结构图纸，取上部结构自重 283.2kN 施加于桩顶；以弹簧单元的失效来模拟冲刷坑的变化。

以下分列两种工况进行数值计算并对结果进行对比分析。

工况一：外激励 ＝ 水流荷载+车辆荷载产生的弯矩+上部结构自重。

工况二：外激励 ＝ 船撞击力+水流荷载+车辆荷载产生的弯矩+上部结构自重。

得到结果如图 7-2 和图 7-3 所示。

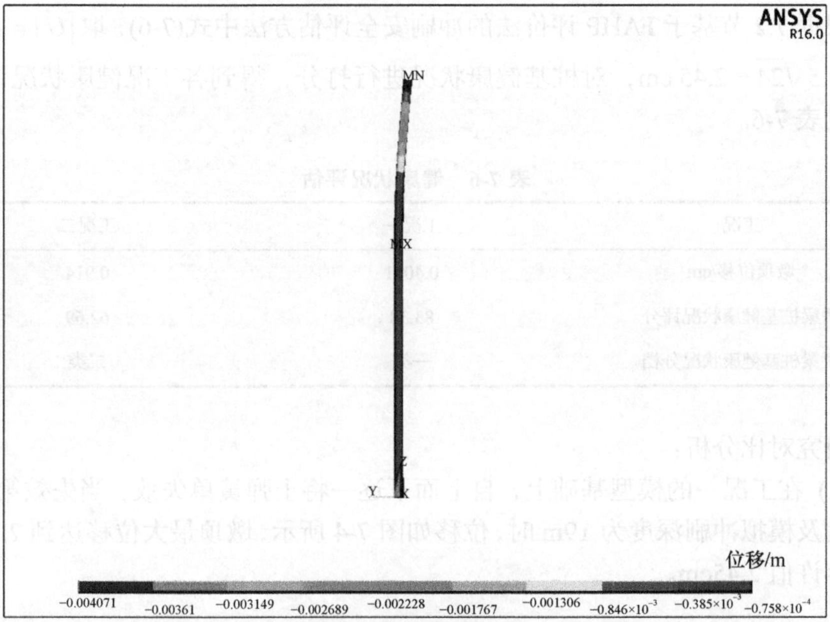

图 7-2　桩基位移图(工况一)

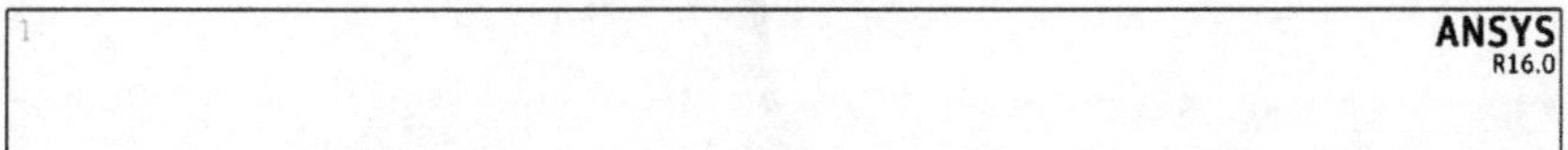

图 7-3　桩基位移图(工况二)

根据 7.2 节基于 FAHP 评价法的冲刷安全评估方法中式(7-6)，取$\left[U\right]=\Delta\leqslant 0.5\sqrt{L}=0.5\sqrt{24}=2.45\ \text{cm}$，对桩基健康状况进行打分，得到各工况健康状况评分，具体见表 7-6。

表 7-6　健康状况评估

工况	工况一	工况二
墩顶位移/cm	0.4071	0.914
桥梁桩基健康状况评分	83.38	62.69
桥梁桩基健康状况分档	一类	二类

研究对比分析：

(1) 在工况一的模型基础上，自上而下逐一将土弹簧单失效，当失效第 11 层土弹簧及模拟冲刷深度为 19m 时，位移如图 7-4 所示，墩顶最大位移达到 2.28cm，接近容许值 2.45cm。

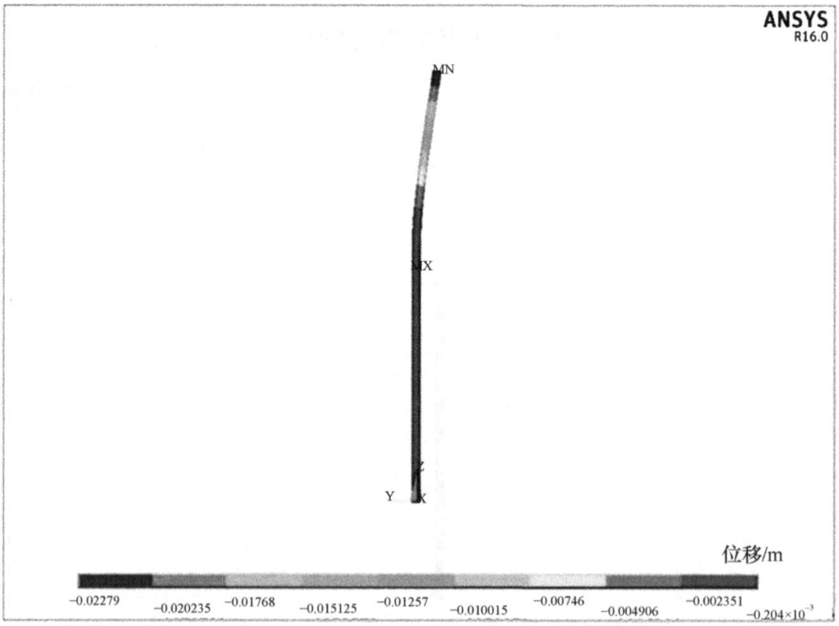

图 7-4　冲刷深度为 19m 时的桩基位移图(工况一)

(2) 在工况二的模型基础上，自上而下逐一将土弹簧单失效，当失效第 9 层土弹簧及模拟冲刷深度为 11m 时，位移如图 7-5 所示，墩顶最大位移达到 2.41cm，接近容许值 2.45cm。

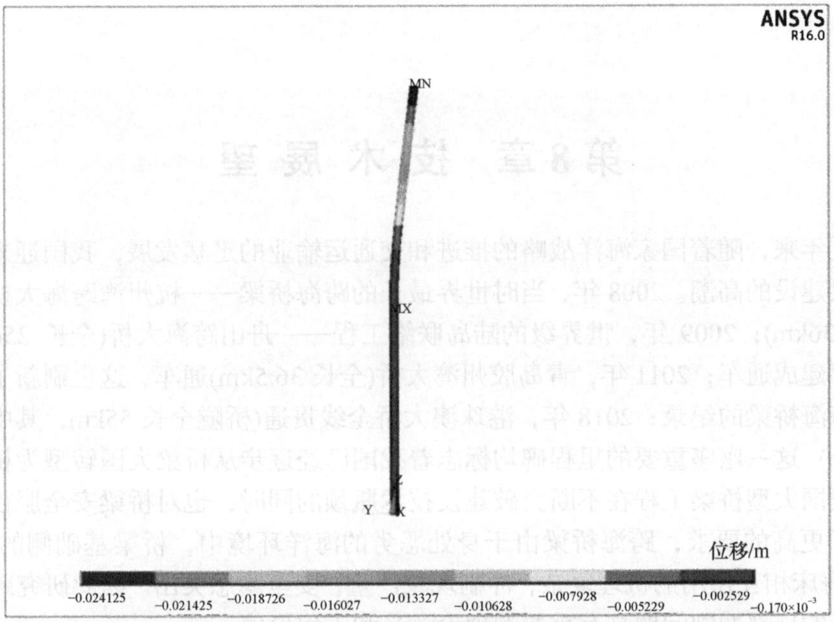

图 7-5　冲刷深度为 11m 时的桩基位移图(工况二)

对比上述两种情况发现，桩侧土受冲刷对桩基侧向稳定性造成很大影响，随着冲刷坑深度的增大，在外界较大激励的作用下，桩基很可能会发生倾覆破坏。故对桩基冲刷深度的实时监测以及其健康状况的评估是非常有必要的。

7.4 本章小结

本章介绍了目前常用的评估方法，包括模糊综合评估法、神经网络法、灰色关联度评估法、层次分析法；并在冲刷监测数据的基础上，提出了基于 FAHP 评价法的桩基冲刷安全评估方法，通过弹簧单元模拟了土与桩基的相互作用，建立了 ANSYS 有限元桩基试验评估模型。在评估方法以及评估模型的基础上，将车辆对桥梁桩基造成的偏心弯矩，100 年重现期的垂线平均最大流速造成的水流力，上部荷载自重以及船撞击力作为外激励，对桩基安全性进行了初步的评估研究。未来可考虑实桥的结构以及各环境参数对模型进行修正，来对实桥桩基冲刷情况进行评估。

第 8 章　技 术 展 望

近年来，随着国家海洋战略的推进和交通运输业的迅猛发展，我国迎来了跨海桥梁建设的高潮。2008 年，当时世界最长的跨海桥梁——杭州湾跨海大桥贯通(全长 36km)；2009 年，世界级的陆岛联络工程——舟山跨海大桥(全长 25km)历经十年建成通车；2011 年，青岛胶州湾大桥(全长 36.5km)通车，这也刷新了世界最长跨海桥梁的纪录；2018 年，港珠澳大桥全线贯通(桥隧全长 55km，其中主桥 29.6km)。这一座座重要的里程碑均标志着我国已经逐步从桥梁大国转型为桥梁强国。我国大型桥梁工程在不断突破建设技术瓶颈的同时，也对桥梁安全服役能力提出了更高的要求，跨海桥梁由于身处恶劣的海洋环境中，桥梁基础侧的水流-桩基-海床相互作用的机理复杂，冲刷现象严重，安全隐患突出。因此研究跨海桥梁桩基的局部冲刷问题具有重要的理论意义和工程价值。

近年来，有关桥梁基础冲刷方面的研究越来越受到重视，针对冲刷引起的桩基承载力不足等破坏因素，研究者与设计者一般采用以下手段来预测或获取冲刷深度：对于未建桥梁，相较于利用规范内的公式进行计算或建立三维数值模拟，实桥缩尺试验具有更高的可靠度；对于已建桥梁，国内外的大型桥梁大多通过不定期的扫海测试来获取桥梁所处海域地形图，从而得到桥梁桩基的冲刷情况，在桥梁安装现场实时监测系统比较困难。然而，桥梁局部冲刷机理的复杂性、预测公式的不统一、仿真软件的不成熟、监测手段的单一等因素使得冲刷领域的研究仍存在巨大挑战。

为克服以上困难，本书综合考虑自然演变冲刷、一般冲刷及局部冲刷，从桩-土-水耦合作用入手，着重分析了桩周局部冲刷机理。并利用 CFD 软件开展了单桩及群桩基础在单向水流和往复流条件下的局部冲刷模拟，揭示了局部冲刷坑的分布形态，并提出可靠的局部冲刷深度预测公式以及针对性的安全防护方法，开发了一种新型的现场实时监测系统并进行了工程应用，介绍了一种桥桩局部冲刷安全评估方法。

海域冲刷的复杂性使得现有研究仍存在许多不足，目前存在的主要问题和下一步的研究方向如下：

(1) 跨海桥梁处于复杂的海域环境下，需要针对各种海洋水动力因素、不同海床泥沙特性、桥梁基础型式开展冲刷机理研究；海洋环境下的冲刷应用公式较少，公式计算精度未得到统一，亟须进一步完善。

(2) 实验室建立的试验模型，需要考虑尺度效应对冲刷的影响，相似性(几何、水动力、泥沙运动)需要进一步提升；冲刷过程中，冲刷深度对水动力的影响研究尚少；大多试验对成桥桩基进行冲刷分析，施工期冲刷研究不足。

(3) 潮流、波浪、洋流等多因素耦合作用下的三维数值模拟研究较少，数值模型合理选择未统一，需要考虑不同悬移质浓度和桥梁基础型式的动床冲刷对冲刷坑深度的影响；且数值模型建立的海床较少考虑实际海床周围高程变化，对冲刷深度计算结果影响较大；桩群与水流之间动态流固耦合研究较少。

(4) 跨海桥梁所处海床泥沙冲淤复杂多变，海底沟槽变化发展较快。现有的桥梁基础局部冲刷监测大多在大潮期进行，持续时间长，泥沙冲淤相对潮流流速变化有滞后效应，需要研发能够排除水流和悬浮泥等因素干扰的实时监测设备。海域环境下桥梁基础冲刷防护措施研究需要综合考量复杂的海域环境和实际工程特点，有针对性地制订安全防护方案，提高桥梁基础抗冲刷能力。

(5) 跨海桥梁区域围垦等涉水建设活动频繁，一定程度上加大了大桥附近海域潮流地形变化的复杂性，滩涂围垦会引起水动力条件和滩槽冲淤变化。考虑围垦等人类活动变化和包括冲刷在内的多灾害分析对桥梁基础冲刷的影响将是今后研究发展的趋势之一。

参考文献

[1] Melville B. Local scour of bridge sites[D]. Auckland：University of Auckland, 1975.

[2] Ettema R. Scour at bridge piers[D]. Auckland: University of Auckland, 1980.

[3] Deng L, Cai C S. Bridge scour: Prediction, modeling, monitoring, and countermeasures—Review[J]. Practice Periodical on Structural Design and Construction, 2010, 15(2): 125-134.

[4] 欧进萍，肖仪清，黄虎杰，等. 海洋平台结构实时安全监测系统[J]. 海洋工程, 2001, (2): 1-6.

[5] 郭健，蒋兵. 近 30 年桥梁基础冲刷研究进展及关键问题[J]. 中国公路学报，2020，33(7): 1-16.

[6] 李奇，王义刚，谢锐才. 桥墩局部冲刷公式研究进展[J]. 水利水电科技进展，2009，29(2): 85-88, 94.

[7] Shirole A M, Holt R C. Planning for a comprehensive bridge safety assurance program[J]. Transportation Research Record, 1991, 1(1): 39-50.

[8] Ting B, Zhen L. Vibration-based bridge scour detection: A review[J]. Structural Control and Health Monitoring, 2017, 24(7): e1937.

[9] Wardhana K, Hadipriono F C. Analysis of recent bridge failures in the united states[J]. Journal of Performance of Constructed Facilities, 2003, 17(3): 144-150.

[10] 敦楪. 敦楪桥梁数据库：世界桥梁事故[EB/OL]. https: //h5. qzone. qq. com/ugc/share?sharetag=108C4CC584B475BAB355534FB6D8179F&bp7=&bp2=&bp1=&_wv=1&res_uin=3317247574 & appid=2&cellid=1563243104&no_topbar=1&subid=&g_ut=3&from=mp#wechat_qqauth&wechat_redirect[2020-7-6].

[11] 易仁彦，周瑞峰，黄茜. 近 15 年国内桥梁坍塌事故的原因和风险分析[J]. 交通科技，2015，272(5): 61-64.

[12] 汪涛. 跨海桥梁桩基础局部冲刷预测及防护方案[D]. 杭州：浙江工业大学，2020.

[13] 郭健. 跨海大桥建设的主要技术现状与面临的挑战[J]. 桥梁建设, 2010, (6): 66-69.

[14] 浙江省河海测绘院项目组. 杭州湾跨海大桥桥墩局部冲刷跟踪观测研究报告[R]. 宁波：宁波市杭州湾大桥发展有限公司, 2017.

[15] Zdrakovich M M. 圆柱绕流Ⅱ——应用[M]. 马文勇，刘庆宽，杜校庆，等译. 北京：机械工业出版社, 2018.

[16] Zdrakovich M M. The effects of interference between circular cylinders in cross flow[J]. Journal of Fluids and Structures, 1987, 1 (2): 239-261.

[17] 陈海鸥. 波流共同作用下海床上直立大直径圆柱建筑物周围的局部冲刷研究[D]. 大连：大连理工大学, 2002.

[18] 高冬光，王亚玲. 桥涵水文[M]. 5 版. 北京：人民交通出版社, 2016.

[19] 王兴奎，邵学军. 河流动力学基础[M]. 北京：中国水利水电出版社, 2002.

[20] 李成才. 桥墩局部冲刷试验及计算理论研究[D]. 南京：河海大学, 2007.

[21] 张云霞. 冲刷环境下连续梁桥的地震易损性分析[D]. 徐州：中国矿业大学, 2017.

[22] 中华人民共和国交通运输部. JTG C30—2015 公路工程水文勘测设计规范[S]. 北京：人

民交通出版社.
[23] Unger J, Hager W H. Down-flow and horseshoe vortex characteristics of sediment embedded bridge piers[J]. Experiments in Fluids, 2007, 42(1): 1-19.
[24] Sheppard D M, Odeh M, Glasser T. Large scale clear-water local pier scour experiments[J]. Journal of Hydraulic Engineering, 2004, 130(10): 957-963.
[25] Wang C, Yu X, Liang F. A review of bridge scour: Mechanism, estimation, monitoring and countermeasures[J]. Natural Hazards, 2017, 87(3): 1881-1906.
[26] Ricky T F, Kw A, Melville B W. Local scour and flow measurements at bridge abutments[J]. Journal of Hydraulic Research, 1994, 32(5): 661-673.
[27] Wang C, Yu X, Liang F Y. Erosion mechanism of local scour around cushioned caisson on reinforced ground[J]. Marine Georesources & Geotechnology, 2017, 35(7): 1028-1036.
[28] 周泳涛, 高正荣, 鲍卫刚. 复杂群桩基础冲刷计算方法研究[J]. 公路, 2012, (4): 26-29.
[29] 向琪芪, 李亚东, 魏凯, 等. 桥梁基础冲刷研究综述[J]. 西南交通大学学报, 2019, 54(2): 235-248.
[30] 韩海骞. 潮流作用下桥墩局部冲刷研究[D]. 杭州: 浙江大学, 2006.
[31] Veerappadevaru G, Gangadharaiah T, Jagadeesh T R. Temporal variation of vortex scour process around caisson piers[J]. Journal of Hydraulic Research, 2012, 50(2): 200-207.
[32] Guo J, Suaznabar O, Shan H, et al. Pier scour in clear-water conditions with non-uniform bed materials [R]. McLean: Turner-Fairbank Highway Research Center, 2012.
[33] Dargahi B. Controlling mechanism of local scouring[J]. Journal of Hydraulic Engineering, 1990, 116(10): 1197-1214.
[34] Roulund A, Sumer B M, Fredsoe J, et al. Numerical and experimental investigation of flow and scour around a circular pile[J]. Journal of Fluid Mechanics, 2005, 534: 351-401.
[35] 王飞, 姚磊华, 张彬, 等. 桥墩局部冲刷动态模拟及不同截面的冲刷特性[J]. 水利水电科技进展, 2018, 38(3): 81-87.
[36] Xu C Y, Chen L W, Lu X Y. Large-eddy and detached-eddy simulations of the separated flow around a circular cylinder[J]. Journal of Hydrodynamics, 2007, (5): 559-563.
[37] Olsen N R B, Melaaen M C. Three-dimensional calculation of scour around cylinders[J]. Journal of Hydraulic Engineering, 1993, 119(9): 1048-1054.
[38] Olsen N R B, Kjellesvig H M. Three-dimensional numerical flow modelling for estimation of spillway capacity[J]. Journal of Hydraulic Research, 1998, 36(5): 775-784.
[39] Richardson J E, Panchang V G. Three-dimensional simulation of scour-inducing flow at bridge piers[J]. Journal of Hydraulic Engineering, 1998, 124(5): 530-540.
[40] Saghravani S F, Azhari A. Simulation of clear water local scour around a group of bridge piers using an Eulerian 3D, two-phase model[J]. Progress in Computational Fluid Dynamics: An International Journal, 2012, 12(5): 333-341.
[41] 韦雁机, 叶银灿, 吴珂, 等. 桩周局部冲刷三维数值模拟[J]. 海洋工程, 2009, 27(4): 61-66.
[42] 喻鹏, 祝志文. 串列双圆柱桥墩局部冲刷精细化模拟[J]. 中国公路学报, 2019, 32(1): 107-116.
[43] 熊文, 姚浩, Cai C S, 等. 冲刷环境对桥墩冲刷空间形态影响的仿真分析[J]. 哈尔滨工业大

学学报, 2016, 48(3): 108-114.

[44] Kim H S, Nabi M, Kimura I, et al. Numerical investigation of local scour at two adjacent cylinders[J]. Advances in Water Resources, 2014, 70: 131-147.

[45] Omara H, Elsayed S M, Abdeelaal G M, et al. Hydromorphological numerical model of the local scour process around bridge piers[J]. Arabian Journal for Science and Engineering, 2019, 44(5): 4183-4199.

[46] Ahmad N, Bihs H, Myrhaug D, et al. Three-dimensional numerical modelling of wave-induced scour around piles in a side-by-side arrangement[J]. Coastal Engineering, 2018, 138(8): 132-151.

[47] Baykal C, Sumer B M, Fuhrman D R, et al. Numerical simulation of scour and backfilling processes around a circular pile in waves[J]. Coastal Engineering, 2017, 122(4): 87-107.

[48] Zhang Q, Zhou X, Wang J. Numerical investigation of local scour around three adjacent piles with different arrangements under current[J]. Ocean Engineering, 2017, 142(15): 625-638.

[49] Catalano P, Wang M, Iaccarino G, et al. Numerical simulation of the flow around a circular cylinder at high Reynolds numbers[J]. International Journal of Heat and Fluid Flow, 2003, 24(4): 463-469.

[50] Mastbergen D R, van den Berg J H. Breaching in fine sands and the generation of sustained turbidity currents in submarine canyons[J]. Sedimentology, 2003, 50(4): 625-637.

[51] Kevin W. 开源 CFD 软件——OpenFOAM 简介[EB/OL].https: //www. jianshu. com/p/34a54f22ead4 [2020-7-6].

[52] Arneson L A, Zevenber L W, Lagasse P F, et al. Evaluating scour at bridges[R]. Washington D.C. : Federal High Way Administration, 2012.

[53] 祝志文, 喻鹏. 中美规范桥墩局部冲刷深度计算的比较研究[J]. 中国公路学报, 2016, 29(1): 36-43.

[54] 韩海骞, 牛有象, 熊绍隆. 金塘大桥桥墩附近的海床冲刷[J]. 海洋学研究, 2009, 27(1): 101-106.

[55] 李梦龙. 潮流作用下桥墩局部冲刷研究[D]. 天津: 天津大学, 2012.

[56] Nakagawa H, Suzuki K. Local scour around bridge pier in tidal current[J]. Coastal Engineering, 1976, 19(1): 89-100.

[57] Han Y, Chen Z. Experimental study on local scour around bridge piers in tidal current[J]. China Ocean Engineering, 2004, 18(4): 669-676.

[58] Laursen E M. An analysis of relief bridge scour[J]. Journal of the Hydraulics Division, 1963, 89(3): 93-118.

[59] Melville B W, Chiew Y M. Time scale for local scour at bridge piers[J]. Journal of Hydraulic Engineering, 125(1): 59-65.

[60] Sheppard D M, Melville B, Demir H. Evaluation of existing equations for local scour at bridge piers[J]. Journal of Hydraulic Engineering, 2014, 140(1): 14-23.

[61] 韩海骞, 熊绍隆, 孙志林. 潮流作用下桥墩局部冲刷深度计算公式的建立与验证[J]. 泥沙研究, 2016, (1): 9-13.

[62] Guan D W, Chiew Y M, Wei M X, et al. Characterization of horseshoe vortex in a developing scour hole at a cylindrical bridge pier[J]. International Journal of Sediment Research, 2019,

34(2): 118-124.
[63] Dey S, Barbhuiya A K. Time variation of scour at abutments[J]. Journal of Hydraulic Engineering, 2005, 131(1): 11-23.
[64] 郭健, 汪涛, 王金权, 等. 基于能量平衡的跨海桥梁钢管桩局部冲刷深度计算[J]. 海洋工程, 2020, (6).
[65] 张红武, 汪家寅. 沙石及模型沙水下休止角试验研究[J]. 泥沙研究, 1989, (3): 90-96.
[66] 高徐昌, 姚炎明. 潮流作用下桥墩局部冲刷深度公式研究[J]. 科技通报, 2019, 35(1): 232-235.
[67] Han H Q, Chen Y F, Sun Z L. Estimation of maximum local scour depths at multiple piles of sea/bay-crossing bridges[J]. KSCE Journal of Civil Engineering, 2019, 23(2): 567-575.
[68] 马丽丽, 国振, 王立忠, 等. 单向流条件下单桩桩周冲刷过程特征试验研究[J]. 海洋工程, 2017, 35(1): 136-146, 156.
[69] Al-Shukur A H K, Obeid Z H. Experimental study of bridge pier shape to minimize local scour[J]. International Journal of Civil Engineering and Technology, 2016, 7(1): 162-171.
[70] Ahmad N, Mohamed T, Ali F H. Clear-water local scour at wide piers in shallow-water flow[J]. Water Practice & Technology, 2014, 9(3): 331-343.
[71] Ettema R, Kirkil G, Muste M. Similitude of large-scale turbulence in experiments on local scour at cylinders[J], Journal of Hydraulic Engineering, 2006, 132(1): 33-40.
[72] 刘谨, 刘芳亮, 冯良平. 某跨海大桥桥墩基础冲刷试验研究[J]. 公路, 2012, (10): 61-66.
[73] 卢中一. 苏通长江公路大桥桥墩基础的局部冲刷[C]//第十五届中国海洋(岸)工程学术讨论会论文集(中), 太原, 2011: 683-687.
[74] 房世龙, 杨国巍. 跨江大桥主桥墩局部冲刷试验研究[J]. 南通航运职业技术学院学报, 2010, 9(4): 64-68.
[75] Ettema R, Constantinescu G, Melville B. Evaluation of bridge scour research: Pier scour processes and predictions[R]. Washington D. C. : Transportation Research Board, 2011.
[76] 张佰战, 李付军. 桥墩局部冲刷计算研究[J]. 中国铁道科学, 2004, (2): 48-51.
[77] 毛宁. 论泥沙砾石的起动流速[J]. 长江科学院院报, 2011, 28(1): 6-11.
[78] 郭健, 顾颂平, 张慧昕, 等. 圆柱形桥墩局部冲刷计算方法对比分析[J]. 浙江工业大学学报, 2019, 47(6): 637-641.
[79] 谢鉴衡. 河流模拟[M]. 北京: 水利电力出版社, 1990.
[80] Khosronejad A, Kang S, Sotiropoulos F. Experimental and computational investigation of local scour around bridge piers[J]. Advances in Water Resources, 2012, 37: 73-85.
[81] Hassanzadeh Y, Jafari-Bavil-Olyaei A, Aalami M T, et al. Experimental and numerical investigation of bridge pier scour estimation using ANFIS and teaching: Learning-based optimization methods[J]. Engineering with Computers, 2019, 35(3): 1103-1120.
[82] Yu T S, Lian J J, Shi Z Q, et al. Experimental investigation of current-induced local scour around composite bucket foundation in silty sand[J]. Ocean Engineering, 2016, 117(1): 311-320.
[83] 赵威, 呼和敖德. 圆柱绕流局部冲刷机制的实验研究[J]. 力学学报, 2006, (5): 577-585.
[84] Dey S, Raikar R V. Characteristics of horseshoe vortex in developing scour holes at piers[J]. Journal of Hydraulic Engineering, 2007, 133(4): 399-413.

[85] 严建科, 焦臣, 龙涛, 等. 单圆柱桥墩绕流流场试验研究[J]. 西安建筑科技大学学报(自然科学版), 2012, 44(6): 779-785.

[86] Ataie-Ashtiani B, Baratian-Ghorghi Z, Beheshti A A. Experimental investigation of clear-water local scour of compound piers[J]. Journal of Hydraulic Engineering, 2010, 136(6): 343-351.

[87] Yang Y L, Qi M L, Wang X, et al. Experimental study of scour around pile groups in steady flows[J]. Ocean Engineering, 2020, 195: 106651.

[88] Ma L L, Wang L Z, Guo Z, et al. Time development of scour around pile groups in tidal currents[J]. Ocean Engineering, 2018, 163: 400-418.

[89] Rahimi E, Qaderi K, Rahimpour M, et al. Effect of debris on piers group scour: An experimental study[J]. KSCE Journal of Civil Engineering, 2018, 22(4): 1496-1505.

[90] 王炎, 叶楠, 杨蝶俪, 等. 密布半球型桥墩防冲刷装置局部冲刷试验研究[J]. 低温建筑技术, 2019, 41(12): 84-88.

[91] Tipireddy R T R, Barkdoll B D. Scour reduction by air injection at a cylindrical bridge pier: Experimental determination of optimal configuration[J]. Journal of Hydraulic Engineering, 2019, 145(1): 06018016.

[92] Vaghefi M, Motlagh M J T N, Hashemi S S, et al. Experimental study of bed topography variations due to placement of a triad series of vertical piers at different positions in a 180° bend[J]. Arabian Journal of Geosciences, 2018, 13(1): 245-260.

[93] 韩海骞, 熊绍隆. 潮流作用下桥墩局部冲刷规律研究[J]. 浙江水利科技, 2014, 42(5): 87-91.

[94] 王瑞锋, 李君, 杨元平, 等. 飞云江特大桥桥墩局部冲刷试验研究[J]. 浙江水利科技, 2014, 42(3): 3-6.

[95] 潘存鸿, 郑君, 陈刚, 等. 杭州湾潮汐特征时空变化及原因分析[J]. 海洋工程, 2019, 37(3): 1-11.

[96] 王建平, 邢方亮, 穆守胜. 潮流作用下桥墩局部冲刷研究[J]. 人民珠江, 2014, 35(3): 25-29.

[97] 房世龙, 施小飞, 倪飞. 桥墩局部冲刷远程实时监测技术研究进展[J]. 公路工程, 2015, 40(6): 88-95.

[98] Yu X B, Yu X. Assessment of an automation algorithm for TDR bridge scour monitoring system[J]. Advances in Structural Engineering, 2011, 14(1): 13-24.

[99] Murray F, Md N C, Abdul A, et al. An evaluation of scour measurement devices[J]. Flow Measurement and Instrumentation, 2013, 33: 55-67.

[100] Millard S G, Bungey J H, Thomas C, et al. Assessing bridge pier scour by radar[J]. NDT & EInternational, 1998, 31(4): 251-258.

[101] Hayden J T, Puleo J A. Near real-time scour monitoring system: Application to indian river inlet, Delaware[J]. Journal of Hydraulic Engineering, 2011, 137(9): 1037-1046.

[102] Lin Y B, Chen J C, Chang K C. Real-time monitoring of local scour by using fiber Bragg grating sensors[J]. Smart Materials and Structures, 2005, 14: 664-670.

[103] Fisher M, Atamturktur S, Khan A A. A novel vibration-based monitoring technique for bridge pier and abutment scour[J]. Structural Health Monitoring, 2013, 12(2): 114-125.

[104] Xiong W, Cai C S, Kong X. Instrumentation design for bridge scour monitoring using fiber Bragg grating sensors[J]. Applied Optics, 2012, 51(5): 547- 557.

[105] Isley II J, Saafi M, Jow J, et al. Sensor networks for bridge stability safety monitoring during flood induced scour[J]. Structural Engineering Research Frontiers, 2007, 5: 1-10.

[106] 江胜华, 武立群, 侯建国, 等. 基于磁性标签石块的桥墩局部冲刷监测方法[J]. 重庆大学学报, 2016, 39(1): 88-97.

[107] Ting B, Swartz R A, Vitton S, et al. Critical insights for advanced bridge scour detection using the natural frequency[J]. Journal of Sound and Vibration , 2017, 386: 116-133.

[108] Prendergas L J, Gavin K, Reale C. Sensitivity studies on scour detection using vibration-based systems[C]//Transportation Research Procedia: The 6th Transport Research Arena (TRA), Warsaw, 2016.

[109] 熊文, 邹晨, 叶见曙. 基于动力特性识别的桥墩冲刷状态分析[J]. 中国公路学报, 2017, 30(5): 89-96.

[110] 熊文, 张学峰, 唐平波. 基于上部结构振动响应的杭州湾大桥桥塔冲刷状态分析[J]. 东南大学学报(自然科学版), 2018, 48(5): 871-877.

附录A 墩台冲刷计算及基础埋深

本附录摘取了《公路工程水文勘测设计规范》(JTG C30—2015)中关于墩台冲刷的有关规定及计算说明。

A.1 一 般 规 定

A.1.1 墩台冲刷应包括河床自然演变冲刷、一般冲刷和局部冲刷三部分；墩台冲刷计算应作为确定基础埋深的设计依据。

A.1.2 墩台冲刷的分析计算应根据地区特点、河段特性、水文与泥沙特征、河床地质等情况采用本规范相应的方法和公式，必要时可选用其他公式或利用实测、调查资料验证，分析论证后选用合理的计算成果。

A.1.3 水文、泥沙条件复杂或墩形系数难以确定的特殊桥梁，冲刷深度可通过水工模型试验确定。

A.1.4 改扩建工程的桥梁，墩台冲刷应考虑与既有桥梁在水流流向、流速以及冲刷等方面相互干扰的不利影响。

A.2 河床自然演变冲刷

A.2.1 可通过调查或利用各年河床断面、河段地形图、洪水、泥沙等资料，分析河床逐年自然下切程度，估算桥梁使用年限内河床自然下切的深度。

A.2.2 河槽横向变动引起的自然演变冲刷，宜在桥位河段内选用对计算冲刷不利的断面作为计算断面。

A.2.3 弯道的凹岸河床最大自然下切后的最低高程 Z_w 可按下列公式计算：

$$Z_w = Z_d - (1+\xi)(Z_d - Z_b) \tag{A.2.3-1}$$

$$\xi = 2.07 - \lg\left(\frac{r_e}{B} - 2\right),\quad 2 < \frac{r_e}{B} < 22 \tag{A.2.3-2}$$

式中：Z_d——设计水位(m)；

ξ——弯道形状系数；

Z_b——设计流量下形成的平均河床高程(m)；

r_e——弯顶处曲率半径(m)；

B——天然河宽(m)。

A.2.4 既有涉河工程引起的河床变形，可通过已有分析资料、动床模型试验成果预测，或采用相应公式计算确定。

A.3 桥下一般冲刷计算

A.3.1 非黏性土河床的一般冲刷，应分河槽、河滩按下列公式计算：

1 河槽部分

1) 64-2 简化式

$$h_p = 1.04\left(A_d \frac{Q_2}{Q_c}\right)^{0.90}\left[\frac{B_c}{(1-\lambda)\mu B_{cg}}\right]^{0.66} h_{cm} \tag{A.3.1-1}$$

$$Q_2 = \frac{Q_c}{Q_c + Q_{t1}} Q_p \tag{A.3.1-2}$$

$$A_d = \left(\frac{\sqrt{B_z}}{H_z}\right)^{0.15} \tag{A.3.1-3}$$

式中：h_p——桥下一般冲刷后的最大水深(m)；

Q_p——设计流量(m^3/s)；

Q_2——桥下河槽部分通过的设计流量(m^3/s)，当河槽能扩宽至全桥时取用Q_p；

Q_c——天然状态下河槽部分设计流量(m^3/s)；

Q_{t1}——天然状态下桥下河滩部分设计流量(m^3/s)；

B_c——天然状态下河槽宽度(m)；

B_{cg}——桥长范围内的河槽宽度(m)，当河槽能扩宽至全桥时取用桥孔总长度；

B_z——造床流量下的河槽宽度(m)，对复式河床可取平滩水位时河槽宽度；

λ——设计水位下，在B_{cg}宽度范围内，桥墩阻水总面积与过水面积的比值；

μ——桥墩水流侧向压缩系数，按表A.3.1-1确定；

h_{cm}——河槽最大水深(m)；

A_d——单宽流量集中系数，山前变迁、游荡、宽滩河段当$A_d>1.8$时，A_d值可采用1.8；

H_z——造床流量下的河槽平均水深(m)，对复式河床可取平滩水位时河槽平均水深。

表 A.3.1-1　桥墩水流侧向压缩系数 μ 值

设计流速 v_s /(m/s)	单孔净跨径 L_0 /m								
	≤10	13	16	20	25	30	35	40	45
<1	1.00	1.00	1.00	1.00	1.00	1.00	1.00	1.00	1.00
1.0	0.96	0.97	0.98	0.99	0.99	0.99	0.99	0.99	0.99
1.5	0.96	0.96	0.97	0.97	0.98	0.98	0.98	0.99	0.99
2.0	0.93	0.94	0.95	0.97	0.97	0.98	0.98	0.98	0.98
2.5	0.90	0.93	0.94	0.96	0.96	0.97	0.97	0.98	0.98
3.0	0.89	0.90	0.92	0.95	0.96	0.96	0.97	0.97	0.98
3.5	0.87	0.90	0.92	0.94	0.95	0.96	0.96	0.97	0.97
≥4.0	0.85	0.88	0.91	0.93	0.94	0.95	0.96	0.96	0.97

注：1. 系数 μ 是指墩台侧面因漩涡形成滞留区而减少过水面积的折减系数。

2. 当单孔净跨径 L_0 >45m 时，可按 $\mu=1-0.375\dfrac{v_s}{L_0}$ 计算，对不等跨的桥孔，可采用各孔 μ 值的平均值。单孔净跨径 L_0 >200m 时，取 $\mu\approx1.0$ 。

2) 64-1 修正式

$$h_p=\left[\frac{A_d\dfrac{Q_2}{\mu B_{cj}}\left(\dfrac{h_{cm}}{h_{cq}}\right)^{\frac{5}{3}}}{E\overline{d}^{\frac{1}{6}}}\right]^{\frac{3}{5}} \tag{A.3.1-4}$$

式中：B_{cj}——河槽部分桥孔过水净宽(m)，当桥下河槽能扩宽至全桥时，即为全桥桥孔过水净宽；

h_{cq}——桥下河槽平均水深(m)；

$\overline{d}$——河槽泥沙平均粒径(mm)；

E——与汛期含沙量有关的系数，可按表 A.3.1-2 选用。

表 A.3.1-2　与汛期含沙量有关的系数 E 值

含沙量 ρ /(kg/m³)	<1.0	1～10	>10
E	0.46	0.66	0.86

注：含沙量 ρ 采用历年汛期月最大含沙量平均值。

2 河滩部分

$$h_p=\left[\frac{\frac{Q_1}{\mu B_{tj}}\left(\frac{h_{tm}}{h_{tq}}\right)^{\frac{5}{3}}}{v_{H1}}\right]^{\frac{5}{6}} \tag{A.3.1-5}$$

$$Q_1=\frac{Q_{t1}}{Q_c+Q_{t1}}Q_p \tag{A.3.1-6}$$

式中：Q_1——桥下河滩部分通过的设计流量(m^3/s)；

h_{tm}——桥下河滩最大水深(m)；

h_{tq}——桥下河滩平均水深(m)；

B_{tj}——河滩部分桥孔净长(m)；

v_{H1}——河滩水深 1m 时非黏性土不冲刷流速(m/s)，可按表 A.3.1-3 选用。

表 A.3.1-3 水深 1m 时非黏性土不冲刷流速

河床泥沙		$\overline{d}$ /mm	v_{H1} /(m/s)	河床泥沙		$\overline{d}$ /mm	v_{H1} /(m/s)
沙	细	0.05～0.25	0.32～0.35	卵石	小	20～40	1.50～2.00
	中	0.25～0.50	0.32～0.40		中	40～60	2.00～2.30
	粗	0.50～2.00	0.40～0.60		大	60～200	2.30～3.60
圆砾	小	2.00～5.00	0.60～0.90	漂石	小	200～400	3.60～4.70
	中	5.00～10	0.90～1.20		中	400～800	4.70～6.00
	大	10～20	1.20～1.50		大	>800	>6.00

A.3.2 黏性土河床的一般冲刷，应分河槽、河滩按下列公式计算:

1 河槽部分

$$h_p=\left[\frac{A_d\frac{Q_2}{\mu B_{cj}}\left(\frac{h_{cm}}{h_{cq}}\right)^{\frac{5}{3}}}{0.33\left(\frac{1}{I_L}\right)}\right]^{\frac{5}{8}} \tag{A.3.2-1}$$

式中：A_d——单宽流量集中系数，取 1.0～1.2；

I_L——冲刷坑范围内黏性土液性指数，适用范围为 0.16～1.19。

2 河滩部分

$$h_p=\left[\frac{A_d\dfrac{Q_2}{\mu B_{tj}}\left(\dfrac{h_{tm}}{h_{tq}}\right)^{\frac{5}{3}}}{0.33\left(\dfrac{1}{I_L}\right)}\right]^{\frac{6}{7}} \tag{A.3.2-2}$$

A.3.3 一般冲刷后墩前行进流速宜按下列公式计算:

1 当采用式(A.3.1-1)计算一般冲刷时

$$v=\frac{A_d^{0.1}}{1.04}\left(\frac{Q_2}{Q_c}\right)^{0.1}\left[\frac{B_c}{\mu(1-\lambda)B_{cg}}\right]^{0.34}\left(\frac{h_{cm}}{h_c}\right)^{\frac{2}{3}}v_c \tag{A.3.3-1}$$

式中：v——一般冲刷后墩前行进流速(m/s)；

v_c——河槽平均流速(m/s)；

h_c——河槽平均水深(m)。

2 当采用式(A.3.1-4)计算一般冲刷时

$$v=E\bar{d}^{\frac{1}{6}}h_p^{\frac{2}{3}} \tag{A.3.3-2}$$

3 当采用式(A.3.1-5)计算一般冲刷时

$$v=v_{H1}h_p^{\frac{1}{5}} \tag{A.3.3-3}$$

4 当采用式(A.3.2-1)计算一般冲刷时

$$v=\frac{0.33}{I_L}h_p^{\frac{3}{5}} \tag{A.3.3-4}$$

5 当采用式(A.3.2-2)计算一般冲刷时

$$v=\frac{0.33}{I_L}h_p^{\frac{1}{6}} \tag{A.3.3-5}$$

A.4 墩台局部冲刷计算

A.4.1 非黏性土河床桥墩局部冲刷，可按下列公式计算：

1 65-2式

当 $v \leqslant v_0$ 时

$$h_b = K_\xi K_{\eta 2} B_1^{0.6} h_p^{0.15} \left(\frac{v - v_0'}{v_0} \right) \tag{A.4.1-1}$$

当 $v > v_0$ 时

$$h_b = K_\xi K_{\eta 2} B_1^{0.6} h_p^{0.15} \left(\frac{v - v_0'}{v_0} \right)^{n_2} \tag{A.4.1-2}$$

$$K_{\eta 2} = \frac{0.0023}{\overline{d}^{2.2}} + 0.375 \overline{d}^{0.24} \tag{A.4.1-3}$$

$$v_0 = 0.28(\overline{d} + 0.7)^{0.5} \tag{A.4.1-4}$$

$$v_0' = 0.12(\overline{d} + 0.5)^{0.55} \tag{A.4.1-5}$$

$$n_2 = \left(\frac{v_0}{v} \right)^{0.23 + 0.19 \lg(\overline{d})} \tag{A.4.1-6}$$

式中：h_b——桥墩局部冲刷深度(m)；

K_ξ——墩形系数，可按附录B选用；

B_1——桥墩计算宽度(m)；

$\overline{d}$——河床泥沙平均粒径(mm)；

$K_{\eta 2}$——河床颗粒影响系数；

v——一般冲刷后墩前行进流速(m/s)，可按第A.3.3条规定计算；

v_0——河床泥沙起动流速(m/s)；

v_0'——墩前泥沙始冲流速(m/s)；

n_2——指数。

2 65-1修正式

当 $v \leqslant v_0$ 时

$$h_b = K_\xi K_{\eta 1} B_1^{0.6} (v - v_0') \tag{A.4.1-7}$$

当 $v > v_0$ 时

$$h_b = K_\xi K_{\eta 1} B_1^{0.6} (v - v_0') \left(\frac{v - v_0'}{v_0 - v_0'} \right)^{n_1} \tag{A.4.1-8}$$

$$v_0 = 0.0246 \left(\frac{h_p}{\overline{d}} \right)^{0.14} \sqrt{332\overline{d} + \frac{10 + h_p}{\overline{d}^{0.72}}} \tag{A.4.1-9}$$

$$K_{\eta 1}=0.8\left(\frac{1}{\overline{d}^{0.45}}+\frac{1}{\overline{d}^{0.15}}\right) \tag{A.4.1-10}$$

$$v_0'=0.462\left(\frac{\overline{d}}{B_1}\right)^{0.06}v_0 \tag{A.4.1-11}$$

式中：$K_{\eta 1}$——河床颗粒影响系数；

n_1——指数；

$\overline{d}$——河床泥沙平均粒径，适用范围为 0.1～500mm；

h_p——桥下一般冲刷后的最大水深，适用范围为 0.2～30m；

v——一般冲刷后墩前行进流速，适用范围为 0.1～6m/s；

B_1——桥墩计算宽度，适用范围为 0～11m。

A.4.2 黏性土河床桥墩局部冲刷，可按下列公式计算：

当 $\dfrac{h_p}{B_1}\leqslant 2.5$ 时

$$h_b=0.83K_\xi B_1^{0.6}I_L^{1.25}v \tag{A.4.2-1}$$

当 $\dfrac{h_p}{B_1}>2.5$ 时

$$h_b=0.55K_\xi B_1^{0.6}h_p^{0.1}I_L^{1.0}v \tag{A.4.2-2}$$

式中：I_L——冲刷坑范围内黏性土液性指数，适用范围为 0.16～1.48。

A.4.3 桥台最大冲刷深度，应结合桥位河床特征、压缩程度等情况，分析、计算比较后确定。对于非黏性土河床桥台局部冲刷深度，可分河槽、河滩按下列公式分析计算：

1　桥台位于河槽时

当 $\dfrac{h_p}{B_1}\leqslant 500$ 时

$$h_b=1.17k_\varepsilon k_\alpha h_p\left(\frac{l}{h_p}\right)^{0.6}\left(\frac{\overline{d}}{h_p}\right)^{-0.15}\left[\frac{(v-v_0')^2}{gh_p}\right]^{0.15} \tag{A.4.3-1}$$

当 $\dfrac{h_p}{B_1}>500$ 时

$$h_b=1.17k_\varepsilon k_\alpha h_p\left(\frac{l}{h_p}\right)^{0.6}\left(\frac{\overline{d}}{h_p}\right)^{-0.10}\left[\frac{(v-v_0')^2}{gh_p}\right]^{0.15} \tag{A.4.3-2}$$

$$k_\alpha=\left(\frac{\alpha}{90}\right)^{0.2},\ \alpha\leqslant 90^\circ \tag{A.4.3-3}$$

式中：h_b——桥台局部冲刷深度(m)；

k_ε——台形系数，可按表A.4.3选用；

α——桥(台)轴线与水流夹角，桥轴线与水流垂直时，α=90°；

k_α——桥台与水流交角系数，α适用范围为0°～90°时，按式(A.4.3-3)计算；

l——垂直于水流流向的桥台和路堤长度，或称桥台和路堤阻挡过流的宽度(m)，适用范围为$\frac{l}{h_p}=0.16\sim8.80$；

h_p——桥下河槽部分一般冲刷后水深(m)；

$\bar{d}$——河槽泥沙平均粒径(m)；

v——一般冲刷后台前行进流速，可按第A.3.3条规定计算；

v_0'——台前泥沙始冲流速(m/s)，可按式(A.4.1-9)和式(A.4.1-11)计算；

g——取用9.80(m/s²)。

表A.4.3 台形系数k_ε值

桥台形式	k_ε	桥台形式	k_ε
埋置式直立桥台	0.39～0.42	埋置式肋板桥台	0.43～0.47
重力式U形桥台	0.92		

2 桥台位于河滩时，局部冲刷深度可按式(A.4.3-1)～式(A.4.3-3)计算，但其中水、沙变量均取河滩上的相应值。

A.5 特殊情况的冲刷计算

A.5.1 对桥下由多层成分不同的土质组成的分层土河床，冲刷计算可采用逐层渐近法进行。

A.6 墩台基底最小埋置深度

A.6.1 在确定桥梁墩台基础埋置深度时，除应根据桥位河段具体情况，取河床自然演变冲刷、一般冲刷和局部冲刷的不利组合确定外，尚应符合现行《公路桥涵地基与基础设计规范》(JTG D63)的相关规定。

A.6.2 非岩石河床墩台基底埋深安全值，可按表 A.6.2 确定。

表 A.6.2 基底埋深安全值 (单位：m)

总冲刷深度/m		0	5	10	15	20
安全值	大桥、中桥、小桥(不铺砌)	1.5	2.0	2.5	3.0	3.5
	特大桥	2.0	2.5	3.0	3.5	4.0

注：1. 总冲刷深度为自河床面算起的河床自然演变冲刷、一般冲刷与局部冲刷深度之和。

2. 表列数字为墩台基底埋入总冲刷深度以下的最小值。设计流量、水位和原始断面资料无十分把握或河床演变尚不能获得准确资料时，其值可适当加大。

3. 桥位上下游有已建桥梁或属旧桥改建时，应调查旧桥的特大洪水冲刷情况，新桥墩台基础埋置深度应在旧桥最大冲刷深度上酌加必要的安全值。

A.6.3 位于河槽的桥台，当其最大冲刷深度小于桥墩总冲刷深度时，桥台基底的埋深应与桥墩基底高程相同；位于河滩的桥台，对河槽摆动的不稳定河流，桥台基底高程应与桥墩相同；对稳定河流，桥台基底高程可按桥台冲刷计算结果确定。

A.6.4 桥台锥坡基脚埋置深度应考虑冲刷的影响。当位于稳定、次稳定河段的河滩上时，基脚底面应在一般冲刷线以下至少 0.50m；当桥台位于不稳定河流的河滩上时，基脚底面应在一般冲刷线以下至少 1m。

附录B　墩形系数及墩宽计算表

<table>
<tr><th>编号</th><th>墩形示意图</th><th>墩形系数 K_ξ</th><th>桥墩计算宽度 B_1</th></tr>
<tr><td>1</td><td>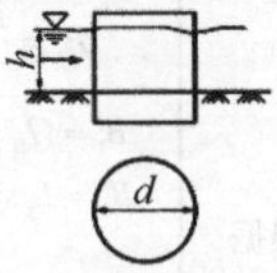
</td><td>1.00</td><td>$B_1 = d$</td></tr>
<tr><td>2</td><td>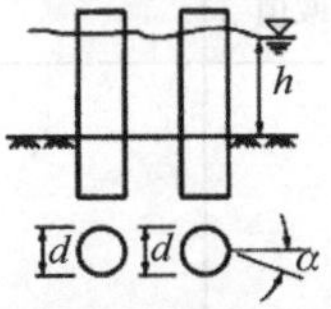
</td><td>不带联系梁：K_ξ=1.00
带联系梁：
<table>
<tr><td>α</td><td>0°</td><td>15°</td><td>30°</td><td>45°</td></tr>
<tr><td>K_ξ</td><td>1.00</td><td>1.05</td><td>1.10</td><td>1.15</td></tr>
</table></td><td>$B_1 = d$</td></tr>
<tr><td>3</td><td>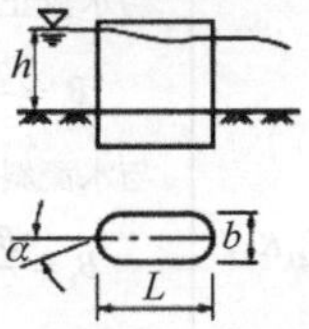
</td><td>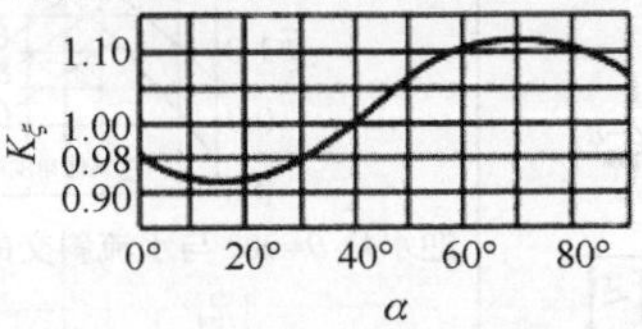
</td><td>$B_1 = (L-b)\sin\alpha + b$</td></tr>
<tr><td>4</td><td>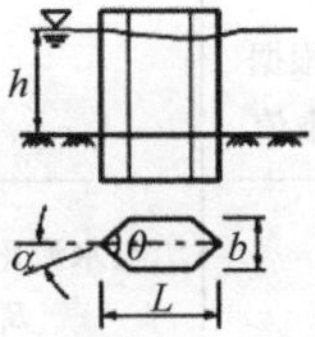
</td><td>
<table>
<tr><td rowspan="2">与水流
正交时
各种迎
水角系数</td><td>θ</td><td>45°</td><td>60°</td><td>75°</td><td>90°</td><td>120°</td></tr>
<tr><td>K_ξ</td><td>0.70</td><td>0.84</td><td>0.90</td><td>0.95</td><td>1.10</td></tr>
</table>
迎水角θ=90°与水流斜交的系数K_ξ
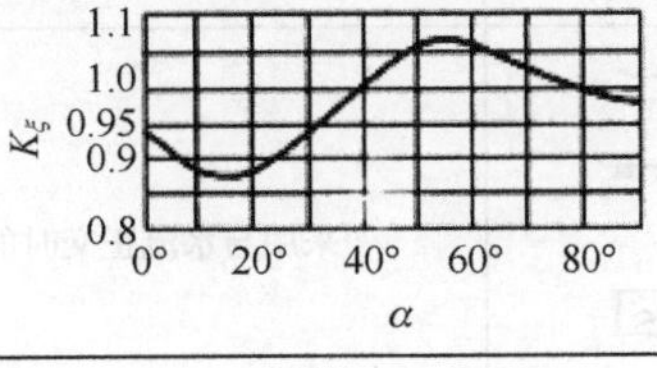
</td><td>$B_1 = (L-b)\sin\alpha + b$
(为了简化可按圆端墩计算)</td></tr>
<tr><td>5</td><td>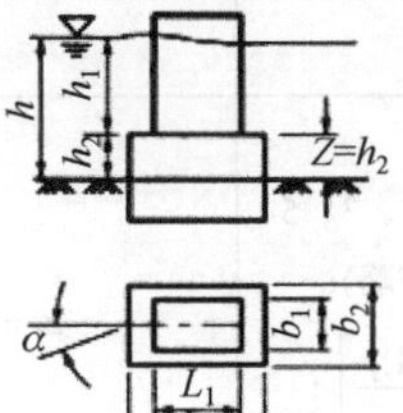
</td><td>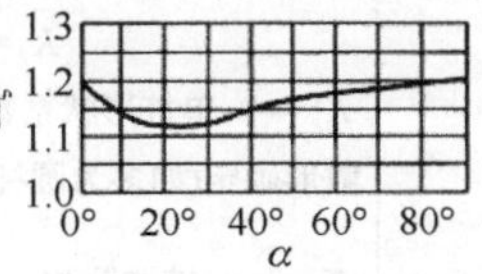
</td><td>与水流正交
$$B_1 = \frac{b_1 h_1 + b_2 h_2}{h}$$
与水流斜交
$$B_1 = \frac{B_1' h_1 + B_2' h_2}{h}$$
$B_1' = L_1 \sin\alpha + b_1 \cos\alpha$
$B_2' = L_2 \sin\alpha + b_2 \cos\alpha$</td></tr>
</table>

续表

编号	墩形示意图	墩形系数 K_ξ	桥墩计算宽度 B_1
6	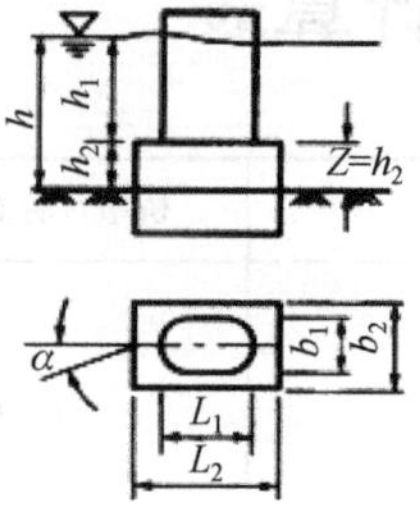	$K_\xi = K_{\xi 1}K_{\xi 2}$ 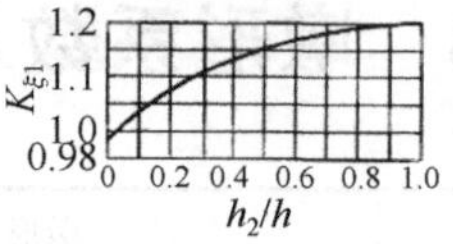 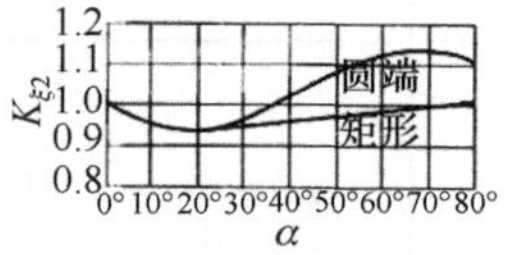 注：沉井与墩身的 $K_{\xi 2}$ 相差较大时，根据 h_1、h_2 的大小，在两线间按比例定点取值	与水流正交 $B_1 = \dfrac{b_1h_1 + b_2h_2}{h}$ 与水流斜交 $B_1 = \dfrac{B_1'h_1 + B_2'h_2}{h}$ $B_1' = (L_1 - b_1)\sin\alpha + b_1$ $B_2' = L_1\sin\alpha + b_2\cos\alpha$
7	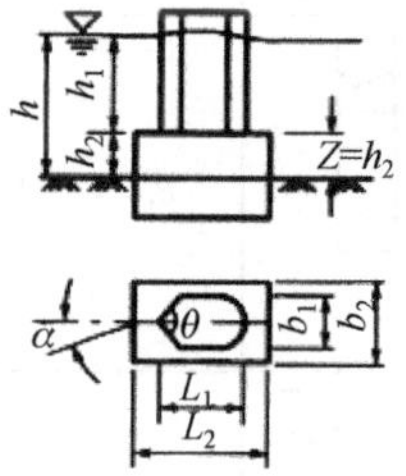	与水流正交时 $K_\xi = K_{\xi 1}$ 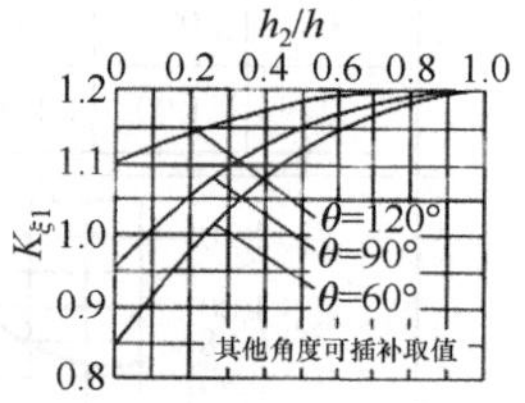 迎水角 $\theta=90°$ 与水流斜交的系数 $K_\xi = K_{\xi 1}K_{\xi 2}$ 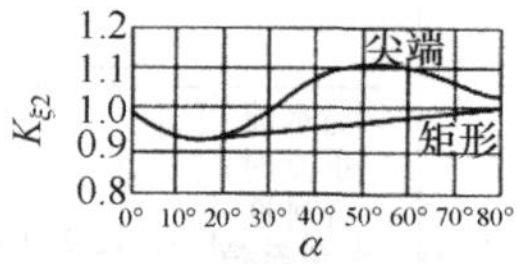 注：沉井与墩身的 $K_{\xi 2}$ 相差较大时，根据 h_1、h_2 的大小，在两线间按比例定点取值	与水流正交 $B_1 = \dfrac{b_1h_1 + b_2h_2}{h}$ 与水流斜交 $B_1 = \dfrac{B_1'h_1 + B_2'h_2}{h}$ $B_1' = (L_1 - b_1)\sin\alpha + b_1$ $B_2' = L_2\sin\alpha + b_2\cos\alpha$
8	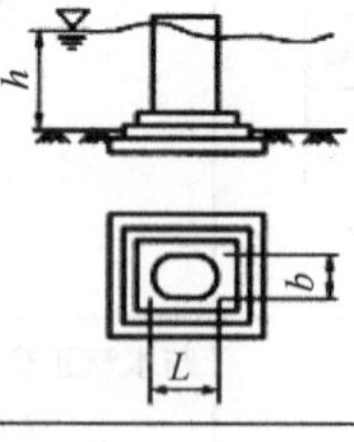	采用与水流正交时的墩形系数	与水流正交 $B_1 = b$ 与水流斜交 $B_1' = (L - b)\sin\alpha + b$
9	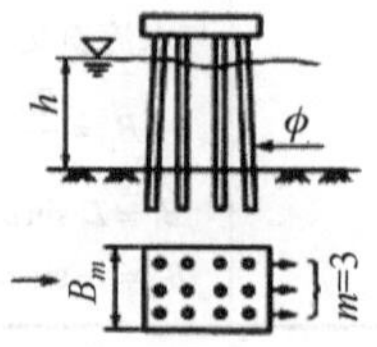	$K_\xi = K_\xi' K_{m\phi}$ K_ξ' ——单桩形状系数，按编号 1、2、3、5 墩形确定(如多为圆柱，$K_\xi'=1.0$ 可省略)； $K_{m\phi}$ ——桩群系数，$K_{m\phi} = 1 + 5\left[\dfrac{(m-1)\phi}{B_m}\right]$； B_m ——桩群垂直水流方向的分布宽度； m ——桩的排数	$B_1 = \phi$

续表

编号	墩形示意图	墩形系数 K_ξ	桥墩计算宽度 B_1
10	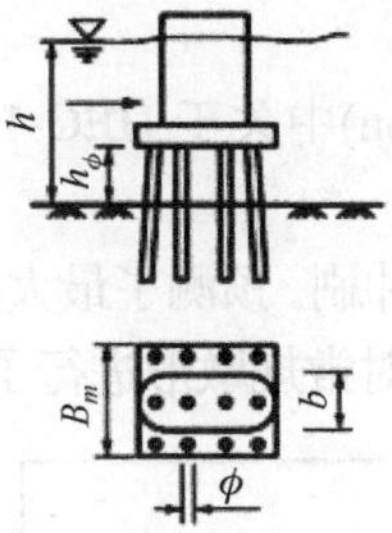	桩承台桥墩局部冲刷计算方法： 当承台底面低于一般冲刷线时，按上部实体计算；承台底面高于水面应按排架墩计算，承台底面相对高度在 $0\leqslant h_\phi/h\leqslant 1.0$ 时，冲刷深度 h_b 按下式计算： $h_b=(K'_\xi K_{m\phi}K_{h\phi}\phi^{0.6}+0.85K_{\xi1}K_{h2}B_1^{0.6})K_{\eta1}(v_0-v_0')\times\left(\frac{v-v_0'}{v_0-v_0'}\right)^{n_1}$ $K_{h\phi}$——淹没柱体折减系数，$K_{h\phi}=1.0-\frac{0.001}{(h_\phi/h+0.1)^3}$； $K_{\xi1}B_1$——按承台底处于一般冲刷线计算； K_{h2}——墩身承台减少系数； $K_{\eta1}$、v、v_0、v_0'、n_1 见 65-1 公式； K'_ξ、$K_{m\phi}$ 见编号 9	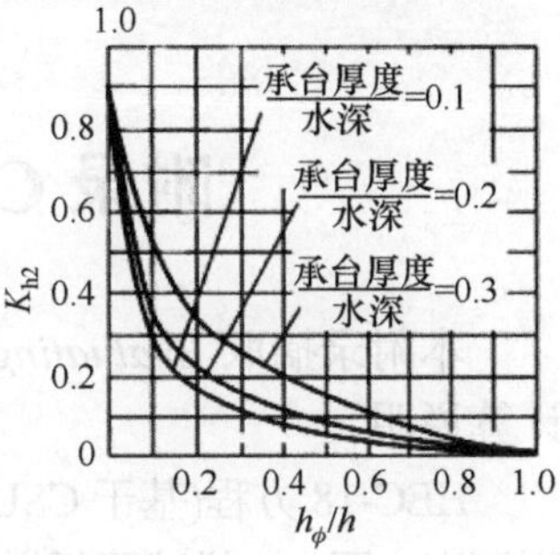
11	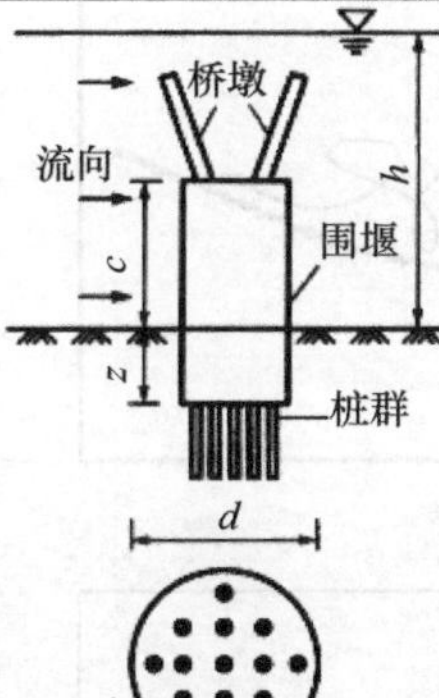	按下式计算局部冲刷深度 h_b： $h_b=k_{cd}h_{by}$ $k_{cd}=0.2+0.4\left(\frac{c}{h}\right)^{0.3}\left[1+\left(\frac{z^{0.6}}{h_{by}}\right)\right]$ k_{cd}——大直径围堰群桩墩形系数； h_{by}——按编号 1 墩形计算的局部冲刷深度。 适用范围：$0.2\leqslant\frac{c}{h}\leqslant 1.0$，$0.2\leqslant\frac{z}{h_{by}}\leqslant 1.0$	$B_1=d$
12	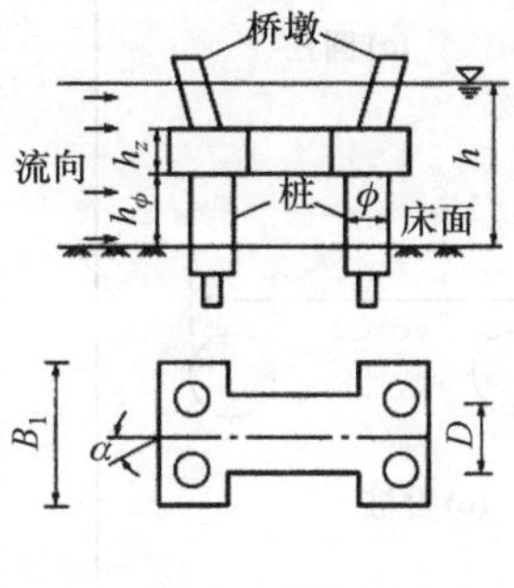	按下式计算局部冲刷深度 h_b： $h_b=k_n k_{zh}h_{by}$ $k_{zh}=1.22h_{by}k_{h2}\left(1+\frac{h_\phi}{h}\right)+1.18\left(\frac{\phi}{B_1}\right)^{0.6}\frac{h_\phi}{h}$ $k_n=-0.57a^2+0.57a+1$ h_{by}——按编号 1 墩形的计算的局部冲刷深度； k_{zh}——工字承台大直径基桩组合墩形系数； h_ϕ——桥轴法线流向的夹角(以弧度计)。 适用范围：$D=2\phi$ $0.2\leqslant\frac{h_2}{h}\leqslant 0.5$，$0\leqslant\frac{h_\phi}{h}\leqslant 1.0$ α=0~0.785	B_1

附录C　HEC-18方程计算说明

本附录摘取 *Evaluating Scour at Bridges* (Fifth Edition)中关于HEC-18方程的计算说明。

HEC-18方程(基于CSU方程)适用于清水冲刷和动床冲刷，预测了最大的桥墩冲刷深度。图C.1描述了桥墩冲刷变量的定义草图，图C.2对常规墩形进行了介绍。

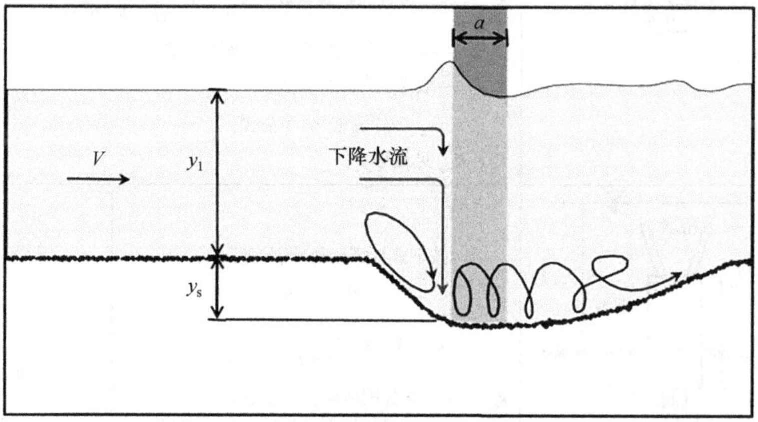

图C.1　桥墩冲刷定义示意图

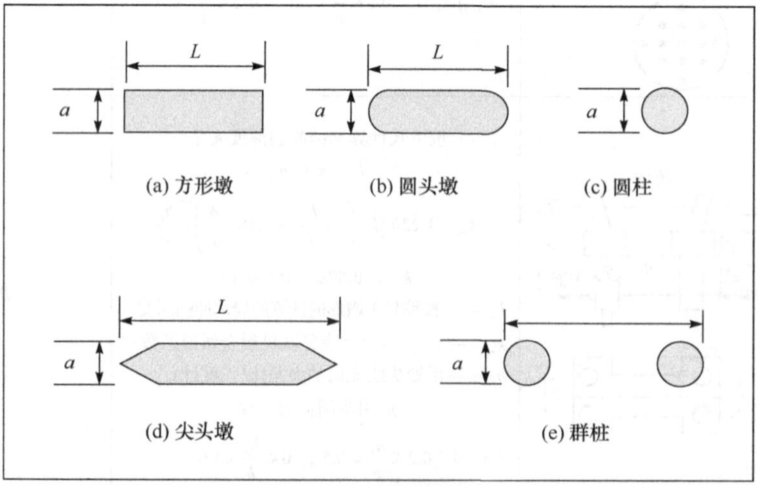

图C.2　常规墩形

HEC-18 方程：

$$\frac{y_s}{y_1}=2.0K_1K_2K_3\left(\frac{a}{y_1}\right)^{0.65}\quad Fr_1^{0.43} \tag{C.1}$$

根据经验，与水流对齐的圆头墩的最大冲刷深度 y_s：当 $Fr \leqslant 0.8$ 时，$y_s \leqslant 2.4a$（a：桥墩宽度）；当 $Fr>0.8$ 时，$y_s \leqslant 3a$。

根据上述 y_s/a 的关系描述，式(C.1)可表示为

$$\frac{y_s}{a}=2.0K_1K_2K_3\left(\frac{y_1}{a}\right)^{0.35}\quad Fr_1^{0.43} \tag{C.2}$$

式中：y_s——冲刷深度(m)；

y_1——桥墩上游水深(m)；

K_1——墩形修正系数，参照表 C.1 取值；

K_2——水流攻角修正系数，参照表 C.2 取值；

K_3——河床条件修正系数，参照表 C.3 取值；

a——桥墩宽度(m)；

L——桥墩长度(m)；

Fr_1——桥墩上游弗劳德数，为 $V_1/(gy_1)^{1/2}$；

V_1——桥墩上游平均流速(m/s)；

g——重力加速度。

水流攻角修正系数 K_2 通过以下公式计算：

$$K_2=\left(\cos\theta+\frac{L}{a}\sin\theta\right)^{0.65} \tag{C.2}$$

如果 L/a 大于 12，则在式(C.2)和表 C.2 中使用 L/a=12 作为最大值。表 C.2 说明了水流攻角对桥墩局部冲刷的影响程度。

表 C.1　墩形修正系数 K_1

墩头形状	K_1
方形墩	1.1
圆头墩	1.0
圆柱	1.0
群桩	1.0
尖头墩	0.9

表 C.2　水流攻角修正系数 K_2

θ/(°)	L/a=4	L/a=8	L/a=12
0	1.0	1.00	1.0
15	1.5	2.00	2.5
30	2.0	2.75	3.5
45	2.3	3.30	4.3
90	2.5	3.90	5.0

注：θ=水流攻角；L=桥墩长度。

表 C.3　河床条件修正系数 K_3

河床条件	沙丘高度/m	K_3
清水冲刷		1.1
平坦河床		1.1
小沙丘	$3>H\geqslant0.6$	1.1
中沙丘	$9>H\geqslant3$	1.1～1.2
大沙丘	$H\geqslant9$	1.3

说明：

(1) 墩形修正系数 K_1 根据表 C.1 确定，水流攻角 θ 不超过 5°，对于更大的水流攻角，K_2 占主导地位，K_1 应视为 1.0。如果 L/a 大于 12，使用表 C.2 和式(C.2)中 L/a=12 的值作为最大值。

(2) 只有当桥墩全部长度暴露在来流中时，才应使用修正系数 K_2。如果桥墩的一部分被桥台或另一个桥墩挡住了水流的直接冲击，或者桥台或另一桥墩将水流转向与桥墩平行的方向，使用系数 K_2 将导致严重的冲刷过度预测。对于这种情况，必须通过选择实际受到水流攻角影响的桥墩有效长度来进行判断，以减少系数 K_2 的值。

(3) 考虑修正系数 K_3 的原因如下：对于平坦河床条件(这是指大多数桥址在冲刷设计中考虑洪水频率的典型情况)，最大冲刷深度可能比式(C.1)预测值大 10%；在洪水过程中，如果床面存在较大沙丘结构，则最大桥墩冲刷可能比式(C.1)预测值大 30%。对于洪水过程中，具有小沙丘结构的床面，最大冲刷可能仅比式(C.1)预测值大 10%～20%。